관점 전환

삶의 개선에 집중하는 관점 코칭

이석재 · 이종서 지음

박영story

차례

들어가는 글
지금 결정적 관점으로 보는가

"우리를 짜증나게 하는 다른 사람의 모든 것은
우리 자신을 이해하는 길로 이끌 수 있다."

- 칼 구스타프 융(C. G. Jung), 분석심리학자

관점(perspective)을 바꾸는 것은 삶의 변화를 시도하는 것과 같습니다. 관점이 바뀌면 세상을 달리 보고 다른 삶을 추구하는 변화를 스스로 만들기 때문입니다. 고유한 관점은 그 사람의 정체성을 대변하기도 합니다. 이러한 관점의 기저에는 자기중심성이 있습니다. 자기 자신의 고유함을 특징 짓는 근원적 심리입니다. 사람들은 자신의 관점에 따라서 생각하고 느끼고 행동합니다. 관점은 인식의 대상을 보고 이해하는 특정한 방식입니다. 자기 자신을 포함해 타인과 환경을 바라보는 시각의 근간입니다. 이 때문에 관점은 쉽게 바뀌지 않습니다.

사람들은 흔히 삶에서 중차대한 해결 과제에 직면합니다. 결혼, 취업, 경력개발, 대인관계와 스트레스 관리, 이직과 창업 등과 같이 자신의 삶의 방향과 내용에 영향을 미치는 과제를 지혜롭게 해결해

야 합니다. 당신은 이러한 과제에 대해 어떤 관점을 가지고 있습니까? 결론부터 말하면 당면한 삶의 과제가 아니라 당신이 어떤 관점을 가지고 있는지에 따라 그 이후의 내용이 영향을 받습니다. 따라서 결정적 관점(critical perspective)을 가져야 합니다. 결정적이란, 처한 맥락에서 원하는 결과를 얻을 가능성을 높이는 속성을 뜻합니다. 따라서 결정적 관점은 당신이 처한 삶에서 원하는 결과를 얻을 가능성을 높이는 가치와 의미를 갖습니다. 그럼 지금부터 차근차근 관점 전환에 대해 살펴보겠습니다.

관점 전환이 중요한 이유

당신이 선택한 관점 전환이 삶의 질을 결정합니다. 삶에서 관점 취하기(perspective taking)는 당면한 상황을 당신의 관점에서 보는 것 이외에 다른 사람의 관점에서도 인식할 수 있는 능력입니다. 따라서 결정적 관점을 취하는 것은 관점 전환을 촉진합니다. 여기서 관점 전환(perspective shifting)은 원하는 결과를 얻을 가능성을 높이는 영향요인입니다. 관점 전환은 자기중심성으로부터 벗어나는 치열한 노력의 결과로, 더 나은 내가 되는 길로 들어서는 것과 같습니다. 또 우리가 미처 알지 못한 잠재성을 발견하는 기회를 갖는 것이며 무한한 가능성을 여는 자기주도적 활동입니다. 그러나 안타깝게도 삶에서 관점 전환이 갖는 중요성에 비해 관점 전환의 심리학적인 작동 원리나 효과적으로 전환하는 방법을 알기 어려웠습니다. 또 아직까지 관점 전환에 대한 코칭 이론이나 관련 전문 서적은 부재합니다.

앞으로 이 책에서 다양한 사례를 통해 설명하겠지만 결정적 관점의 한 예를 들어 보겠습니다. 우리는 흔히 삶에서 무엇인가를 기다립니다. '기다리다'의 사전적 의미는 '어떤 사람이나 때가 오기를 바라다'입니다. 수동적으로 고대하고 기대하는 의미를 갖고 있습니다. 성과중심의 리더십을 발휘하는 김대기 팀장은 회사가 제공하는 리더십 코칭 프로그램에 참가했습니다. 그는 코칭 중반에 '기다린다는 것'은 '상대방을 배려하는 것'이라고 자각했습니다. 업무를 조급하게 처리했고 대인관계를 유지하는 데 있어 늘 성과중심이었습니다. 어느 날 자신의 관점에서만 보고 행동하는 편협한 자신의 모습을 보며 알아차렸습니다. 여기서 '배려'는 결정적 관점입니다.

김 팀장이 자각한 배려는 타인의 관점에 주의를 기울이는 적극적인 활동입니다. 그는 자기중심의 관점을 내려놓을 때 비로소 타인을 받아들일 여유를 가졌습니다. 기다림에 대한 기존 관점(수동적, 자기중심)에서 벗어나 결정적 관점의 선택에 따라 새로운 방식으로 생각하고 이해하는 관점 전환(능동적, 타인중심)을 경험했습니다. 이러한 경험을 통해 그는 성과중심의 리더에서 성과도 챙기면서 타인을 존중하는 존재중심의 리더로 변모했습니다.

리더의 관점 전환이 세계인의 삶에 지대한 영향을 미친 사례를 주위에서 쉽게 찾아볼 수 있습니다. 반도체의 기술적 중요성과 영향력을 간파하고 반도체 개발에 전사 역량을 집중한 삼성전자, 내연기관 중심의 자동차에 대한 관점을 움직이는 컴퓨터로 정의한 테슬라, 정보기술의 편집과 통합으로 새로운 제품과 서비스를 개발해 독자적인 생태계를 구축한 애플, 초연결 사회로의 환경 변화를 읽고 과감한 투자로 유통 왕국을 구축한 아마존 등이 대표적입니다. 이들 기업의 최고 경영자가 보여 준 근원적 경쟁력은 관점 전환입니다. 이를 통해 기존 삶의 방식과 사고를 송두리째 바꿔 놓았습니다.

수년 동안 글로벌 위기가 지속되고 새 정부가 들어선 지금도 우리 삶 전반에 관점 전환이 절실하게 필요합니다. 누구나 각자 당면하는 삶의 주제를 다른 관점에서 보고 관점 전환을 통해 더 나은 삶의 환경을 개척할 수 있습니다. 관점을 바꾸는 방법을 배우면 더 균형 있는 관점으로 삶을 대할 수도 있습니다. 상황이 긍정적이거나 부정적이라는 이분법적인 생각을 버리고 시스템적이며 통합적 시각에서 바라볼 때 지혜롭게 삶의 문제에 대처할 수 있습니다. 그러나 관점 전환이 항상 자연스럽게 일어나는 것은 아닙니다. 하던 일을 멈추고 처한 상황을 분석하고 자신의 감정을 살펴야 합니다. 지금까지 삶의 문제를 해결하기 위해 밖으로 향하던 실행중심(doing)의 시선을 자기 내부로 돌리는 존재중심(being)의 시선으로 바꿔야 합니다. 아쉽게도 이러한 시선 바꾸기 조차 친숙하지 않습니다.

기존 관점을 새로운 관점으로 바꾸는 것은 불편한 일이지만 그만한 가치가 있습니다. 일회적인 시도로 관점을 바꾸는 것도 삶에 긍정적인 영향을 줄 수 있습니다. 그러나 다변하고 예측하기 어려운 환경에서는 일관되고 지속할 수 있는 관점 전환을 이루는 방법을 학습해야 합니다. 이것이 원하는 삶을 사는 데 꼭 필요한 의사결정입니다. 또한 이러한 의사결정이 원하는 삶으로 이어지려면 변화하려는 용기와 다짐, 나아가 자기주도적 실행이 필요합니다.

관점 전환을 완성하는 6단계 프로세스

관점 전환은 자기주도적으로 할 수 있고 전문가의 도움을 받을 수도 있습니다. 저는 전문코치이며 사회심리학자로서 사람의 생각과 행동을 바꾸는 심리기제를 연구해 왔습니다. 그 과정에서 대인관계 심리학의 관점 취하기(Epley et al., 2004)와 관점 전환(Mezirow, 1978) 등을 효과성 코칭(이석재, 2014; 2020a)의 시각에서 재해석하고, 이를 바탕으로 6단계 관점 전환 프로세스를 개발했습니다. 이 과정에서 기존의 관점을 명확하게 파악하고 이해하는 것이 관점 변화의 시작이라는 점을 간파했습니다. 따라서 관점 전환을 완성하기 위해서는 먼저 관점을 탐구해야 합니다. 이러한 학습과 관점 전환 프로세스를 토대로 지난 23년 동안 기업의 리더, 부부, 학생, 경력 단절자 등을 대상으로 관점 전환을 도왔습니다. 사람들이 가지고 있는 기존 관점을 원하는 결과를 얻을 수 있는 새로운 관점으로 바꾸는 것입니다. 이러한 작업을 '관점 코칭'이라고 이름 붙였습니다(이석재, 2014; 2023).

관점 전환이 일어나는 심리 기제는 단기적인 영향력을 갖는 얕은 수준과 장기적이며 지속적인 영향력을 갖는 깊은 수준이 있습니다. 후자는 구조화된 프로세스를 필요로 합니다. 그러나 일부 프로세스를 실행해도 일시적인 관점 전환이 일어납니다. 이 책은 후자에 초점을 맞춥니다. 관점 전환을 위한 6단계를 구성하는 개념들의 대표적 속성은 인식변화를 준비하는 관점 탐구와 탐구한 관점을 삶에서 실현하는 것입니다. 이들 두 범주는 각각 3가지 구체적인 실행으로 구현되며 각 실행은 단계적으로 전개됩니다. 각 실행을 이 책의 제1장부터 제6장의 제목으로 사용했습니다.

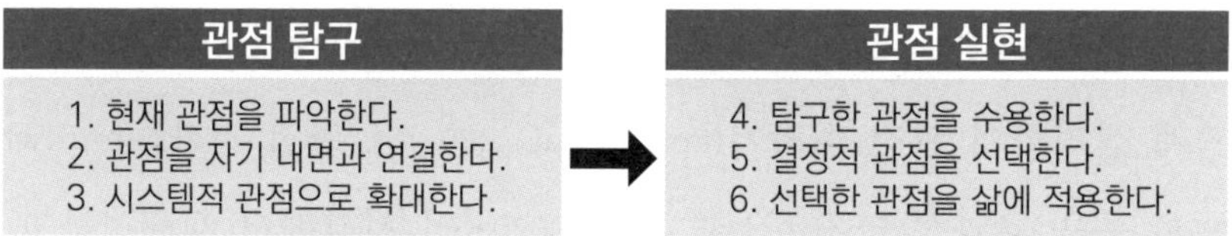

관점 전환의 6단계 프로세스(이석재, 2014; 2023)

관점을 바꾸고자 할 때 내면은 본능적으로 저항합니다. 이때 사람들은 감정을 꾸며 내거나 사실이 아닌 것을 진실이라고 말할 수 있습니다. 중요한 미팅에서 상대방이 갑자기 핸드폰을 들고 대화에 집중하지 않는 경우가 있습니다. 그 모습은 결례이며 당신을 무시하는 행위라고 볼 수 있습니다. 그러나 한편으로 그 사람은 아픈 가족에게 문자를 보내고 있을 수도 있습니다. 당신을 만나기 전부터 대화에 집중하지 못하는 어려움에 처해 있었는지도 모릅니다. 이때 당신이 기존의 관점을 모든 가능성에 열어 두면 상대방의 행동이 갖는 의미가 눈에 들어옵니다.

각자 처한 삶에서 관점을 탐구하면 불편한 상황에서 자동적으로 떠오르는 부정적인 생각에 휘둘리지 않고, 균형 잡힌 시각으로 상황을 파악하고 대처할 수 있습니다. 또 삶을 통해 학습한 고정관념이나 편견을 내려놓고 성장 지향의 사고방식을 키워 보는 기회로 받아들일 수도 있습니다. 이전보다 더 긍정적인 사람으로 자신을 재창조할 수 있는 기회를 갖는 것입니다.

"지금 당신의 결정적 관점은 무엇인가?"

이 질문은 간단하지만 촌철살인의 힘을 갖고 있습니다. 결정적 관점은 원하는 결과를 얻을 가능성을 높입니다. 당신도 이 책을 읽고 본인만의 결정적 관점을 찾아보시기 바랍니다.

책의 집필 이유와 구성

이 책을 쓰게 된 주된 이유는 앞서 제시한 관점 전환을 돕는 6단계 실행을 누구나 쉽게 자신의 삶에서 적용하도록 알리기 위해서 입니다. 아울러 이 책을 통해 23년의 코칭 경험과 축적한 지식, 현장 검증을 통해 정립한 관점 코칭을 당신과 상세하게 공유하고자 합니다. 또 HR 컨설팅 전문가인 공동 저자와 시스템적 시각에서 필요한 전략과 기술을 제시합니다. 이를 통해 자신의 관점에 묶여 심리적 불안과 스트레스를 경험하고 이로 인해 무기력해지는 삶을 극복하도록 돕기 위함입니다. 나아가 원하는 삶을 얻을 가능성을 높이는 자기만의 관점을 찾을 수 있게 하는 데 그 목적이 있습니다.

이 책은 총 2개의 부로 구성했습니다. 제1부에서는 관점 전환이 일어나기 위한 준비 단계에서 필요한 관점 탐구활동을 소개했습니다. 이어서 제2부에서는 새로운 관점을 수용하고 선택한 후 개인의 삶에 적용하도록 돕는 관점 실현활동을 제시했습니다. 당신은 개인 생활과 일터에서 총 여섯 가지 단계별 실행을 활용해 관점 전환을 전개하고 삶을 개선할 수 있습니다. 또 각 단계별 실행이 관점 탐구와 실현에 부합하도록 사용하는 대표적인 다섯 가지 기술(skill)을 제시했습니다. 아울러 당신이 단계별 실행과 실용적인 기술을 쉽게 이해하도록 현장 사례를 소개했습니다. 프라이버시와 개인정보보호를 위해 주인공의 이름을 가명으로 했고 담당 직무도 문맥에 맞게 수정했습니다.

관점 전환을 삶에 적용하기

삶의 과제를 대하는 자신의 생각과 느낌, 행동을 근본적으로 바꿔 보고 싶은 강렬한 소망을 가진 사람이라면, 누구나 관점 전환을 쉽게 활용할 수 있습니다. 이를 통해 기존의 삶에서 새로운 자유를 경험할 수도 있습니다. 자신의 삶을 주도적으로 구상하고 잠재성을 끌어내어 원하는 결과를 얻는 데 도움이 되길 바랍니다. 또 코치, 상담사, 조직 리더, 인재개발 담당자, 교육 담당자, 교사, 간호사 등 다른 사람의 변화와 성장을 돕는 모두에게 이 책이 실행 지침서이며 참고서가 되길 소망합니다.

<6단계 관점 전환 프로세스 사례>

지금부터 관점 코칭으로 전개한 6단계 관점 전환 프로세스를 이해하도록 전체 진행을 개관할 수 있는 사례를 간략히 소개합니다. 당신도 사례의 주인공인 김지원 상무(코칭 고객)라고 생각하고 코치와의 대화를 따라가 보시기 바랍니다.

단계 1: 현재 관점을 파악한다

코치는 다음과 같은 질문으로 대화를 시작합니다.

"상무님, 오늘 어떤 말씀 나누고 싶으십니까?

"해외 신규 시장 개척에 대한 의견 차이로 다른 임원과 갈등이 있습니다."

"의견 차이가 이슈인가요, 아니면 갈등이 이슈인가요?"

"오늘은 의견 차이에 대해 말씀을 나누고 싶습니다."

"그럼, 해결하고 싶은 주제를 한마디로 요약해 보십시오."

"해외 신규 시장 개척에 대한 의견 차이입니다."

"의견의 어떤 차이를 보는 것일까요? 상무님이 보는 것은 무엇입니까?"

"사업 전망입니다. 저는 이미 검토한 사안이고, 추진한다고 해도 경쟁력이 없기 때문에 사업 전망은 비관적이라고 생각합니다."

"사업 전망을 보시는 데 지금의 관점은 비관적이라고 말할 수 있네요."

"그렇습니다."

첫 단계에서 고객이 해결하고 싶은 주제(이슈, 문제 등을 뜻함)를 찾습니다. 이어서 그 주제를 바라보는 고객의 관점을 도출하고 고객은 주도적으로 자신의 관점에 이름(예: 비관적 사업 전망)을 붙입니다.

단계 2: 관점을 자기 내면과 연결한다

관점은 특정 대상이나 현상에 대한 고객의 시각이며 이해하는 방식입니다. 코치는 질문과 경청을 통해 밖을 향한 고객의 시선을 내면에 두도록 안내합니다. 이때 고객의 정신 모형(mental model)이 의식에서 작동합니다. 정신 모형은 내적으로 표상된 사고 체계(또는 인지 구조)로 고객이 자신과 주위 환경을 보고 이해하는 인식 틀로 쓰입니다. 이것을 바탕으로 시선을 밖에 둘 때 관점이 드러납니다. 관점과 정신 모형의 연결은 고객과 코치가 서로 대화하는 과정에서 자연스럽게 이루어집니다. 이 단계에서 고객의 학습과 성장이 이루어지는 환경이 조성됩니다.

"사업 전망을 비관적으로 볼 때 어떤 느낌을 갖습니까?"

"답답합니다. 한편 짜증이 나기도 하고. 종종 있는 일이라서 저는 괜찮습니다."

"답답함을 느끼시는군요. 또 괜찮다고 하는 말씀에는 내면에 무엇인가 억누르고 있다고 생각합니다. 억누르는 그것은 무엇일까요?"

"사실 저는 이미 작년에 같은 제안이 있을 때, 회사 차원의 결정이 확실히 내려졌다고 생각합니다. 현실성이 없다고 보고, 추진하지 않는 것입니다. 저는 무용하다고 생각합니다."

코치는 이러한 대화로부터 고객이 조직 리더로서 책임 있는 의사결정을 할 의무에 충실하겠다는 태도를 읽었습니다. 코치는 의견 차이에 대한 비관적 관점을 명료하게 자각하도록 질문합니다. 또 코치는 고객이 이후에 어떤 행동을 했는지, 그 행동의 결과는 무엇인지, 결과에 어느 정도 만족하는지를 질문합니다. 이러한 질문을 통해 고객은 자신의 현재 관점이 갖는 가치와 의미를 생각합니다. 이러한 생각이 명료할수록 변화 가능성이 높습니다.

단계 3: 시스템적 관점으로 확대한다

이 단계에서는 앞의 두 단계에서 전개한 활동을 다른 관점에도 적용합니다. 고객이 해결하고 싶은 주제를 여러 측면에서 보도록 시스템적 접근을 사용합니다. 새로운 관점은 고객이 선택할 수 있고 코치가 제시할 수도 있습니다. 코치가 '새로운 기회'라는 관점을 제시하는 경우 다음과 같이 대화를 시작합니다.

"현재 상황이 당신에게 새로운 기회가 되도록 만들려면, 무엇이 필요합니까?"

"지금의 경영 실적으로 보면, 저 개인보다 회사 차원의 변화가 필요한 것은 사실입니다. 지금까지 보수적인 경영 전략으로 경쟁사에 밀린다는 경영진의 자성도 있고, 적어도 해외 시장을 개척하는 과정에서 변화와 혁신의 모범 사례를 만들어야 한다는 요구와 관련 논의가 있습니다."

"상무님의 말씀을 들으니, 새로운 도전을 무조건 반대하는 것은 아니군요."

"그렇습니다. 저는 해외 시장을 선별하여 도전해 보는 것도 한 방법이라고 생각합니다."

"상무님이 생각하시는 선별 기준은 무엇입니까?"

"잠재적인 시장 규모입니다."

이 단계에서는 코치가 '새로운 기회'라는 관점을 제시하고 고객이 생각한 '잠재적 시장 규모'라는 새로운 관점을 찾았습니다. 이어서 새로운 관점의 가치, 느낌, 행동 등을 탐구합니다. 추가적인 관점을 찾아보기 위해 고객과 브레인스토밍을 할 수 있습니다. 여기서 중요한 것은 고객의 관점을 끌어내고 그 관점을 탐구하는 것입니다. 관점 전환을 위한 인식변화의 토대를 단계 1부터 단계 3까지에서 마련합니다. 이어서 단계 4부터는 관점 전환을 위한 의사결정이 이루어집니다.

단계 4: 탐구한 관점을 수용한다

고객이 탐구한 여러 관점은 이후 그의 생각과 느낌, 행동에 영향을 미칩니다. 따라서 코치는 고객이 탐구한 관점이 지속적인 영향력을 갖도록 도움을 줍니다. 근본적인 도움은 고객의 관점을 그가 가지고 있는 삶의 목적과 연결하는 것입니다. 탐구한 관점에 대한 수용은 결정적 관점을 선택하기 위한 의사결정입니다. 수용을 통해 현실 인식을 마무리 짓고 내면의 저항을 해소합니다. 또 원하는 결과를 만들 가능성을 높이는 결정적 관점을 주도적으로 선택하는 단계로 옮겨 갈 심리 상태를 조성합니다.

"잠재적 시장 규모를 우선적으로 고려하는 것은 당신의 삶의 가치와 어떤 관련이 있습니까?"

"코치님이 중요한 질문을 주셨습니다. 저는 공정성을 중요한 삶의 가치로 설정하고 준수하고 있습니다. 지금 상황에서는 저의 관점보다 회사의 관점에서 공정성을 중요하게 생각합니다. 임원으로서 저의 생각과 언행이 회사에 기여하는 것이어야 합니다."

고객의 관점을 그가 추구하는 삶의 목적(가치와 의미, 결과, 선한 영향력)과 연결한 후 다음 단계에서 효과성이 높은 관점을 선택하도록 생각을 정리하고 구체적인 실행계획을 수립하도록 도와줍니다.

단계 5: 결정적 관점을 선택한다

이 단계에서 고객은 탐구한 여러 관점을 살펴보고 효과성이 높은 관점을 최종 선택합니다. 효과성이 높은 관점이란 고객이 원하는 결과를 얻을 가능성을 높이는 관점을 말합니다. 이와 같이 수용과 선택은 중요한 의사결정이며 밀접하게 서로 연결되어 있습니다.

"지금까지 저와 살펴본 관점들을 간단히 돌이켜 보겠습니다(각 관점과 주요 내용을 리뷰한다). 어떤 관점이 가장 유용하다고 생각하십니까?"

"아무래도 잠재적 시장 규모를 고려하는 것입니다."

코치는 고객이 가져온 해결하고 싶은 주제의 성격에 따라서 선택에 필요한 기준을 창의적으로 제시할 수도 있습니다. 예를 들면 "지금까지 살펴본 관점들 중에서 가장 울림을 주는 관점은 무엇입니까?"와 같습니다. 이어서 "잠재적 시장 규모를 고려한 해외 시장 개척을 위해 무엇을 해 보시겠습니까? 언제까지 해 보시겠습니까? 당신이 그렇게 했다는 것을 코치가 어떻게 알 수 있겠습니까?"와 같은 질문을 통해 실행계획을 수립하도록 도와줍니다.

단계 6: 선택한 관점을 삶에 적용한다

코치는 마지막 단계에서 고객이 수립한 실행계획의 실천을 독려합니다. 또 관찰자의 입장에서 고객의 실천을 모니터링하고 피드백을 합니다. 실행이 궤도를 벗어나는 경우 교정이 필요한 점을 구체적으로 피드백해서 원하는 결과를 얻도록 도와줍니다. 이러한 프로세스를 통해 고객은 관점 전환을 완성합니다. 외부 전문가의 도움 없이 진행하는 경우 당신 스스로 점검하고 피드백 합니다.

고객은 해외 신규 시장을 개척하는 데 있어 '사업 전망'에 집중하던 기존 관점을 '공정성' 가치를 반영한 '잠재적 시장 규모'로 전환했습니다. 이러한 관점 전환에 따른 새로운 관점은 다른 임원과 후속으로 갖는 대화 내용에 적용되고 판단의 준거가 됩니다. 삶의 다양한 측면에서 관점 전환을 성공적으로 이루면 기존의 정신 모형을 보완하고 수정하게 됩니다.

PART 1

어떻게 관점 전환을 탐구할 것인가

Shifting Your Perspective and
Moving Positively Forward in Life

"모든 일에 질문을 던지는 성격 덕분에 성공을 이룰 수 있었다.
나의 통념에도 의문을 품고 전문가의 말에도 질문을 던졌다."

- 래리 엘리슨(Larry Ellison), 오라클 창업 회장

제1부에서는 관점을 명확하게 탐구하도록 돕는 세 가지 단계별 실행(파악하기-연결하기-확대하기)과 심리를 다룬다. 또 당신의 이해를 돕기 위해 관점을 탐구한 코칭 사례를 소개한다. 사람들은 각자 자기 나름의 고유한 관점을 가지고 있다. 본 대로 믿는다는 말은 관점을 준거로 해서 생각하고 느끼고 판단한다는 것을 뜻한다. 자신의 관점에 대해 스스로 의문을 가져 보거나 다른 사람으로부터 질문을 받지 않으면 기존 관점은 지속적인 영향력을 갖는다.

관점을 바꾸지 않으면 생각하고 느끼고 행동하는 데 아무런 변화가 없다. 그 결과 기존 관점은 점차 고착된다. 관점에 묶인 사람은 사회적 관계와 환경적 변화에 둔감하다. 자신의 삶을 개선하지 못한다. 더 나은 내가 되고 원하는 결과를 만들고 싶다면 자신의 관점에 의문을 제기하고 깊게 탐구할 필요가 있다. 당신도 해결하고 싶은 주제에 대한 자신의 관점에 질문을 던져 보길 바란다. 이를 통해 기존 관점을 재인식하는 기회를 가질 것이다.

CHAPTER

01

현재 관점을 파악한다

"기적이 무슨 뜻인지 궁금하다면 답은 간단하다.

기적은 두려움에서 사랑으로 관점을 바꾸는 것이다."

- 가브리엘 번스타인(Gabrielle Bernstein), 라이프코치

관점 탐구의 첫 단계는 사람들이 해결하고 싶은 문제와 주제에 대한 관점을 파악하는 것이다. 이어서 파악한 관점에 이름을 짓는다. 이름 짓기(naming)는 현재 인식한 내용이 갖는 의미를 특정하고 설명하는 것이다. 이름은 심리적 소유권, 즉 이 관점은 내 것이라는 느낌을 갖게 한다(Boersma et al., 2019). 그 결과, 관점에 대한 애착과 유대감이 생긴다. 이러한 심리는 관점을 통해 원하는 결과를 얻을 가능성을 높인다.

이 단계에서 사람들은 자신을 둘러싸고 있는 환경과 어떻게 상호작용하고 있는지를 인식한다. 관점의 범주는 생각, 느낌, 행동이다. 이 장에서는 사람들이 삶에서 해결하고 싶은 문제와 주제에 대한 관점을 형성하고, 이름을 붙이는 과정에 작동하는 심리를 살펴본다. 이러한 심리를 알면 관점을 파악하고 이름을 붙이기 쉽다.

관점을 명확하게 인식하기

사람들은 흔히 해결하고 싶은 문제가 있을 때 문제의 난이도보다 문제를 바라보는 각자의 생각에 의해 힘들어 한다. 이 과정에서 자신의 강점과 장점을 보기보다는 약점과 단점을 보며 좌절하고 자신을 폄하한다. 사람들이 당면한 문제라고 생각하는 것을 다르게 보도록 돕는다면 이전에 보지 못했던 기회와 가능성을 새롭게 발견할 수 있다. 이를 통해 기존의 삶을 더 긍정적으로 만들 수도 있다. 이를 위해서는 먼저 현재의 관점을 명확하게 인식하는 것이 기본이다.

1) 자신의 관점을 찾기

사람들은 해결하고 싶은 당면 주제에 대해 자기 나름의 관점을 갖고 있는 경우도 있다. "지금이 절체절명의 순간이다." "나는 할 수 있다고 생각해." "도저히 안되겠다. 사면초가에 처해 있다." 이러한 생각은 자신이 처한 상황을 보는 관점이다. 이와 같이 이미 관점을 가지고 있다면 그 관점을 탐구한다. 여기서는 처음에 관점을 어떻게 찾을 것인가에 대해 알아본다.

(1) 현실 인식을 돕는 질문을 한다

현재 자신이 처한 상황을 어떻게 인식하고 있는지를 알아보는 질문을 한다. 예를 들면 다음과 같은 질문에서 자신이 처한 상황에 가장 부합하는 한 가지 질문을 한다. 그리고 질문에 대해 떠오르는 생각과 느낌을 메모장에 기록한다. 기록한 내용에서 자신의 관점을 찾는다.

- 그 문제가 지속될 때 내 모습은 무엇인가?
- 내가 진정 바꾸고 싶어 하는 것은 무엇인가?
- 내가 지금 가장 염려하는 것은 무엇인가?
- 내 관심과 주의를 온통 기울이는 것은 무엇인가?
- 그 문제의 어떤 점과 씨름하고 있는가?
- 나는 언제 혼자서는 답을 찾지 못하겠다고 생각했는가?
- 지금 내가 가장 원하는 것은 무엇인가?
- 지금 내가 가정하는 것은 무엇인가?

(2) 타인의 도움을 받는다

당면한 문제에 대해 함께 대화할 수 있는 사람의 도움을 받는다. 지인이나 코치, 상담사와 대화를 나눈다. 대화를 통해 이전에 경험하지 못한 관점을 가져 본다. 이를 위해 모두 마음을 열고 직관력과 창의성을 활용하고 수용적인 태도를 취한다.

- 관점을 발견한다는 생각을 넘어 창의적으로 접근한다.
- 대화할 때 물리적 공간을 충분히 활용한다.
- 서로 마주 앉은 자세에 국한하지 말고 자세를 다양하게 바꿔 본다.

- 함께 창밖을 보면서 시야에 들어오는 정보를 활용한다.
- 여러 관점에서 상대방의 말을 듣고 통합해 하나의 관점을 제안한다.

2) 식별한 관점의 이름 짓기

국내 한 대기업의 강철주 부장은 성과지향 사고를 가진 리더이다. 조직에서 리더는 성과로 모든 것을 말한다고 생각한다. 성과의 눈으로 구성원을 보니 성과를 내지 못하면, 능력이 부족하고 자기계발을 하지 않으며 게으름을 피우는 것으로 보았다. 이러한 관점을 가지고 있다 보니, 구성원의 의견을 묻기 전에 먼저 지시했다. 또 지시한 대로 수행했는지 여부를 꼼꼼히 확인했다. 수년을 같이 일했어도 여전히 기대에 미치지 못한다고 생각했다.

다른 사람은 강 부장을 어떻게 보았을까? 고집 세고, 자기중심적이고, 다른 사람의 말에 귀를 기울이지 않는 관리자, 대화 기술이 부족하고, 차갑고 타인을 이해할 줄 모르는 사람, 일 밖에 모르는 리더로 보았다. 강 부장은 여러 차례 동일한 피드백을 받았다. 그러나 그는 자신에게 문제가 있다고 생각하기보다 능력이 부족한 사람이 자기방어를 하는 것으로 간주했다.

(1) 관점을 찾고 이름을 짓는다

그의 생각이 바뀌는 데 결정적인 기여를 한 질문은 아주 간단했다. "나는 어디에 묶여 있나?" 이 짧은 성찰 질문이었다. 코칭 과제로 이 질문을 받고 그는 곰곰이 생각했다. 그가 얻은 답은 자신의 생각에 묶여 있다는 것이다. 자신의 신념, 자신이 세상을 보는 눈, 자신의 관점, 그 작은 우물에 갇혀 있었던 것을 알아차렸다. 이와 같이 성찰 질문은 자기 인식을 각성한다. 이 과정에서 관점이 명료하게 드러난다. 나는 그와 대화를 이어 갔다.

"지난 2주간 달라진 점이 있다면, 무엇입니까?"

"어디에 묶여 있었냐는 질문에 대해서 정말 많은 생각을 했습니다."

"구체적으로 무엇입니까?"

"저는 조직의 리더는 성과로 모든 것을 말한다고 생각했습니다. 리더로서 명확하게 일의 추진 방향을 제시하고 목표를 달성할 수 있는 과제를 엄격히 관리하고, 구성원을 호되게 질책하며 이끄는 것이 그들에게 도움이 된다고 생각했습니다. 한마디로 성과에 묶여 있었습니다."

"리더의 역할 수행이 성과에 묶여 있었다고 보시는군요."

"그렇습니다."

"그럼 성과에 묶여 있다는 관점에 이름을 붙여 보시겠습니까?"

"성과 집착입니다. 이름을 붙이니 더 강렬하게 느껴지네요."

이와 같이 리더로서의 역할 수행이 성과 집착에 묶여 있다는 관점은 강 부장의 생각과 느낌, 행동에 지속적으로 영향을 미친다. 여기서 영향을 미친다는 것은 강 부장의 생각과 느낌, 이에 따른 행동이 '성과 집착'으로 연결되고 범주화 된다는 것이다. 성과 집착이 중심 심리로 작동했다.

(2) 관점이 삶 전반에 미친 영향을 알아본다

"그럼 성과 집착은 부장님의 다른 생활에 어떤 영향을 주었을까요?"

"집에서도 자녀를 대할 때 똑같이 대했습니다. 엄하게 다스렸습니다. 대화보다 야단치기 일쑤였습니다. 제 아내에게도 냉랭하게 대했고, 집에서 도대체 무엇을 하는지 평가하는 듯한 대화를 했습니다. 그때마다 제 아내가 질색합니다. 그런데 왜 그러는지도 몰랐습니다."

"성과 위주로 생각하고 다른 사람을 대한 것을 후회하시는 것으로 들립니다."

"참 어리석었습니다. 지난 2주간 자신을 많이 돌아봤습니다."

"부장님, 성과 위주의 생각에 묶임으로 인해 잃은 것은 무엇이라고 생각하십니까?"

"너무 많은 것을 잃었습니다."

"잃어버린 것 중에 가장 소중한 것은 무엇입니까?"

"가장 소중한 것은… 상대방에 대한 배려입니다."

"상대방에 대한 배려는 부장님에게 어떤 의미를 갖습니까?"

"상대방을 존중하고 함께 살아간다는 것입니다. 저는 열심히 일하는 것이 함께 살기 위한 것이라고 생각했습니다. 그런데, 알고 보니 다른 사람에게 상처를 주는 것이었습니다."

"구체적으로 어떤 상처를 주었다는 것이지요?"

"상대방을 무시했습니다. 구성원에게 윽박지르고 욕설하면서 나의 존재감을 느꼈지만, 상대방의 인격을 고려하지 못했습니다. 나로 인해 상처받은 사람에게 실로 미안합니다."

이상의 대화를 통해 강 부장은 성과 집착으로 경험한 부정적인 결과들을 고백했다. 이러한 결과를 사실로 인식할 때 관점 변화에 대한 필요성을 느낀다. 이때 강 부장에게 관점 변화의 명분을 준다. 비록 성과 집착은 부정적인 결과를 초래했지만, 성과 집착은 긍정적인 기능도 있다고 알려 준다. 또는 긍정적 기능을 찾도록 질문을 할 수도 있다. 이러한 접근을 취하는 이유는 관점을 교정하는 문제해결 이외에 효과적인 리더십 개발, 이를 통한 조직의 성과 향상과 조직 문화를 바꾸는 상위 목적을 고려하기 때문이다. 한마디로 시스템적 접근을 하는 것이다.

3) 자신의 관점을 명료하게 인식하기

명료화는 모호하거나 혼돈된 상황, 불확실한 것이 무엇인지를 인지하는 활동이다. 다음과 같은 상황을 생각해 보자. 코칭 고객은 회사 일이 많다며 야근을 자주 한다. 이렇다 보니 가정에서 배우자와 갈등을 겪고 있다. 고객은 자신의 입장을 옹호하는 말을 하지만, 두

서없이 횡설수설하고 있다. 고객의 배경 설명을 들은 코치는 다음과 같이 말한다.

"현재 당신은 매일 저녁 회사 일을 합니다. 이전에는 가족이 가장 중요하다고 말했습니다. 야근을 계속하는 것은 당신이 한 말과 불일치합니다. 어찌된 일이지요?"

코치는 고객과의 대화를 해석하기보다 보고 느낀 것을 되돌려준다. 중요한 점은 고객의 대화에 중립적인 언어(평가와 판단이 반영되지 않고 객관적 사실에 기초한 언어)를 사용하는 것이다. 고객의 대화를 통해 알게 된 것을 적극적으로 알려 준다. 이를 통해 고객은 자신의 처한 상황과 심리 상태를 명료하게 인식할 수 있다.

대화를 하다 보면 고객이 현재 원하는 것은 무엇인지, 가고 싶은 곳이 어디인지, 필요한 것은 무엇인지, 체험한 정서는 무엇인지, 어떤 말을 하는 것이 적절한 것인지 등에 대해 머뭇거리거나 말로 표현하지 못하는 경우가 있다. 고객이 큰 그림을 그리고 있지 못하거나, 상세한 것에 주의를 기울이지 못하기 때문이다. 이러한 경우 코치는 질문을 통해 고객이 현재 어떤 체험을 하고 있는지를 자각하도록 돕는다. 고객은 질문에 답을 하면서 당면한 문제에 대해 불명확한 것을 깔끔하게 정리하고 자신의 관점에 이름을 붙일 수 있는 심리 상태에 이른다. 고객이 명료하게 자신의 관점을 인식하도록 다음과 같은 질문을 활용해 보자.

- 그 말의 의미가 무엇입니까?
- 지금 어떤 느낌을 갖습니까?
- 어떤 점이 분명하지 않습니까?
- 다시 한번 말씀해 주시겠습니까?
- 당신이 지금 원하는 것은 무엇입니까?
- 저는 (무엇)을 말하는 것으로 들었습니다. 어떻게 생각하십니까?
- 당신이 찾고 있는 것은 (무엇)이군요. 어떻게 생각하십니까?

같은 상황도 다르게 보려면

코칭의 핵심은 고객이 기존에 가지고 있는 관점을 그가 원하는 결과를 얻을 가능성을 높이는 관점으로 바꾸는 것이다. 이를 통해 고객이 실제로 원하는 결과를 얻도록 돕는다. 선천성 장애 아들을 둔 아버지 딕(Dick Hoyt)과 아들 릭(Rick Hoyt)이 10종 철인 경기에 도전하면서 역경을 극복했다. 아버지는 아들을 휠체어에 태우고 경기를 마쳤다. 이들의 이야기는 인간은 무한한 잠재성을 갖고 있으며, 그것을 원하는 결과를 얻는 내적 자원으로 활용할 수 있다는 점을 보여 주었다.

부자의 이야기를 접한 많은 사람이 삶의 가치와 의미를 되새기며 감동을 받았다. 감동의 배경은 장애를 극복하는 부자의 노력에 있기 쉽다. 사람들은 흔히 장애라는 속성을 먼저 보지만, 당사자는 장애가 아니라 하나의 불편함으로 인식한다. 사람들은 저마다 불편함을 가지고 있지만, 그것을 장애라고 말하지 않는다. 오히려 그 불편함에 묶일 때, 정말 장애가 된다.

관점 변화의 시작은 당연한 것으로 받아들였던 것에 의문을 제기하는 것이다(Mezirow, 1978). 이를 통해 세상을 보는 관점을 바꿀 때, 자신의 잠재성을 발휘할 수 있는 새로운 가능성과 기회를 발견한다. 또 불편함을 극복하고 온전한 인간으로 성장하는 길을 만난다. 관점을 바꾸는 자발적 선택을 한 사람은 그 과정에서 행복과 충만을 체험한다. 힘들게 도심을 청소하는 환경 미화원이 지구의 한 편을 깨끗하게 청소하는 사람이라고 자기 정체성을 정의하는 것과 같다. 자신이 맡은 일에 대한 관점이 가치와 의미를 가질수록 일에 대해 더 만족하고 자부심을 갖는다.

1) 당면한 상황의 가치 보기

나는 국내 한 대기업의 해외 지사장을 코칭하면서 세상을 보는 눈이 개인의 행복과 일의 성과에 큰 영향을 미친다는 것을 배웠다. 해외 지사장이 당면한 상황을 경험하는 내용을 깊이 파헤쳐 본다.

(1) 상황을 지각하는 감정에 초점을 맞춘다

"지금 가장 힘들어 하는 것이 있다면, 무엇입니까?"

"객지 생활이다 보니 모든 게 힘이 듭니다. 그중에도 현지인들을 관리하는 것이 가장 힘듭니다. 요즘 이 문제로 잠을 제대로 못 자고 있습니다."

"현지인들 관리에 대해 좀 더 구체적으로 말씀해 주십시오."

"여기 지사에는 영업 매니저가 대부분 현지인입니다. 언어도 다르고 사고방식도 우리와 너무 다릅니다. 현지인이 영업망을 가지고 있기 때문에 시장을 형성하려면 그들의 도움을 받아야 합니다. 문제는 그들을 관리한다는 것 자체가 어렵습니다."

"우리와 문화적인 생활 배경이 다른 사람과 함께 일한다는 것이 힘드시군요. 공감합니다. 흔히 집 떠나면 고생이라는 데, 어려움이 많으시겠군요. 그 어려움 속에서도 지사장으로서 맡은 역할과 책임을 다하려는 열정이 느껴집니다. 지사장님, 열정과 책임감이 대단한 분이십니다."

"그렇게 말씀하시니 감사합니다."

(2) 역할자의 관점에서 상황을 본다

"신설된 지사에 첫 지사장으로 부임하실 때, 꿈은 무엇이었습니까?"

"제가 해외 근무로는 세 번째 입니다. 신설 법인이지만, 성공 사례를 만들어 보고 싶습니다."

"멋지네요. 성공 사례를 만드는 것이 지사장님에게 어떤 기회나 가능성을 준다고 생각하십니까? 어떤 생각이 떠오르세요?"

"저의 성공을 위한 중요한 발판입니다."

"말씀을 들어 보니, 지금의 사업을 성공적으로 추진하는 것보다 더 큰 꿈을 가지고 계시는군요. 그 꿈은 무엇인가요? 앞으로 3년 후 지사장님이 생각하는 자신의 모습은 무엇입니까?"

"제가 있는 지사를 포함한 지역 총괄 책임자가 되는 것입니다."

"그렇게 되면, 지금과 달라지는 것이 무엇입니까?"

"저의 큰 사업 구상을 펼치는 기회를 갖는 것입니다. 저의 지위도 올라가고 저의 능력을 더 발휘해 볼 수 있겠고, 잘되면 국내 본사에서 중책을 맡을 수 있겠지요. 가정에도 경제적으로 도움이 되고 가족에게 외국에서 생활하면서 색다른 경험을 할 수 있는 기회를 계속 줄 수 있을 것입니다. 회사나 가족 모두에게 더 큰 기여를 할 수 있습니다."

"잠시 눈을 감으십시오. 지사장님, 3년 후 성장한 자신의 모습, 회사와 가족에 기여하는 자신을 상상해 보십시오. (잠시 후) 지금 느낌이 어떠세요?

"아주 좋은데요. 뿌듯하고 지금 당장 이런 성취감을 느꼈으면 좋겠습니다."

"그 느낌을 한마디로 표현해 보시겠습니까?"

"먹이를 쫓아 사막을 질주한 사자가 마침내 먹이를 낚아 챈 후 허공을 향해 지르는 포효입니다."

"지사장님, 지금 말씀하신 그 포효를 지사장님의 목소리로 한 번 해 보시겠습니까?"

"지금요? (멈칫하다가) 이야 아~"

(3) 내면의 울림을 자극하고 자기 인식을 각성한다

관점은 생각, 느낌, 행동으로 구성되어 있다. 지사장이 해외생활을 하며 체감한 느낌(힘들다)을 역할자의 시선으로 인식하도록 했다. 이어서 역할자의 관점에서 체감한 내면의 울림(resonance)을 자기 자신과 상황을 새롭게 인식하는 심리적 자원으로 사용하도록 안내했다.

"지사장님, 저도 전율을 느낍니다. 그 포효를 하기 위해 한참을 달려오셨군요. 잠시 그동안 달려온 길을 둘러보십시오. (잠시 후) 신임 지사장의 모습이 보이십니까?"

"네"

"어떤 모습입니까?"

"지쳐 있습니다. 많이 힘들어 하고 있습니다."

"지사장님, 신설된 지사를 운영하면서 힘들어 하고 있는 첫 지사장에게 조언을 해 준다면 뭐라고 말씀하겠습니까? 이제 눈을 뜨셔도 좋습니다. 생각나는 대로 말씀해 주십시오."

"지금 현지인들 때문에 힘들어하는 데 그들의 포로가 되면 안 되지. 간수장은 자네일세. 이 어려운 상황의 희생자가 되지 말고 주인이 되도록 노력하게. 지금의 어려움은 장애물이 아니라 더 큰 성공으로 들어가는 문턱이야. 그러니 넘어야지. 여기서 멈추면 안 되지."

지사장은 현지인과의 의사소통 문제와 갈등, 문화적 차이에서 오는 적응의 어려움, 사업 성과에 대한 중압감 등의 모든 것들을 보는 관점을 '장애물'에서 '성공으로 가는 문턱'으로 새롭게 보았다. 이와 같이 관점 탐구를 통해 기회와 가능성의 가치를 볼 수 있다.

2) 지금보다 더 멀리 보기

겨울 동계올림픽이 있는 해에 가슴을 조이게 하는 경기가 있다. 쇼트트랙이다. 우리 선수들이 펼치는 게임은 손에 땀을 쥐게 한다. 승부의 세계, 그 가운데 서로를 존중하며 선의의 경쟁을 하고, 인간의 잠재성이 얼마나 무한한가를 절감하고 즐기게 한다. 요즘처럼 어렵고 힘든 시기에 박진감 넘치는 쇼트트랙 경기를 통해 배울 점은 무엇인가?

멀리 보라는 것이다. 선두 주자의 시선을 보라. 그의 날카로운 시선은 전방을 주시하고 있다. 경기의 승패는 직선 트랙을 달릴 때 나지 않는다. 경기의 승부는 곡선 트랙을 돌 때, 누가 더 균형을 유지하면서 과속하고 승부처를 찾아 정조준을 하는 지에 있다. 탁월한 선수는 곡선 트랙에서 멀리 본다. 자기가 어디에 있는지, 경쟁자는 어디에 있는지, 트랙의 조건 속에서 승부처를 아주 빠른 시간에 찾고 그곳을 민첩하게 파고든다. 경쟁 우위에 있게 할 위치를 치열하게 다투며 선점한다.

지금 우리는 직선을 달리는 것이 아니라, 곡선을 돌고 있다. 한강의 기적 이후 줄곧 성장의 길을 달려오다가 IMF 위기를 만나기도 했지만 지혜롭게 극복했다. 초고속 정보통신망의 구축과 인터넷 기술을 근간으로 한 국가경쟁력을 키우면서 성장했다. 최근 코로나 팬데믹, 우크라이나와 러시아 전쟁, 이스라엘과 팔레스타인 분쟁 등으로 글로벌 경제 침체를 겪고 있다. 직선 길에서 곡선 길을 만난 것이다.

인생도 쇼트트랙 경기장과 같다. 지금보다 더 멀리 보자. 멀리 보면 그만큼 거리를 단축하고 빨리 주행할 수 있다. 멀리 보는 관점이 거리와 시간의 제약을 소멸시킨 것이다. 같은 맥락에서 이렇게 생각해 보자. 길 것 같은 삶의 시계도 빨리 간다. 지금 지나가는 이 시간을 어떻게 잡을 것인가? 인생은 날아가는 화살과 같다는 말이 있다. 나는 삶의 어려움에 처할 때 이 말을 되새겼다. 날아가는 화살도 알고 보면 정지된 시간의 연속이다. 그렇다면, 그 시간을 쪼개고 붙잡아 나에게 도움이 되도록 사용하겠다고 생각하며 노력했던 적이 있다.

3) 행복한 이유를 찾기

"오늘 행복한 이유, 한 가지를 말씀해 주시겠습니까?"

만일 누군가 이러한 질문을 한다면, 당신의 대답은 무엇인가? 내가 오늘 행복한 이유는 무엇인가? 자신에게 물어본다. 가장 먼저 떠오르는 생각은 오늘 아침 따뜻함이 느껴지는 맑은 공기를 흠뻑 마실 수 있기 때문이다. 지금까지 삶의 여유를 누리기보다 자신의 부족한 부분을 채우기 위해 뭔가를 해야 한다는 압박감으로 쫓기듯이 살고 있다. 이러한 자신의 모습을 잠시 잊어버리고 그저 편안하게 내 주위에 있는 것을 보고 느낄 수 있다는 것에서 행복을 느껴 보자.

자기 나름의 시각으로 세상에 의미를 부여하고 그 눈으로 세상을 보려고 애쓰지 말고, 세상이 나에게 보여 주고 전달해 주는 것을 있는 그대로 느끼면서 받아들이는 순간들을 즐겨 보자. 안국동에 있는 한 갤러리에서 열린 작품 전시회를 갔다. 전시회의 주인공인 화가의 작품집에 빛의 마술사 클로드 모네(Claude Monet)의 이야기가 다음과 같이 소개되어 있다.

"내가 심은 수련이지만, 그 수련의 의미를 이해하는 데 시간이 걸렸다오. 나는 그저 보고 즐기려고 수련을 심었던 거지요. 그걸 그리겠다는 생각은 아예 없었단 말이오. 하나의 풍경이 하룻밤 사이에 우리에게 그 의미를 온전히 드러내는 법은 없는 것이거든. 그러던 어느 날, 갑자기 연못의 신비로운 세계가 내 눈 앞에 드러나기 시작한 거예요. 나는 부랴부랴 팔레트를 찾았지요. 그 이후 이날까지 나는 다른 모델은 거의 그려 본 적이 없오."

그 감동이 얼마나 컸을까? 부랴부랴 팔레트를 찾는 모네의 모습이 눈에 선하다. 부럽다. 코치인 나도 '연못의 풍경이 온전히 그 모습을 드러내듯' 다른 사람이 가지고 있는 무한한 잠재성이 드러나도록 도우며 그 모습을 본다. 직관을 사용해 질문하고 답을 들으면서 고객이 나에게 온전히 자신의 모습을 드러내는 그 순간을 함께 호흡하며 즐긴다.

역발상을 통해 보기

관점에 이름을 지을 때 어떤 관점을 대상으로 할 것인가? 당면한 문제를 해결할 때 자기 나름의 관점을 가지고 있다. 그러나 이 관점을 계속 갖는 것은 자신의 삶에 생산적인 변화를 만들어 내지 못한다. 변화가 필요하다. 이러한 상황에서 역발상을 통해 새로운 관점을 만들고 그 관점에 이름을 붙여 본다. 여기서 역발상은 일반적인 생각과 반대되는 생각(또는 정반대 생각)을 하거나, 그 결과로 가진 생각이다. 역발상으로 가진 새로운 관점은 최종 확정이 아니다. 추가적인 관점 탐구의 프로세스를 거치는 시작이다.

1) 상반된 관점에서 얻는 지혜

팀장은 팀원을 대할 때, 거울과 같은 존재가 된다. 팀원의 모습을 있는 그대로 거울에 투영하고 피드백을 준다. 이를 위해 팀장 자신의 관점이 아니라 구성원의 관점에서 그가 말하고 느끼는 것, 행동하는 것을 읽는다, 팀장은 자신의 관점을 내려 놓을 때, 구성원의 관점을 파악할 수 있는 더 많은 정보를 받아들일 수 있다.

우리는 각자 자신의 관점에서 세상을 본다. 이를 잘 나타내는 이야기가 있다. 오래 전에 만화 『광수 생각』에 소개되었던 내용이다. 어느 날 제화업체 해외 영업본부에 근무하는 두 명의 구성원이 아프리카에 출장을 갔다. 출장의 목적은 최근 출시된 신발의 시장성을 파악하는 것이다. 일주일이 지난 후 그들은 본사로 이메일을 보냈다.

- 구성원 1: 이 지역에서는 신발을 신지 않습니다. 판매 가능성 0%
- 구성원 2: 이 지역에서는 신발을 신지 않습니다. 판매 가능성 100%

동일한 지역을 시장 조사한 두 구성원이 상황을 보는 시각은 서로 달랐다. 이 차이는 어디에서 왔을까? 그 해답 가운데 하나는 준거틀(frame of reference)이다. 세상을 보는 마음의 창이다. 두 구성원이 본 아프리카의 생활상은 객관적인 사실이다. 그 사실에 어떤 의미를 부여할지는 개인의 관점에 따라 달라진다. 또 어떤 의미를 부여하는지에 따라서 그 가치가 달라진다. 그리고 이 과정을 통해 그 사건을 경험한다. 의미를 부여하지 않고는 경험할 수 없다.

2) 자기주장이 강한 고객을 대하는 관점

타인의 의견에 대한 수용성이 낮고 자기주장이 강한 고객을 대하는 데 큰 어려움을 겪은 구성원을 생각해 보자. 그 구성원은 유사한 대화 스타일을 보이는 다른 고객들에 대해서도 주도적으로 대화하기 어렵다. 고객과의 대화를 회피하거나 수용적인 대화를 하기 쉽다. 가능하면 속히 대화를 마무리 지으려고 할 것이다. 신발을 신지 않는 아프리카 주민을 보고 신발을 판매할 가능성이 0%라고 생각하는 구성원처럼, 까다로운 고객과 효과적인 대화를 할 가능성은 0%라고 짐작하기 쉽다. 다음과 같은 질문은 구성원의 관점을 파악하는 데 도움이 된다.

- 그 고객과 대화할 때, 당신이 가장 힘들어 하는 것은 무엇입니까?
- 당신의 관점에 대해 다른 사람이 피드백을 한다면, 뭐라고 하겠습니까?
- 하늘을 나는 매의 눈으로 현재 자신의 모습을 본다면, 무엇을 보았습니까?
- 지금의 상황을 긍정적으로 본다면, 무엇을 보았습니까?
- 지금의 상황을 부정적으로 본다면, 무엇을 보았습니까?

3) 기대와 다른 행동을 보이는 타인에 대한 관점

지인이 분명히 주말에 식사를 같이 하자고 제안을 했다. 그래서 김기철 씨는 그의 전화를 기다렸다. 어찌된 일인지 주말이 되어도 전화가 없었다. 김기철 씨는 문득 그가 전화하는 것을 잊어버렸을 것으로 생각했다. 그래서 전화를 걸려고 하다가 순간 마음속에 떠오른 생각에 동작을 멈췄다. 지인이 나와의 식사를 중요하게 생각하지 않는 것 같다. 어쩌면 나를 존중하고 있지 않는 것 같다. 이러한 상황에서 지인에게 전화를 하는 것은 상대방을 불편하게 하는 일이다. 그는 제안을 이미 망각했을 수 있다. 지난번 오랜만에 만났기 때문에 몹시 당황하고 민망해 하며 인사차 식사나 같이 하자고 빈말을 한 것이다.

그러나 지인이 연락을 하지 않는 특별한 이유가 있을 것으로 생각해 보자. 앞서 열거한 생각을 확인하지는 않았다. 만일 이유가 있다는 생각이 참이라면 지금 그에 대해 가지고 있는 모든 부정적인 생각은 잘못된 것이다. 또 지금 그에 대해 마음속으로 불편을 느낄 필요가 없다. 어떤 관점을 탐구하기 시작할 것인가? 김기철 씨는 당면한 상황을 보는 주관적인 생각에 묶여 있다는 점을 알아차렸다. 그는 이러한 상황에서 흔히 주관적인 생각을 판단의 준거로 사용했다. 그는 자신의 관점을 '자승자박'이라고 이름 붙였다.

4) 상황을 보는 나의 언어가 만드는 관점

먼저 관찰자의 입장에서 당신이 가지고 있는 생각과 주위 상황을 살펴본다. 그리고 "지금 나는 어떤 생각을 하고 있나?"라고 자기 자신에게 질문한다. 어떤 생각이 떠오르는가? 예를 들면 '나는 피곤하다. 나는 우울하다. 여하튼 지쳐 있다' 또는 '나는 행복하다'고 생각할 수 있다. 당신이 어떤 생각을 떠올리고 어떤 언어를 사용해 자신의 생각과 당면한 상황을 묘사하는지에 따라서 느낌도 영향을 받는다. 이러한 생각과 느낌은 삶을 대하는 자기 인식과 관점을 구성한다. 당신이 선택한 언어가 당신의 삶을 바꾸어 놓을 수 있다. 만일 부정적인 생각을 하고 있다면 당신의 부정적인 생각을 긍정적인 생각으로 바꿀 수 있다. 예를 들어 '오늘 너무 힘드네. 지쳤어.' 이러한 생각을 '오늘 힘이 솟을 것 같네. 생기 있어.'로 바꾸어 보자. 어떻게 하면 될까? 다음과 같은 질문을 자신에게 한다.

'오늘 너무 힘드네, 지쳤어.' 이와 같은 부정적 생각을 버린다면, 나는 어떤 모습일까? 떠오르는 생각을 정리한다. 당신이 적어 놓은 것은 긍정적인 모습일 것이다. 당신이 생각을 적을 때, 어떤 느낌을 가졌는지를 상기한다. 그 느낌은 바로 당신의 것이다. 당신의 모습이다. 이 모습을 오랫동안 간직하자. 또 그 모습을 토대로 일상 생활을 해 보자.

5) 내 관점의 양면성을 탐구하며 갖는 관점

한 분야에 10년 이상의 업무 경험을 축적한 박종철 팀장은 자신의 경험과 지식을 진솔하게 담은 책을 쓰고 싶다. 그런데 막상 어디에서부터 시작할지 늘 막막했다. 그는 주변 사람에게 자신의 고민을 털어 놓았다. 자신의 고민을 털어 놓는 과정에서 자신이 진정 원하는 것이 무엇인지 명료하게 드러났다. 또 자신의 고민을 들은 상대방이 전해 주는 조언과 격려가 책을 쓰겠다는 마음을 키웠다. 그러나 그는 늘 '원하는 책'을 결과물로 설정하고 그 목표를 이루는 과정과 해야 할 것에 대해 많은 생각을 했다.

어느 날 그의 고민을 들은 지인이 다음과 같이 말했다. "이제 무엇을 쓸 것인지에 대한 생각을 충분히 했다고 생각합니다. 남은 것은 쓰기만 하면 되는군요. 축하합니다." 박 팀장이 책을 쓰기 위해 '한 것'과 '하지 않은 것'을 보면 앞으로 무엇을 해야 할 것인지 명확하다. 바로 '하지 않은 것'을 하면 된다. 그는 책 쓰기에 대한 자신의 관점을 '시작이 반'이라고 이름 지었다.

타인을 통해 나를 보기

고대 그리스 스토아 학파의 대표적인 철학자 에픽테토스(Epictetus)는 사람을 고통스럽고 힘들게 하는 것은 사건이 아니라, 그 사건에 대한 우리들의 생각이라고 말했다. 사건에 대해 생각한다는 것은 곧 의미를 부여하는 과정이다. 그리고 이 과정을 통해 그 사건을 경험하게 된다. 의미를 부여하지 않고는 경험할 수 없다. 이러한 의미부여는 자기중심성의 반영일 가능성이 높다. 사건에 대한 관점은 자기중심성에 따른 것이다. 따라서 타인을 통해 나의 관점을 들여다볼 필요가 있다.

1) 나의 관점을 내려놓기

다른 사람으로부터 부정적인 피드백을 받거나 나를 힘들어하는 사람을 만난다면 상대방을 통해 나를 제대로 알 수 있는 순간에 있음을 알아야 한다. 만일 누군가 당신에게 다른 사람을 차갑게 대하는 것이 문제라고 피드백을 한다면, 타인을 대하는 당신의 관점이 냉소적임을 시사한다. 타인을 통해 나의 관점을 파악하기 위해서는 먼저 나의 관점을 내려놓아야 한다. 나의 관점을 내려놓는다는 것은 다른 사람을 주관적으로 가정하거나 평가와 판단을 하지 않는 심리 상태를 말한다. 이러한 심리 상태를 가질수록 그의 관점을 있는 그대로 받아들일 수 있다. 나 자신에게 다음과 같이 질문해 보자.

"다른 사람과 대화할 때, 나는 그의 생각을 어느 정도 파악하고 있는가?"

어느 정도 파악하고 있는지 점수를 매겨 보자. 0점은 전혀 파악하지 못하고 있다. 10점은 아주 잘 파악하고 있다. 0점에서 점수가 클수록 더 잘 파악하고 있는 것이다. 몇 점을 주었는가? 현재 자신의 점수를 6이라고 하자. 당신에게 6점은 어떤 의미인가? 어떤 상태를 말하는가? 지금까지 다른 사람과 대화할 때 자신의 모습을 돌이켜 보자. 대화 스타일은 어떠한가? 다음은 앞으로 자신이 원하는 모습을 점수로 나타내 보자. 만일 8점이라고 생각했다면, 앞으로 어떻게 할 것인가? 어떤 노력이 필요한지를 생각해 본다. 다음과 같은 질문은 자신의 관점을 파악하고 개선점을 찾는 데 도움을 준다.

- 그와 대화할 때 내가 가장 힘들어 하는 것은 무엇인가?
- 내가 그와의 대화에서 일관되게 피하려는 것이 있다면, 무엇인가?
- 그와의 대화에서 내가 주저하는 것은 무엇인가?
- 그의 말을 듣지 못하도록 방해하는 나의 습관은 무엇인가?
- 내가 대화하기 싫어하는 그는 어떤 사람인가?
- 그와 이전보다 효과적인 대화를 하려면, 나의 어떤 부분을 바꾸어야 할까?

다른 사람에게 피드백을 할 때도 자신의 관점을 내려놓는 것이 중요하다. 그의 모습을 있는 그대로 보고 피드백을 하기 위해 자신을 도구로 사용한다. 이때 사용하는 도구를 거울에 비유한다. 나의 거울에 비친 그의 모습을 그대로 피드백한다. 거울에 비친 모습을 주관적으로 해석하지 않고 그가 말하고 느끼는 것, 행동하는 것을 읽고 설명한다. 이와 같이 자기 자신의 관점을 내려놓을 때, 그의 관점을 파악할 수 있는 더 많은 정보를 받아들일 수 있다.

2) 역지사지, 입장을 바꾸어 보기

"입장을 바꾸어 놓고 생각해 보란 말이야. 너 정말 이럴 수 있어?" 하루에 이 말을 몇 번이나 할까? 서로 중차대한 이해관계에 있고 의견 차이를 좁히지 못해 갈등할 때, 그 빈도는 훨씬 많을 것이다. 입장의 사전적인 정의는 당면하고 있는 상황이다. 상황은 객관적인 것이다. 그러나 그 상황을 어떤 관점에서 볼 것이냐는 주관적이다. 입장을 바꾸어 놓고 생각해 보라는 것은 사건을 해석하는 관점을 달리 취하라는 것이다. "내 입장이 되어 보라고, 얼마나 속이 타는 일인지." 나의 주관적인 입장을 강조하는 이유는 동일한 상대방의 말도 그에 대한 이해, 관심, 손익, 몰입, 관여 등에서 따라서 다르게 지각되기 때문이다.

입장을 바꾸어 보면 관점 차이가 생기는 원인을 알게 되어, 그 차이를 좁힐 수 있다. 또 새로운 정보를 얻기 때문에 기존의 관점을 확대시킬 수도 있다. 코칭 장면에서 코치는 고객이 가지고 있는 관점을 확대시키고, 당면한 상황에서 다른 사람과의 관점 차이를 좁힐 때, '입장 바꾸어 보기' 기술을 활용한다. 다음과 같은 단계를 순차적으로 따르면서 입장 바꾸어 보기를 경험해 보자.

단계 1: 상대방의 입장을 취한다

상대방은 이 상황을 어떻게 보고 있다고 생각합니까? 상대방이 원하는 것은 무엇입니까? 상대방이 중요하게 생각하는 것은 무엇입니까? 상대방은 어떤 측면에서 이 상황을 불편하게 생각하고 있을까요? 이러한 질문에 대한 답을 한두 마디로 요약해서 말한다면, 무엇입니까? 그가 요약한 응답에 관점이 있다. 상대방의 입장에 담긴 관점에 이름을 붙여 보자.

단계 2: 제삼자의 입장을 취한다

두 사람의 대화를 듣고 있던 관찰자가 있다고 생각해 본다. 그 사람은 이 상황을 어떻게 보고 있을까요? 그 사람은 두 사람 간의 관계를 어떻게 본다고 생각합니까? 그 사람이 두 사람의 관계가 해결되길 바란다면 어떤 의견을 줄 것으로 생각합니까? 이러한 질문에 대한 답은 객관적인 관찰자가 가진 관점을 알아보는 것이다.

단계 3: 변화의 명분을 준다

입장을 바꾸어 보면서 당신이 얻는 유익은 무엇입니까? 당신이 고민하던 문제가 해결된다면 그 내용은 무엇입니까? 당신의 역할을 성공적으로 수행하는 데 어떤 도움을 준다고 생각합니까? 변화에는 자기방어기제가 작동한다. 따라서 변화에 명분을 주는 것은 방어기제의 힘을 약화한다.

단계 4: 입장 바꾸기를 통해 학습한 것을 확인한다

입장을 바꿔 보면서 당신이 알게 된 것은 무엇입니까? 새로운 정보는 무엇입니까? 각 입장들이 보이는 주된 차이는 무엇입니까? 그 차이가 갈등과 어떤 관련성이 있다고 생각합니까? 갈등이 첨예한 상황에서 관점 차이를 줄이는 방법은 삶의 지혜이다.

입장을 바꾸어 보는 것(역지사지)은 우리가 가지고 있는 다른 관점이나 사고의 틀(frame)을 경험하고 새로운 관점에서 기존 틀을 재구성(reframe)하는 유용한 방법 중의 하나이다. 역지사지는 나를 포기하는 것이 아니라 나를 성숙시키는 인지 전략이다. 입장 바꾸기를 통해 자신의 관점이 어떻게 달라지는지를 주목한다. 그 관점에 이름을 붙여 본다.

3) 다면 관찰을 통해 나를 보기

다면 관찰의 대표적인 방법은 360도(360-degree) 진단이나 다면 인터뷰이다. 당신의 리더십을 진단한다고 할 때, 다방면의 역할을 담당하는 참가자(본인, 상사와 동료, 후배 직원)로부터 피드백을 수집한다. 이 방법의 핵심은 자기 진단과 타인 진단의 차이를 객관적으로 측정하고, 차이의 내용과 원인을 심층적으로 분석하는 것이다. 진단하는 조건이 동일하다고 가정하고 본인 진단과 타인 진단의 차이를 보는 것은 관점의 차이를 식별하는 것과 같다.

관점의 차이를 본다는 면에서 다면 인터뷰도 다면 진단과 같다. 두 방법의 주된 차이는 인터뷰는 정성적 정보(질적 정보)를 수집하고 진단은 정량적 정보(양적 정보)를 수집하는 데 유용하다. 이러한 제한점을 극복하기 위해 인터뷰의 내용은 척도(scale)를 사용해 객관화하고, 진단은 주관식 질문을 포함하는 방법을 병행한다. 나는 리더십 다면 진단(ELA), 팀효과성 진단(TEA), 조직효과성 진단(OEA) 도구를 개발해 질적 정보와 양적 정보를 동시에 수집하는 방식을 활용한다 (이석재, 2014; 2020a).

삶을 피하기보다 직면하기

관점을 탐구할 때 중요한 마음의 자세는 내 삶의 전면에 나서는 것이다. 이를 위해서는 삶을 피하기보다 직면해야 한다. 현재 시점에서 내 삶을 직시하고 더 나은 삶을 만드는 태도를 갖는 것이다. 나는 나의 삶을 제대로 살고 있는 것일까? 지난 23년 이상의 코칭 경험으로 보면 직장인은 성별에 관계없이 35세에 이르러 심각한 고민을 한다. 그 전이라고 고민을 하지 않는 것은 아니다. 다만 큰 차이가 있다면, 그 고민이 더 깊은 불안과 스트레스를 동반한다는 것이다. 고민하는 대표적인 주제는 결혼, 경력개발, 이해관계자와의 갈등 해소, 스트레스 관리, 경제적 안정 확보이다. 어떤 때는 진로에 대해 생각만 해도 무력감에 빠지고 혼자 뒤쳐진 것 같다. 마침내 자기 자신이 할 수 있는 것이 없다고 판단한다. 그들이 경력개발에 대해 고민하는 내용을 질문 형태로 표현해 보면 다음과 같다.

- 내가 진정 원하는 것이 무엇인가?
- 내가 앞으로 가야 할 길이 무엇인가?
- 이 회사를 계속 다녀야 하나?
- 앞으로 내 삶은 어떻게 될까?
- 무엇인가를 해 보고 싶은 데 무엇부터 해야 할까?

1) 누구의 삶을 살 것인가

내 삶에 대해 어떤 관점을 가지고 있는지를 생각해 보자. 나는 누구의 삶을 살고 있나? 내가 삶의 주인이 되기 위해 무엇을 할 것인가? 지금 이 순간, 현재 상황을 나의 성장에 도움이 되는 것으로 활용한다면, 무엇이 가능한가? 무엇을 시도해 보겠는가? 내가 바뀌어야 할 부분이 있다면, 무엇인가? 어떻게 언제까지 바꾸어 볼 것인가? 이런 질문에 대해 어떤 답을 가지고 있는가? 자신의 인생 진로가 불투명하면, 사회적 기반과의 연대감과 소속감, 주인의식이 취약해진다. 나는 이러한 상태를 '심리적 퇴직'이라고 부른다. 심리적 퇴직이란, 소속은 현재 직장인으로 있지만 마음은 직장을 떠나 있는 심리 상태를 말한다.

자신의 진로를 고민하는 사람들은 공통적으로 업무 몰입도가 낮다. 또 자신의 미래를 생각하지 못한 것이 아니라, 고민해서 만든 계획조차 실행으로 옮겨 보지 못했다. 올해 고민한 것을 작년에도 하였고, 2년 전에도 하였고, 또 내년에도 할 것이다. 이러한 고민의 순환고리에서 벗어나지 못하는 이유는 다음과 같은 질문에 대해 명확한 답을 가지고 있지 않기 때문이다.

- 내 삶을 통해 구현해 보고 싶은 가치가 무엇인가?
- 나의 미래는 어떤 것이길 바라는가? 나의 꿈은 무엇인가?
- 3년, 5년 이후 내가 원하는 나의 모습은 무엇인가?

- 당장 내년에 나는 어떤 사람이 되겠는가? 어떤 사람이고 싶은가?
- 내 삶을 주도하지 못하고 주저하는 까닭은 무엇인가?
- 현재 나는 어떤 모습인지 명확하게 알고 있나?
- 현재 나의 지식, 기술(skill), 태도의 현주소는 어떠한가?
- 삶의 목표를 가지는 것이 중요한 이유는 무엇인가?

이러한 질문들에 대해 답을 갖는 것은 쉬운 일이 아니다. 먼저 자신의 현재 모습이 어떤 것인지를 명확히 인식해야 한다. 이를 포지셔닝(positioning)이라고 한다. 그 다음은 어디로 갈 것인가. 자신의 삶을 주도하기 위해서는 원하는 모습과 꿈을 명확히 정의하는 것이 중요하다. 이제 현재 모습과 원하는 모습의 격차가 드러난다. 이 격차를 줄이는 노력을 해야 한다. 이 단계에서 흔히 고민하는 것은 원하는 모습을 구체적으로 그리는 것이다. 또 현재의 모습에서 미래의 원하는 모습으로 가는 가능한 방법을 찾는 것이다.

구글은 구성원에게 다음과 같은 과제를 통해 자신의 꿈(미래 모습)을 구체화하도록 돕는다. 꿈을 찾는 방법으로 다른 사람과 관계 형성을 하고 그들의 도움을 받아 보라고 조언한다. 늦었다고 생각할 때가 가장 빠른 때라는 말이 있다. 생각에 머무르지 말고 행동으로 옮겨 보자. 꿈을 명확히 하는 데 도움이 되는 네트워킹 계획은 다음과 같다.

〈네트워킹 계획〉

- 당신의 꿈이 구글(원하는 일터)과 연계된 측면이 있다고 처음에 생각한 것을 적는다.
- 당신의 꿈을 명확히 하기 위해 만나 볼 수 있는 사람의 이름을 적는다.
- 그 만남에서 당신이 주위 사람의 관심 대상이 되는 데 도움이 되는 질문과 관련 정보를 적는다.
- 그들이 당신에게 관심을 갖도록 하기 위해 당신이 할 수 있거나 공유할 수 있는 것을 적는다.

〈현장 실습과제〉

당신의 꿈을 명확하게 정의하기 위해 정기적으로 다른 사람을 만나 본다. 현재 자신의 꿈이 명확하지 않다면 이렇게 해보는 것도 도움이 된다.

- 주위에 당신이 되고 싶은 인물을 찾아보자(이름 목록을 만든다).
- 1주일에 3명 이상을 만나 보자.
- 그들이 추구하는 삶의 가치를 물어보고 가치와 삶의 연관성을 확인한다.
- 그들이 자신의 삶을 성공적으로 이루게 된 성공 전략을 파악해 보자.

2) 지금 여기의 관점에 집중하기

과거는 분명히 오늘의 내가 있도록 한 시간이지만, 삶을 어떻게 살 것인가를 생각한다면 현재 시점에서 본 미래를 생각해야 한다. 그러나 미래는 아직 오지 않은 것이다. 미래에 대해 생각하는 것은 마치 지나간 것을 되돌려 보는 것과 차이가 없다. 그 주된 이유는 통제하거나 관리할 수 있는 것이 아닌 까닭이다. 주체적인 삶의 영향력 밖에 있다. 오직 주체적인 사고와 활동 범위 안에 있는 것은 지금, 여기, 이 순간이다. 이 모든 순간이 과거의 미래이며 다가올 미래의 원천이다. 따라서 지금 이 순간의 관점이 중요하다.

3) 전지전능한 힘을 갖는다면

교육 참가자에게 묻는 질문이다. "당신이 오늘 전지전능한 힘을 갖는다면, 어디에 사용하고 싶으십니까?" 전지전능한 힘을 갖는다는 것은 기적과 같은 일이다. 그러나 이 질문에 교육 참가자들은 평소 자신이 마음속 깊이 품어 왔던 소망이나 꿈에 대한 이야기를 말한다. 전지전능한 힘을 빌려 자신이 이루고 싶은 꿈과 소망을 지금 이루고 싶어한다. 이 질문에 답을 생각하면서 당신이 갖고 있는 관점은 무엇인가? 한 참가자는 이렇게 자신의 느낌을 말했다.

"내가 꿈꾸고 있던 것이 그리 허황된 것이 아니라 실현될 수 있다는 느낌과 확신을 갖게 되었습니다. 다른 사람이 나에게서 어떤 차이를 느낀다면, 아마 이전보다 더 활기차고 자신감이 있어 보인다고 말할 것입니다."

교육 참가자의 말처럼 이전보다 더 활기차고 자신감 있어 보인다면, "그럼, 이러한 활기와 자신감을 계속 느끼고 유지하고 싶으십니까? 어떻게 하면 될까요? 지금까지와는 다르게 행동을 해 본다면, 무엇입니까?" 이에 대한 대답을 가지고 있다면, 이전과 다른 행동은 전지전능한 힘이 만드는 기적과 같은 결과를 만들 것이다. 조금이라도 자신의 행동을 긍정 방향으로 바꾸어 본다면, 자신의 꿈이 실현되는 결과를 낳게 될 것이다.

지금까지의 글을 읽으면서 당신의 머리속에 떠오르는 많은 생각들을 묶어 주는 하나의 관점을 생각해 본다. 그것은 무엇인가? 그 관점에 이름을 붙여 보자. 앞으로 읽을 내용에 어떤 영향을 미치는지를 수시로 확인해 보길 바란다. 다음 장에서는 그 관점을 매개로 자신의 내면으로 들어가 본다. 이어서 관점과 내면을 연결해 볼 것이다.

CHAPTER

02

관점을 자기 내면과 연결한다

"생각하는 대로 살지 않으면
사는 대로 생각하게 될 것이다."

폴 부르제(Paul Bourget), 프랑스 작가

관점 탐구의 두 번째 단계는 파악한 관점(perspective)과 정신 모형(mental model)을 서로 연결하는 것이다. 정신 모형은 이미 존재하는 지식을 표상한 구조와 기존 지식을 더 풍부하게 하는 인지 과정을 결합하는 역할을 한다. 따라서 새로운 관점이 정신 모형의 쓰임과 효용을 높여야 한다. 관점 전환을 통해 정신 모형에 변화를 주려고 하면 내면의 저항을 만난다. 인간의 본성인 자기중심성이 변화에 대해 방어기제를 작동하기 때문이다.

새로운 관점이 변화의 힘을 가지려면 변화 시도는 자발적이어야 한다. 이때 사람들은 능동적으로 변화 요구를 충족할 수 있는 행동을 하려고 한다. 변화 요구는 원하는 결과를 얻을 가능성을 높이는 결정적 행동과 관련이 높다. 따라서 내면의 변화 요구를 반영한 행동이어야 그 행동을 실행하겠다는 의도가 자발적으로 생긴다(이석재, 2024a). 관점 탐구도 같은 심리를 따른다.

관점과 내면의 연결에서 변화 요구의 쓰임

관점은 당신이 세상을 보는 방식이다. 또 삶에서 직면하는 문제 또는 과제를 생각하고 이해하는 방식이며 태도이다. 관점은 당신의 고유한 삶의 경험, 추구하는 가치와 의미, 심리 상태, 주위 상황과 사건을 대하는 가정 등에 의해 형성된다. 이와 같이 관점은 당신의 정신 모형에 기초한 것이다. 우리의 시선이 밖을 향할 때 관점이 작동하고, 안을 향할 때 정신 모형이 작동한다. 정신 모형은 마음속에 있는 모든 종류의 개념, 프레임워크, 또 세계관을 가리키는 포괄적인 개념이다. 이와 같이 정신 모형은 삶에서 무엇이 어떻게 작동하는지를 설명하며 삶을 이해하는 데 도움을 준다. 따라서 관점 전환은 내면의 변화 요구에 따른 것이어야 성공할 가능성이 높다.

변화 요구는 효과성 프레임워크(effectiveness framework)의 중요한 구성 요소이다. 여기서 프레임워크란, 원하는 결과를 얻기 위한 논리이며 체계적인 접근을 담은 생각 틀이다. 효과성은 원하는 결과를 얻는 정도이다. 이와 같이 효과성 프레임워크는 '변화 요구-결정적 행동-원하는 결과'로 구성되어 있다(이석재, 2014; 2023). 코치는 세 가지 요소의 연결성을 높이는 영향요인을 찾아서 원하는 결과를 얻을 가능성을 높이는 방향으로 작동하도록 돕는다([그림 2-1] 참조).

효과성 프레임워크를 개발하면서 리더들의 대표적인 변화 요구를 탐구했다. 지난 2002년부터 2018년까지 코칭에서 만난 조직 리더들과 나눈 대화 메모와 코칭 일지에 기록한 실천 행동을 범주화 기법으로 두 번에 걸쳐 내용 분석을 했다(1차 분석 2002년~2009년 자료; 2차 분석 2010년~2018년 자료). 그 결과, 〈표 2-1〉에서 보듯이 일곱 가지 변화 요구를 찾았다(이석재, 2015; 2024a).

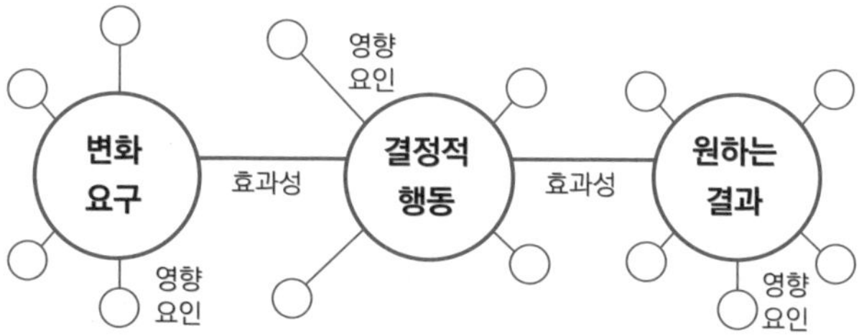

[그림 2-1] **효과성 프레임워크(이석재, 2024a)**

변화 요구(COACH ME)는 사람의 마음속에 있으며 쉽게 드러나지 않는다. 자기방어기제와 같은 심리가 속마음을 표현하는 것을 방해하기 때문이다. 자기방어기제는 변화 요구가 있을 때 변화를 거부하도록 작동하는 심리이다. 따라서 관점 전환을 계획할 때 리더의 일곱 가지 변화 요구를 적극적으로 고려할 필요가 있다. 그래야 새로운 관점이 정신 모형과 연계될 가능성이 높다. 이와 같이 변화 요구는 관점과 정신 모형을 연결하는 통로이다. 따라서 이 책에서는 일곱 가지 리더의 변화 요구를 '연결 통로'로 활용한다. 또 리더가 원하는 결과를 얻을 가능성을 높이는 심리 자원으로 관점 탐구와 전환에 활용한다.

관점과 변화 요구의 연결에 대한 당신의 이해를 돕기 위해 변화 요구별로 내용을 살펴본다. 여기서는 변화 요구의 우선순위보다 코칭 고객의 생각에 초점을 맞춘다. 당신도 자기 자신의 변화 요구를 정리하면 도움이 될 것이다.

〈표 2-1〉 조직 리더의 7가지 변화 요구

C	**주도적으로 삶을 구성하기(Construction)** 사람들은 삶의 주체로서 자신의 삶을 주도적이며 적극적으로 구성하려고 한다.
O	**자신만의 시선 키우기(Orientation)** 사람들은 자신과 타인 및 환경을 바라보는 독특한 시각을 가지고 있고, 코치는 이를 존중하고 확대되도록 돕는다.
A	**늘 깨어 있는 인식 갖기(Awareness)** 사람들은 자신의 모습을 객관적으로 자각할수록 자신의 강점과 부족한 점을 발견하고, 변화의 주제를 명확하게 설정한다.
C	**협업을 통해 성장하기(Collaboration)** 사람들은 혼자 자기 성장을 이끌어 갈 수도 있지만, 다른 사람과 협력할 때 그 활동은 더 촉진된다.
H	**삶의 희망 키우기(Hope)** 사람들은 현실적인 사고 틀에서 벗어날 때, 새로운 가능성을 발견하고 현재보다 더 멋진 기대와 꿈을 갖는다.

M	**더 나은 나와 일의 성취 추구하기**(Motivation) 사람들은 어제보다 나은 나, 더 나아가 최고의 나가 되고자 하며, 일터에서는 최고의 성과를 만들려고 한다.
E	**삶의 목적 탐구하기**(Explore) 사람들은 자신을 포함해 타인과 환경에 대해 끊임없이 탐구하려고 하며, 그 과정을 통해 학습하고 성장한다.

출처: 이석재(2015; 2024a)

1) 주도적으로 삶을 구성하기

사람들은 삶의 주체로서 자신의 삶을 주도적으로 구성하려고 한다. 구성은 자신이 원하는 삶을 만드는 것이다. 삶을 만들어 간다는 것은 관념이 아니라 행동이다. 급변하고 예측하기 어려운 세상에서 우리의 감정은 기복이 심하게 나타나지만, 그것에 대응하는 행동은 일관성을 유지해야 한다. 이러한 시대에 행동의 일관성을 어떻게 확보할 것인가? 우리는 어떤 삶을 살 것인가?

현실과 우리의 상호작용에 좋고 나쁨은 없다. 매 순간 체험되는 것은 각 개인의 관점에 고유하게 존재한다. 그러면, 우리는 현실에 어떻게 대응할 것인가? 현실 상황에 우리 자신을 맞추기도 하지만, 삶의 주체로서 자신이 원하는 삶을 주도적으로 구성해야 한다. 삶을 구성한다는 것은 삶의 목적이 가리키는 방향에 맞추고, 목적과 일치하게 살고 그 삶을 온전히 수용하려는 의도를 실행하는 것이다. 구성적인 삶은 21세기가 요구하는 삶의 방식이다. 우리는 일상에서 경험하는 감정 처리와 대응 행동을 삶의 목적에 맞게 다룰 필요가 있다. '구성적 삶을 산다'는 생각의 핵심에 행동 중심의 전략이 있다. 산업사회에서는 실행중심(doing)이었지만, 지금은 존재중심(being)인 시대이다. 자신이 만들어 보고 싶은 삶의 모습을 직접 생각해 보고, 그 삶에 대한 비전을 구체적으로 세워 보자.

조직 리더의 삶은 그가 원하는 삶의 요구와는 다른 요소들에 의해 영향을 받는다. 기본적으로 조직의 삶은 성과중심이다. 21세기 기업의 생존 전략에 대한 분석 보고서들은 정보통신과 인공지능(AI) 기술을 활용한 혁신과 융합을 기반으로 속도 경영을 강조한다. 코칭에 참여한 리더도 빠른 업무 처리와 성과 압박으로 스트레스를 받았다.

코칭에 참여한 리더들은 업무 수행에 필요한 자원으로 상사의 관심, 역량을 갖춘 인재, 시간, 창의적 생각, 생산적 피드백 등을 들었다. 이것들은 모두 빠르게 일 처리하고 성과를 만드는 데 필요한 자원이다. 시간은 개념적으로 자기관리가 가능한 자원이지만, 현실에서는 온전히 자기주도적으로 관리할 수 없는 자원으로 보았다. 일과 이해관계자의 요구에 쫓기기 때문이다.

주도적으로 삶을 구성하고 싶은 소망은 그들의 마음속에 있지만, 이것을 끄집어내어 현실에서 실천한 리더는 소수이다. 대부분의 리더는 업무성과 향상이나 조직관리와 같은 실행에 대한 것을 코칭 주제로 설정한다. 삶의 구성에 대한 내용을 코칭 대화에 포함시키지 않았다. 일에 대한 주제를 다룰 때는 자기방어기제의 작동으로 속마음이 겉으로 드러나지 않는다. 직장인으로서 개인 삶을 얘기하는 것을 도리에 맞지 않다고 생각하고 불편하게 느꼈다.

코칭 주제가 존재의 영역으로 넘어갈 때 속마음이 나타났다. 맡은 역할을 성공적으로 수행하는 '되고 싶은 리더'의 모습을 다룰 때는 배제되었다가, '되고 싶은 사람'의 모습에 대해 대화를 할 때 조심스럽게 표출되었다. 삶의 주제를 다룰 때, 진지하고 솔직한 모습을 보였다. 일부 리더는 현재의 삶과 미래의 삶을 연계시켰지만, 다른 리더는 현재의 삶과 완전히 다른 새로운 삶을 구상했다.

2) 자신만의 시선 키우기

사람들은 자신과 타인, 환경을 바라보는 독특한 시선을 가지고 있다. 코치는 그들의 시선을 존중하고 확장되도록 돕는다. 일상에서 시선의 중요성을 체험할 수 있는 기회는 취업 후 받는 오리엔테이션 교육이다. 조직과 개인의 시선을 한 방향으로 조율하는 학습 활동이다. 시선의 조율이 잘 이루어지면, 소속감과 일에 대한 주인의식이 높아지고 일에 대한 몰입이 촉진된다. 시선이 조율되지 않으면, 응집력이 떨어지고 작은 인식의 차이도 갈등이 되기 쉽다. 시선은 정체성과 밀접하게 연결되어 있다. 정체성은 '나는 누구인가?'에 대해 설명하는 중요한 개념이다. 여기서는 시선을 정체성과 연관 지어 다룬다.

심리학자인 융(Jung)이나 매슬로우(Maslow)는 개인의 독특성을 내면 깊이 탐색할 때 전체로서의 자기(self)와 개인적 경험 혹은 사회적 역할을 통해 체험하는 정체성(identity)을 확인할 수 있다고 주장했다. 이와 달리 사회학자인 사빈(Sarbin)이나 쿨리(Cooley)는 정체성을 사회적으로 생성된 개념으로 보았다. 또 학자들은 사람의 행동을 이해하는 데 개인 정체성과 사회 정체성 중에 어느 것이 더 중요한지에 대해 연구했다. 그 결과, 개인 정체성과 사회 정체성의 중요성과 가치를 지각하는 데 개인차가 있었다. 어떤 사람은 내적 자아를 참된 것이며 자연적인 것으로 본다. 반면에 다른 사람은 사회적으로 인지되고 제도적으로 승인되는 외적 자아를 자기를 가장 잘 표현하는 것으로 본다.

사람들은 자신이 원하는 정체성을 이룰 목적으로 자기를 드러낸다. 이러한 행동을 사회심리학에서는 인상관리 또는 자기제시라고 한다. 또 타인이 지각하기를 바라는 이미지에 맞게 자기를 표현하는 스킬을 자기제시 책략이라고 한다. 나는 자기제시 책략을 측정하는 척도를 개발했다(이석재, 1996; Lee et al., 1999). 이 진단 도구를 활용하여 자료를 수집한 후 구조방정식(LISREL)을 통해 자기제시의 심리기제를 분석한 결과, 방어적 자기제시와 자기주장적 자기제시가 나타났다. 방어적 자기제시는 자기 정체성이 위협받거나 손상을 당할 수 있을 때, 자기 정체성을 보호하려는 변명, 정당화, 사전 해명, 사과 같은 행동이다. 자기주장적 자기제시는 자기 정체성을 만들려는 환심, 위협, 간청, 권리 주장 같은 행동이다. 자기방어와 자기주장은 미국인과 한국인을 대상으로 한 연구에서도 동일하게 나타났다. 이후 이 척도를 활용한 아시아 지역 연구에서도 같은 결과가 나타났다.

체면은 사회적 관계 형성과 유지에 영향을 미치는 요인으로 대인 관계 양식을 설명하는 개념이다. 나는 체면지향 행동을 측정하는 도구를 개발한 후 체면행동의 심리기제를 분석했다. 그 결과, 체면지향 행동에도 방어적 심리와 구성적 심리가 행동의 근저에 있는 것으로 나타났다(이석재·최상진, 2001). 자신의 삶을 구상하고 만들려는 동기에 자기제시에 작동하는 자기주장 심리와 체면지향 행동에 내재한 구성 심리가 작용한다. 사회적 체면을 구성하는 심리, 자기 정체성을 만들려는 심리와 구성적 삶을 만들려는 동기는 모두 목적 지향이다. 원하는 정체성을 추구하고 목적 있는 삶을 추구하는 심리이다.

'나는 누구인가'에 대한 답을 찾을 때, 시선이 어디를 향하고 있는지는 각자가 처한 환경을 볼 때 중요한 영향을 미친다. 사회적으로 인정받고 내적 정체성에 시선을 두고 있는 사람은 자신의 성향이나 자신이 존중하는 내적 가치에 따른 사회적 행동을 한다. 사회적 정체성에 시선을 두고 있는 사람은 사회적 환경의 압박에 민감하게 반응한다. 특히 근심과 염려가 큰 경우, 더 민감하다. 타인이나 사회에 불안 요소가 많고 자기 이미지에 위협이 될 때, 시선을 어디에 두는 사람인가에 따라 대응이 다르다. 사회적 정체성에 시선을 두고 있는 사람은 자존감에 대한 사회적 위협에 민감하게 반응한다. 반면 개인적 정체성에 시선을 두고 있는 사람은 사회적 위협에 내적인 완충 장치를 갖고 대응한다. 자기방어기제가 대표적인 완충 장치이다.

코칭에 참여한 리더들은 자기 정체성과 사회적 정체성의 균형적 관리에 관심이 많았다. 그러나 개인적 정체성과 사회적 정체성을 통합한 하나의 정체성을 갖고 피드백을 대하는 리더의 사례를 찾기 어려웠다. 심도 있게 정체성을 생각할 기회가 부족했다. 대부분의 리더들은 다양한 피드백 정보를 받을 기회는 많지만, 그 결과에 대해 전문가로부터 깊이 있는 해석을 받아 보지 못했다. 피드백 정보는 비공개로 본인이 열람하지 못하고 인사 자료의 일부로 사용되거나, 일부 발췌된 정보가 공유되는 경우가 일반적이었다. 이러한 상황에서 조직 리더들은 자신의 위치를 객관적으로 파악하기 어렵다. 자신에 대한 정보를 알고 싶을 때, 자신이 적극적으로 수집하거나 포기했다.

리더의 정체성에 대한 인식은 진성 리더십의 중요한 주제이다 (George, 2007; 윤정구, 2015). 진정한 자기와의 만남에 있어, 진정한 자기가 누구인가를 정의하기 어렵기 때문이다. 정체성의 성숙 과정에서 보면, 통합된 정체성이 자기를 정의하는 완성된 모습이다. 개인 정체성과 사회 정체성이 혼재해 있을 때, 일터에서 리더의 진정성은 다른 사람에 의해 올바르게 지각되지 못할 가능성이 높다. 국내에 외국인의 사회 참여가 늘어나면서 정체성이 다양해졌다. 다문화 정체성을 하나의 통합된 정체성으로 성숙시킨 리더는 다른 문화적 배경을 가진 구성원에 대한 인사평가를 하는 데 어려움이 없었다. 글로벌화가 촉진되면서 큰 시각에서 보면, 통합된 정체성은 조직이 필요로 하는 인재 특성이 될 것이다(Mok & Morris, 2012).

3) 늘 깨어 있는 인식 갖기

사람들은 주어진 삶의 환경과 자기 자신에게서 일어나는 중요한 사건들을 종합적으로 인식한다. 인식은 사건을 인지하고 자기 자신의 재능, 강점, 목적의식, 핵심가치, 신념, 태도, 열망 등과 같은 주제를 알고 이해하는 능력이다. 자기 인식을 잘할수록 자기 이해의 정도가 높고 주어진 삶의 환경에서 만나는 타인과의 관계도 원만해 개인 생활이나 일터에서 성공할 가능성이 높다. 자기 인식이 깨어 있을 때, 자기 수용이 의식될 수 있다. 그러나 자기 수용이 있을 때, 온전한 자기 인식이 가능하다. 자기 인식을 방해하는 것은 두려움, 고민, 부끄러움 같은 정서이다.

다니엘 골만(Daniel Goleman, 1995; 1998)은 자신과 타인의 감정을 인지하는 능력으로의 정서 지능을 소개하면서, 정서 관리와 자기 인식의 균형적 성숙을 강조했다. 자기 인식 능력을 높이기 위해서는 내면을 탐구하는 노력과 타인의 눈에 비친 자신의 모습을 알아보는 활동을 병행하는 것이 도움된다. 예를 들면, 다면 인터뷰, 다면 진단 등의 정보를 받아 본다. 또 관련 정보들이 갖는 시사점과 의미에 대해 전문가의 해석을 들어 본다. 심리학자들의 연구에 따르면, 자기 인식의 수준이 높은 사람은 리더십 진단에서 본인 진단과 타인 진단의 일치성이 높고, 일치성이 높은 사람일수록 리더십의 효과성이 큰 것으로 나타났다(Day et al., 2014).

자신의 모습을 객관적으로 지각할수록 자신의 강점과 약점을 발견하게 되고, 그것을 토대로 변화의 주제를 설정한다. 강점과 약점, 어떤 눈으로 볼 것인가? 이제 전통적인 강점과 약점의 이분법적인 논리의 틀에서 벗어나야 한다. 코칭 시각에서 보면, 사람은 그 자체가 온전한 존재적 가치를 가지고 있다. 효과성 코칭에서 코치는 고객으로 하여금 자신과 자신을 둘러싼 환경이 원하는 것을 얻는 행동에 어떤 영향을 미치는지를 살펴보도록 한다. 효과성 코칭에서 원하는 결과를 얻는 행동을 촉진시키는 영향요인을 강점으로 정의한다. 약점은 원하는 결과를 얻는 데 필요한 결정적 행동을 방해하는 영향요인이다. 기존에 자신의 약점이라고 생각했던 것을 다시 들여다보면, 그 약점이 강점으로 쓰일 수 있다는 것을 알게 된다.

한국 펜싱이 세계적인 위상을 갖게 된 것은 약점으로 여기며 무력감을 갖게 한 짧은 다리의 강점을 간파했기 때문이다. 즉 몸의 무게 중심이 긴 다리보다 아래에 있기 때문에 빠른 발놀림을 구사할 수 있다. 유도 중량급 선수로서는 키가 작은 편인 송대남 선수는 특기인 업어치기를 앞세워 약점을 강점으로 바꾸었다. 다리가 긴 외국 선수들보다 상대적으로 무게 중심이 아래에 있다는 이점을 살렸다. 그는 올림픽 전에 "외국 선수들은 상체보다 하체가 약하다. 다리 사이로 파고들어 업어치기를 하니 통했다."고 말했다.

세계적인 리더십 연구 기관인 창의적 리더십 센터(Center for Creative Leadership)의 연구 결과를 보면(Lombardo & Eichinger, 2002), 리더십 강점을 극대화하려고 하면 오히려 지속적인 성장을 방해하는 요인(derailer)으로 작용한다. 꼼꼼한 리더십은 세부 사항까지 관리하여 지나치면 통제적인 관리로 의사결정이 늦게 되는 약점으로 작용하게 된다. 강점과 약점은 동전의 양면과 같다.

강점과 약점은 특정 맥락에서 행위자에 의해 발휘된 잠재성의 기능적 표현이다. 사람들은 흔히 본인이나 타인이 제공하는 잠재성에 대한 기능적 표현을 쉽게 수용하고 자기 자신과 동일시한다. 강점과 약점이 행위자에게 내재해 있다고 생각한다. 강점에 대한 피드백을 받으면 자존감이 높아지고, 약점에 대한 피드백을 받으면 자존감이 낮아진다. 타인의 평가에 자존감이 민감해지고 스트레스와 상처를 받는다. 이로 인해 공격적이 되고 심한 경우 병리적인 이상행동을 보인다.

삶을 영위할 때 타인의 평가는 일반적으로 존재한다. 그러나 타인의 평가를 쉽게 받아들이고 자기 자신과 동일시하면 자존감이 불안정할 수 있다. 강점과 약점을 내적인 속성으로 보는 관점에서 잠재성에 대한 기능적 표현으로 보는 관점 전환이 필요하다. 사람은 온전한 존재적 가치를 가지고 있다는 점을 상기하자. 강점과 약점은 고객이 내적으로 소유하고 있는 것이 아니라, 원하는 결과와 결정적 행동과의 관계에 의해 정의된다. 고객에게 내재해 있는 것은 강점이나 약점이 아니라 잠재성이다. 그 잠재성이 주어진 맥락에서 어떻게 작용하는가에 따라 강점 또는 약점으로 평가된다. 맥락이 바뀌면 평가도 달라질 수 있다.

4) 협업을 통해 성장하기

협업은 생산력과 경쟁력의 핵심이다. 사람들은 혼자 자기 성장을 이끌어 갈 수도 있지만, 다른 사람과 협업할 때 그 활동은 더 촉진된다. 공급자와 수요자를 연결하는 공급망이 이전보다 훨씬 길어졌다. 조직과 인력, 물리적 공간, 업무 처리 과정이 다양하고 복잡하다. 전문 인력이 글로벌 환경 변화나 경영 전략과 전략 과제를 보는 눈이 서로 다르고 소통이 쉽지 않다. 이로 인해 일을 완수하는 데 비효율적인 요소가 많게 되고, 효과적으로 관리하지 못하면 비용이 된다. 글로벌 경쟁력은 핵심 역량에 집중하기와 전문화이다. 독립적인 인력과 업무 기능을 유기적으로 연계시켜 글로벌 경쟁력을 키우고 지속 가능한 조직의 성장을 만들어 낼 방법을 찾는다.

글로벌 기업들은 협업에서 그 답을 찾고 있다. 무소불위일 것 같은 명성을 가진 노키아, 코닥, 소니 등의 글로벌 기업은 아마존, 구글, 페이스북 등과 같은 정보기술 기반의 신생기업에 의해 초일류기업의 자리를 내주었다. 초일류기업들은 핵심 역량에 집중하고 조직 내에 전문성을 높인다. 유능한 핵심 인재에 의해 기업 경쟁력이 확보될 수도 있지만, 기업을 구성하는 조직, 이해관계자, 리더와 구성원 간에 협업 관계가 구축되지 않으면 기업의 생존 능력은 떨어진다. 협업 지원 소프트웨어를 도입하여 인적 협업의 일부를 기술적으로 해결한다.

한 기업의 역동성은 사업부, 팀, 개인 간의 유기적 관계에 있다. 한 기업 내에서 가치 사슬로 연결된 사업부 간의 생산적인 협업이 없으면, 그 기업의 경쟁력은 확보되지 못한다. 한 사업부가 맡은 기능을 제대로 담당하려면, 사업부를 구성하고 있는 소속 팀 간의 협업이 있어야 한다. 같은 논리로 한 팀이 맡은 기능을 다하려면, 소속 리더와 구성원 간의 관계가 협업을 할 수 있게 형성되어야 한다. 협업의 근본은 개인들의 관계이다. 그렇다면, 무엇이 개인들의 협업 관계를 만드는가? 리더는 협업을 가능하게 하는 요인이 무엇인지를 찾고, 그 요인을 자원으로 확보하고 활성화시켜야 한다.

시스코의 임원이었던 리치와 위주(Ricci & Wised, 2011)는 자사가 홈 네트워킹 서비스에서 철수하기로 신속하게 결정할 수 있었던 것은 의사결정에서 협업이 가능했기 때문으로 분석했다. 회사가 비전을 세우고 전략과 실행에 대해 합의하면, 조직의 의사결정 수준에 따라 참석자의 범위가 정해지고 의사결정을 할 수 있는 권한의 수준과 범위가 명확하다. 조직관리자가 구성원의 주도성을 자극할 수 있는 규칙과 보상 수단, 권한을 갖고 구성원의 의사결정을 신뢰하면, 구성원은 일에 대한 의미를 더 느낀다. 이러한 관계가 협업을 가능하게 한다. 그들은 관계의 본질은 상호 신뢰임을 강조했다.

협업을 촉진시킬 수 있는 조직 문화 만들기와 개인의 대인관계 스킬을 향상시켜 협업 관계를 강화하려는 육성 노력은 효과가 있다. 그러나 업무 기능이 관행적으로 이루어지고 있지만 여전히 효과적이고 비즈니스 중심으로 업무가 추진되는 경우, 협업을 촉진하기 위한 노력은 무용한 것으로 간주되기 쉽다. 따라서 리더들은 먼저 협업을 통해 기대하는 것과 협업이 바람직하게 일어나고 있는 조직의 모습을 알아야 한다. 이러한 이해를 토대로 협업이 필요한 곳에 검증된 협업 과정을 적용시켜야 한다.

대기업과 중소기업의 상생, 기업과 협력업체 간의 관계, 정부와 비영리단체 간의 관계를 설정할 때 협업이 근간이다. 협업이 필요한 곳은 일의 과정과 결과에 집중되어 있다. 예를 들면 임원 코칭을 진행한 한 대기업의 경우, 기업과 협력 업체의 경영 시스템에 수준 차이가 있어 부품 조달에 문제가 있었다. 이 문제는 생산을 지연시키고 구매 고객의 불만을 키웠다. 대기업은 협력 업체에 구매관리, 생산관리, 품질관리, 재고관리 등에 대한 노하우를 일부 제공하며 과정관리에 협업을 집중시켰다. 원자재와 부품의 고유관리번호를 통일시켜 구매관리와 생산 현황, 재고관리 등을 일원화했다. 사용하는 언어를 통일시켜 소통의 효율성과 효과성을 높였다.

대기업과 협력 업체는 생산하는 제품의 시장 경쟁력을 높이고, 판매를 향상시켜야 한다는 경영 전략을 공유한다. 두 조직의 공동 목적은 지속적인 성장과 생존이다. 따라서 협업의 결과는 지속 가능한 성장을 함께 이루는 것이다. 협업은 경영의 목적과 연계되고 합치되어야 한다. 협업이 필요하고 위기관리나 비효율이 높은 업무 과정과 관련 업무 내용은 표준화되고 시스템화된다. 기존에 협업을 하기 위해 면대면의 미팅을 갖거나 정보를 빈번히 교환하던 업무 방식은 많은 경우 시스템에 해당 내용을 입력하는 방식으로 바뀌었다. 협업을 위한 소통은 점차 시스템 활용에 있어 불편 사항을 해소하는 것과 형식화되지 못한 내용에 집중하게 된다.

시스템 운영자는 협업 지원 시스템에 저장된 정보들을 빅데이터로 만들고, 시스템의 운영 효율성과 효과성을 높일 수 있는 방안을 지속적으로 개발하며 시스템 개선에 반영한다. 협업이 필요한 사람이 자유롭게 소통할 수 있는 온라인 공간을 만들기 위해서는 시스템 관리자의 동의와 지원을 받아야만 한다. 이러한 업무 환경에서 협업 공간은 점차 줄어들고 비즈니스 가치를 높일 수 있는 부서, 기능, 담당자 간의 소통 가능성도 낮게 된다. 시스템에 종속되어 일하는 경우, 협업하기 어렵다. 시스템 운영과 조직 내에 존재하는 비즈니스 가치를 가진 정보를 찾아 연계시키는 것이 중요한 협업 과제가 된다.

5) 삶의 희망 키우기

희망은 인간이 가지고 있는 가장 중요한 덕목의 하나로 간주되었다. 희망은 소망을 이룰 수 있다는 신념을 지속하게 하는 힘이다. 사람들은 현실적인 사고 틀에서 벗어날 때, 새로운 가능성을 발견하고 현재보다 더 성장하고자 하며 멋진 기대와 꿈을 갖는다. 희망은 막연히 긍정적인 것이 아니라, 난관과 역경에 직면했을 때 그 시점과 상황을 어떻게 인식하고 대응할 것인지에 대한 것이다.

긍정심리학자들은 희망과 낙관은 삶의 만족을 경험하는 데 결정적인 영향을 미치는 요인임을 밝혔다. 희망과 낙관은 회복탄력성, 자기 효능감, 감사 등과 더불어 심리적 자본의 핵심이다(Snyder et al., 2002). 희망과 낙관은 긍정적 기대를 포함하고 있지만, 독립적인 개념이다. 희망은 현실적이며 도전적이고 예측 가능한 목표를 설정하고 이를 이루고자 하는 생각이다. 이러한 희망을 가진 사람은 의지나 열정, 내면의 자기관리를 통해 원하는 목표를 이루게 된다.

낙관은 긍정적인 사건을 영속적이고 개인적이며 흔히 있을 수 있는 원인에 따른 것으로 본다. 부정적인 사건은 외적이며 주어진 상황에서 한정적인 원인에 의한 것으로 돌리는 해석 스타일이다. 낙관은 나쁜 일보다 좋은 일이 일어날 것이라고 믿는 것이다. 일어날 사건을 긍정적으로 생각할 수 있는 힘이다. 철학자나 심리학자들은 초기에 낙관을 환상과 같은 개념으로 치부했다. 그러나 1960년대와 1970년대에 인지심리학자들은 낙관을 심리적으로 건강한 사람이 냉혹한 현실에 대응하는 심리 기제로 보았다. 예를 들면, 현실에서 직면하는 어려움을 위기가 아니라 기회라고 긍정적으로 해석한다. 사실은 왜곡한 것이다. 그러나 낙관적 사고는 좌절하거나 멈추지 않고, 새로운 가능성을 생각하며 길을 찾아보도록 뒤에서 등을 떠밀어 주는 긍정적 에너지이다.

희망은 목표지향적이다. 성인의 희망을 측정하는 척도를 개발한 Snyder(1989, 2002)는 희망을 두 가지 요소로 구성된 개념으로 보았다. 목표를 이루기 위한 길을 개발하고 계획을 수립하는 사고(pathway thinking)와 그 목표를 이루기 위해 목표 방향으로 나가도록 동기를 주는 사고(agency thinking)이다. 전자가 원하는 목표를 달성하는 계획을 수립하는 능력이라면, 후자는 그 계획을 실행하는 추진력에 대한 믿음이다. 심리학자들의 연구에 따르면(Bailey et al., 2007), 희망은 낙관보다 삶의 만족도, 웰빙을 더 잘 예측하는 것으로 나타났다. 삶의 만족과 웰빙에는 내적으로 체험하는 긍정적 정서가 있다.

이러한 요소들은 목표를 달성하도록 동기화한다. 자신만의 여러 목표들을 통합하여 독특한 개인적 열망 과제로 가진 사람들은 삶의 만족도가 높다(Emmons, 1986). 목표를 갖고 주도적이며 적극적으로 자신의 삶을 구성하려는 동기를 행동으로 실천할 때, 희망은 원하는 삶을 성공적으로 만들어 가는 데 중요한 심리적 자원이 된다.

6) 더 나은 나와 일의 성취 추구하기

사람들은 현재 보다 나은 나, 더 나아가 최고의 나가 되고자 하며, 일터에서는 최고의 성과를 성취하려는 긍정적 동기를 가지고 있다. 코칭 사례에서 조직 리더들이 공통적으로 가지고 있는 대표적인 변화 요구다. 전인적 인간관의 창시자로 평가를 받는 심리학자 알프레트 아들러(Alfred Adler)는 아동기에 신성 구루병과 폐렴 등을 앓았다. 또래의 아이들과 같이 놀이터에서 뛰어 놀지 못하고 벤치에 앉아 그들이 노는 것을 구경했다. 신체 장애는 그에게 열등감 콤플렉스의 주된 요인이었다. 그는 전인적인 관점에서 인간의 존재 가치를 인식하면서 자신의 열등감을 극복했다. 자신의 체험을 바탕으로 더 나은 내가 되는 변화의 원천적인 힘은, 열등감을 긍정적으로 바라보고 변화의 힘으로 승화시키는 것이라고 주장했다. 그는 사람들이 자신을 독특한 존재로 표현하고 싶은 우월성 동기와 사회의 한 구성원으로서 타인과 관계를 맺으려는 사회성 동기가 충돌하는 원초적 갈등을 겪는다고 보았다. 이러한 갈등을 극복할 수 있는 힘을 열등감의 극복과 삶의 의미를 찾는 것으로부터 얻을 수 있다고 보았다.

사람들은 흔히 현재의 자기는 생래적인 것으로 변화하지 않는다고 생각한다. 정말 그럴까? 자기를 연구하는 심리학자들은 인간은 지속적으로 변화한다고 주장한다. 인간은 각자 자기 개념(self-concept)을 갖고 있으며 삶의 여정에서 계속 발전하고 변화한다. 자기 개념의 관점에서 보면, 여러 가능한 자기를 만든다. 가능한 자기는 미래의 자기에 대한 이미지이다. 마커스와 동료 연구자들(Markus & Nurius, 1986)은 현재의 자기 개념을 한시적인 것으로 보았다. 사람들은 새로운 경험, 타인의 피드백, 자기 성찰 등을 통해 더 성숙한 새로운 자기를 만든다.

'가능한 자기'가 우리의 생각과 행동에 미치는 영향은 다음과 같다. 첫째, 되고 싶은 자기는 더 열심히 노력하고, 돈 벌고, 건강관리하고 사회적 관계를 갖도록 동기 부여한다. 둘째, 나 자신에 대한 자기 지각과 타인이 바라보는 나에 대한 지각이 불일치한다. 나는 모든 가능한 자기를 보는 데 비해 타인은 현재의 나를 보고 판단할 가능성이 높기 때문이다. 셋째, 현재의 자기와 되고 싶은 자기 간의 불일치가 있을 때, 실망하고 좌절하며 심리적 상처를 경험한다. 넷째, 낙관적인 성향의 사람은 미래의 자기를 긍정적으로 보는 데 비해 비관적인 성향을 가진 사람은 부정적으로 본다. 즉 개인차가 존재한다.

인생에서 큰 위기를 겪은 사람 중에 위기를 극복한 사람과 아직 회복하지 못한 사람에게 현재의 자기를 묘사하도록 했다. 두 집단 모두 현재의 자기를 부정적으로 묘사했다. 그러나 위기를 극복한 사람은 미래의 자기를 긍정적으로 묘사한 반면, 회복하지 못한 사람은 부정적으로 묘사했다. 가능한 자기의 수가 적은 사람은 많은 사람보다 자신의 목표에 대한 타인의 피드백을 극단적으로 긍정 또는 부정적으로 보았다(Niedenthal et al., 1992). 현재의 자기는 인생의 마지막 모습이 아니라 변화하고 더 긍정적으로 구성될 수 있다(Niemiec, 2013).

7) 삶의 목적 탐구하기

사람들은 자신을 포함해 타인과 환경에 대해 끊임없이 탐구하며, 그 과정을 통해 학습하고 성장하는 경험을 한다. 탐구 주제는 일상에서 접하는 문제에 대한 답 찾기부터 삶의 근본적인 문제에 대한 답 찾기까지 다양하다. 코칭에서 만난 리더들의 탐구 주제도 일과 관련된 것, 개인사와 관련된 것, 시급한 것, 중요한 것, 현재의 문제, 과거의 문제, 미래의 문제 등과 같이 다양했다. 자신의 삶을 주도적이며 적극적으로 만들어 가려는 사람의 근본적인 탐구 주제는 무엇일까? 코치는 일의 실행(doing)과 관련된 것은 그들이 전문가라는 점을 인정하고 존중한다. 그러나 그 일을 수행하는 존재(being)의 영역에 대한 것과 존재의 관점에서 일의 실행을 바라보는 주제에 대해서는 코치가 도움을 줄 수 있다. 존재에 관한 주제에서 가장 근본적인 것은 삶의 목적이다. 삶의 목적은 탐구활동과 당면하는 문제를 바라보는 방향을 제시한다(이석재, 2024a).

급변하는 환경에서 일관되게 생각과 행동에 방향성을 제공하고 의사결정에 준거가 되는 것이 필요하다. 가능한 답 중의 하나는 가치이다. 그렇다면, "내 삶의 가치는 무엇인가?" 삶의 가치를 생각하면, 자연스럽게 "왜 사는가?"를 묻게 된다. 왜(why)는 목적을 묻는 것이다. 삶의 목적은 삶의 가치와 밀접하게 연관되어 있다. 삶의 목적을 정의하려면, 삶의 가치가 명확해야 한다. 그 가치를 현실에서 추구하고 실행하면서 가치에 부합하는 결과를 만들어야 한다. 또 결과물이 의미 있기 위해서는 선한 영향력을 가져야 한다. 자기 자신의 가치 추구와 목표 달성에 머무르는 것이 아니라, 타인에게 긍정적인 영향을 미쳐야 한다. 그 영향이 더 크다면, 사회 그 이상으로 영향력이 파장을 일으킬 것이다.

방어심리의 변화에 집중하려면

관점의 의미와 기능성을 높이려면 당신의 관심과 주의를 내면에 둔다. 새로운 관점을 탐구하면 기존의 정신 모형과 일치 또는 불일치하게 된다. 불일치해서 정신 모형에 변화가 일어나면 방어기제가 작동한다. 이와 관련된 심리변화를 학습한다.

1) 나니까 이 정도라도 했지

일의 성과를 자신의 역할과 노력에 의한 것으로만 돌리는 리더가 있다. 코칭에서 만난 대기업의 한 임원 후보자는 승진 심사에서 두 번째 부적격 판정을 받았다. 업무성과는 탁월하지만 대인관계와 리더십을 평가하기 위한 다면 인터뷰와 진단 결과에서 연속으로 부정적인 피드백을 받았기 때문이다. 그에게 어떤 문제가 있었을까?

인사부서의 협조를 받아 임원 후보자에 대해 객관적인 피드백을 줄 수 있을 것으로 판단되는 구성원을 비공개로 인터뷰했다. 구성원이 보는 후보자의 강점은 업무 추진력, 우수한 직무전문성, 폭넓은 외부 인맥관리 등이었다. 개선이 요구되는 점으로는 타인에 대한 배려 부족, 업무성과 독점, 인정과 칭찬 부족, 포용력 부족 등이다.

일의 관점에서는 탁월하지만, 인재관리 역량은 부족하다는 것이다. 일부 구성원은 회사를 위해 일하는 것이 아니라 후보자의 승진을 위해 일하는 느낌이 든다고 말했다. 어려운 과제를 성공적으로 마친 이후에 구성원이 그로부터 칭찬을 받은 적도 없고 인센티브도 기대 이하라는 것이다. 오히려 임원 후보자로부터 나니까 그나마 이 일을 성공적으로 마무리할 수 있었다고 자화자찬하는 말을 듣고, 점차 존경과 신뢰를 잃게 되었다고 말했다. 특히 후보자의 상사는 놀라운 피드백을 주었다. 회사의 중차대한 일을 해결하기 위해 임원 후보자에게 일을 맡기면, 처음에는 현실적으로 거의 불가능하다는 의견을 낸다는 것이다. 그러다가 내부의 인력지원이나 경영진의 요청이 추가적으로 있을 때, 열심히 노력하겠다는 의지를 표현했다. 상사는 처음에는 업무 추진 여건이 어려운 것으로 이해했으나, 여러 차례 동일하게 대응하는 모습을 보면서 경영진과 게임을 하고 있다고 의심했다.

(1) 긍정적 이미지 형성, 구성적 인상관리의 시작

임원 후보자를 코칭에서 만난 것은 직무전문성 면에서 탁월한 그를 변화시켰으면 좋겠다는 상사의 요구에 따른 것이다. 나는 다음과 같이 대화를 이어 갔다.

"당신의 강점 세 가지를 꼽는다면, 뭐라고 생각하십니까?"

"일에 대한 열정, 강한 추진력, 회계와 재무에 대한 직무전문성이라고 생각합니다. 자신의 강점을 말하는 것이 쑥스럽네요."

"감사합니다. 그중에 가장 대표적인 강점은 무엇입니까?"

"다른 사람들도 종종 말하는 것을 보면, 추진력입니다."

"추진력이 현재 맡고 계신 역할을 수행하는 데 어떤 도움을 주고 있습니까?"

"저는 지금까지 회사에서 다른 사람이 하기 힘든 일만 해 왔습니다. 회계와 재무 업무를 입사해서부터 해 왔고, 이 회사에 저의 수준에 있는 사람이 없습니다."

"자신의 직무전문성에 대해 확신하시는군요. 직무전문성은 당신에게 어떤 의미를 가지고 있습니까?"

"지금까지 저를 버티게 한 힘입니다."

"그동안 여러 어려움이 있으셨다는 말씀으로 들립니다. 직무전문성에 대한 이야기는 잠시 뒤에 하고, 버티게 했다는 것이 무슨 말씀이시지요?"

"이 회사의 부장급 이상은 모두 명문 대학 출신입니다. 저는 입사할 때, 고졸이었습니다. 상고를 나왔지요. 무슨 말씀인지 아시겠지요? 직무전문성이 없었다면, 그나마 지금 이 자리에 버티고 있지도 못했을 것입니다."

"그럼 지금 자신을 버티게 하는 힘은 무엇입니까?"

"고졸이라는 것 때문에 마음 고생을 많이 했습니다. 다른 사람이 한 시간 일할 때, 저는 열 시간 일했습니다. 낮에 일하고 야간 대학도 다녔고, 대학원도 마쳤습니다. 그래도 저를 아는 주위 사람은 고졸로 봅니다."

"말씀을 들으니 그동안의 마음 고생에 공감이 갑니다. 그 어려움을 이겨 내는 의지력과 보다 나은 나를 만들겠다는 열망과 노력이 대단하십니다. 제가 박수를 보냅니다."

"감사합니다. 저에게 박수를 쳐 준 분은 코치님이 유일합니다."

"박수를 받을 자격이 있는 분입니다. 다시 묻겠습니다. 지금 자신을 버티게 하는 힘은 무엇입니까?"

"남들에게 뒤지지 않는 성과입니다. 아니 남들이 못 해내는 일을 해내는 것입니다."

"그 일을 해냄으로써 얻는 것은 무엇입니까?"

"역시 자네 밖에 없다고 경영진이 저를 인정해 주는 것입니다. 코치님도 아시겠지만, 사실 이번 코칭을 받게 된 배경일 것 같기도 한데 임원 심사에서 두 번 실패했습니다. 그 나름대로 이유가 있겠지요. 그래도 저 없이는 회사의 중차대한 일이 돌아가지 않는다는 것을 보이고 싶습니다. '나니까 그나마 이렇게 했다'는 것을 사람들이 알아주어야 합니다."

(2) 구성적 인상관리에서 자기방어적 인상관리로 이동

인상관리는 다른 사람이 자신에 대한 특정 인상이나 이미지를 갖도록 의도적으로 조정하는 구성적 인상관리와 자신에 대해 부정적 이미지를 형성할 가능성을 차단하거나 위협을 해소하는 방어적 인상관리가 있다(이석재, 1996). 따라서 두 인상관리 전략에 묶이지 않도록 돕는 것이 필요하다.

"주위로부터 인정받는 것은 좋은 일입니다. '나니까 그나마 이렇게 했다'는 생각은 당신에게 어떤 느낌을 줍니까?"

"일을 마치고 나면, 순간 기분은 좋지요. 그러나 요즘은 한 건 더 했다는 생각이 듭니다. 집 지을 때, 벽돌 쌓는 기분입니다. 오히려 허전하고 허무한 것도 같고. 사실이 그렇습니다."

"나니까 이렇게 했다는 생각이 항상 만족감을 주는 것은 아니군요. 인정받으려고 생각하고 노력하는 동안, 당신이 잃고 있는 것은 무엇입니까?"

"(한동안 생각하다가) 인정받으려고 하다가 정작 나를 인정해 줄 사람을 존중해 주지 못했습니다. 그들을 배려하지 못했습니다. 가끔 그런 생각이 들기도 했지요."

"말씀하신 그들은 누구입니까?'

"상사와 함께 일하는 저의 구성원입니다."

"구성원을 위해 지금까지와는 다르게 대해 준다면, 무엇을 해 보시겠습니까?"

"잘 대해 준다면, 구성원이 이상하다고 그럴 것 같은데요."

"구성원에게 어떤 모습을 보일지는 당신의 선택에 달려 있습니다."

(3) 진정한 나 찾기, 인상관리 게임에서 해방

임원 후보자와는 5개월 정도 코칭 대화를 나누었다. 그가 가장 후회하는 것은 학력에 대한 열등감에 너무 오랫동안 묶여 있었다는 것이다. 학력 문제를 극복하는 방법은 자신보다 학력이 높은 사람으로부터 인정을 받는 것이라고 생각했다. 그의 현실 인식이며 관점이다. 인정을 받을 수 있는 일을 지속적으로 만들어 내는 과정에서 자신 모르게 경영진과 게임을 하게 되었다. 그들이 풀지 못하는 사업과제를 풀어냄으로써 인정받고 자신의 조직 내 위치를 확보하려고 했다. 사업과제의 난이도를 높이는 것이 인정받을 가능성을 높인다고 생각했다. 승진 심사 대상이 된 이후 이러한 사고는 더 강화되고 심사에서 탈락할수록 인정을 받기 위한 게임은 더 심화되었다.

그는 자신의 생각에 갇혀 있는 동안, 주위 사람이 주는 피드백을 무시했다. 자신을 음해하거나 시샘하는 사람의 생각이라고 간주했다. 그들의 신뢰와 존경을 잃고 있으면서도 그는 깨닫지 못했다. 이제 그는 코칭을 통해 자신의 눈으로만 세상을 보던 사고에서 벗어나 타인의 관점을 받아들이기 시작했다. 이제 그가 직면한 과제는 타인으로부터 진정으로 인정과 존중을 받을 수 있는 자신의 모습을 찾는 것이다.

2) 자기 자신에게 물어보기

뭔가 잘못되었을 때 자동으로 형성되는 관점에 도전해 본다. 모든 감정은 타당하지만 이것이 상황에 잘 적응했다는 의미는 아니다. 자신의 감정이 합리적인지 자기 자신에게 물어 본다. 과잉 반응을 보인다고 해서 자책할 필요는 없다. 평소에 작성한 일기에 나타난 감정을 탐색하거나 코치의 도움을 받아 살펴본다. 자기 성찰을 통해 당신이 왜 이러한 관점을 갖고 있는지 이유를 풀고 그것을 해체하기 위한 조치를 취할 수도 있다.

맡은 역할을 수행한 결과와 그 결과를 만들어 낸 사람은 바로 자신이라는 점에 묶여 있는 경우를 본다. 대기업의 김영주 팀장은 소속 팀원이나 다른 부서의 구성원이 팀장이 한 일에 대해 고마워할 줄을 모른다고 생각한다. 그들이 하는 언행을 보면 탐탁지 않았다. 자신이 한다면 훨씬 더 도전적으로 일하겠지만, 그들에게는 그러한 모습을 볼 수 없다. 이러한 상황에서 팀장이 불쑥 던지는 거친 말이 주위 사람에게 어떤 상처를 주는지를 알지 못한다. 김 팀장에게 어떤 문제가 있는 것일까?

코치는 먼저 김 팀장이 답답하게 느끼고, 타인을 불평하는 것에 대해 "그동안 많이 힘드셨지요?"라고 공감하고, 이어서 다음과 같은 질문을 통해 팀장 자신이 어디에 묶여 있는지를 성찰하도록 도와주었다.

- 팀장의 역할은 무엇인가? 그 역할을 통해 기대하는 결과는 무엇인가? 그 결과는 팀원과 다른 부서 구성원에게 어떤 영향을 미친다고 생각하는가?
- 팀원과 다른 부서 구성원이 어떤 모습을 보여야 한다고 생각하는가? 어떤 피드백을 듣기 원하는가? 팀원으로부터 가장 기분 좋은 말을 듣는다면, 무엇인가?
- 불만이 많은 팀원의 모습은 무엇인가? 그때, 어떤 느낌을 갖는가? 그 팀원을 어떻게 대하는가?
- '나니까 그나마 이렇게 했지'라는 생각(김 팀장이 질문에 답하는 과정에서 스스로 인식한 것)을 하지 않는다면, 어떤 리더의 모습일까?
- 팀원으로부터 인정을 받는다면, 어떤 부분이길 바라는가?
- 인정받는 리더의 모습을 보이기 위해 무엇을 다르게 행동하겠는가?

김영주 팀장은 팀장 역할 그 자체를 즐기며 일하는 리더의 모습으로 바뀌었다. 자기 자신이 한 일이 다른 사람에게 어떤 도움을 주며, 그 도움을 받은 사람이 어떻게 생각하고 행동해야 하는지에 묶이지 않도록 하는 자기관리가 중요했다. 맡은 바 역할을 수행하는 것이 필요했다. 주어진 역할의 성과와 자신을 결부할 때, 리더는 자신의 눈으로 타인을 보는 오류를 범한다. 무의식적으로 자신의 관점에 묶인다. 자기중심성이 작동하는 방어기제의 영향에서 벗어나지 못한 것이다.

3) 관점을 제약하는 가정을 검증하기

가정(assumption)은 논리 추론을 할 때 타당성이나 정확성을 검증하지 않고 당연하게 여기는 신념이다. 'A이면 B이다'에서 가정은 'A'이다. 가정은 사람의 경험과 교육, 가치관과 문화를 바탕으로 한다. 반면에 관점은 세상을 해석하고 이해하는 특별한 방식이다. 흔히 세상을 보는 안경에 비유한다. 관점을 내면과 연결할 때 가정은 관점을 제약하고 결정할 수 있다. 가정을 검증하지 않았다면 휘둘려서는 안 된다. 관점에 영향을 미칠 수 있는 가정이 타당한지를 모두 검증해야 하는 데 현실적으로 쉽지 않다. 이러한 이유로 가정을 당연한 것으로 받아들인다. 결국 기존의 가정과 관점은 우리의 사고를 제약하고 당면한 해결 주제에 대해 다른 해법을 찾을 수 있는 가능성과 기회를 차단한다.

관점과 관련된 가정이 있으면 검증한다. 그래야 관점의 이름이 갖는 의미를 정확히 파악할 수 있다. 또 그 관점을 받아들이는 경우

이를 통해 기존의 정신 모형을 수정하고 새로운 변화를 만들 수 있다. 다음에 있는 각 질문별로 대화 주제에 포함된 가정과 그 주제에 대한 관점을 찾는다. 그리고 다양한 정보를 수집해서 가정과 관점을 검증해 보자.

- 지금 이 순간 내가 힘들어하는 것은 무엇인가?
- 압박이 심한 상황에서 나는 어떻게 행동하는가?
- 시장의 변화에 주목하고 있는가?
- 비전과 우선순위에 대해 다른 사람과 이야기 나누는가?
- 집중하고 힘을 얻을 수 있도록 생각하는 시간을 어떻게 만드는가?
- 구성원의 문제에 묶이지 않고 내가 진정으로 할 일에 집중하는 방법은 무엇인가?
- 중요하다고 생각하는 우선순위에 맞게 시간을 보내고 있는가?
- 오늘 나를 칭찬하고 인정해 준다면, 무엇인가?

4) 방어기제의 작동을 알아차리기

우리는 각자의 신념과 태도, 가치관, 자기 정체성 등이 개념적으로 체계화된 인식 틀인 정신 모형을 토대로 사고하고 환경 변화에 대응한다. 만일 새로운 관점을 가지면 이내 내면에서 그 관점이 기존의 지식 체계에 부합하는 지를 확인한다. 이때 기존 개념 구조나 정신 모형과 불일치하면 위협을 느끼고 자기를 지키기 위해 자기방어기제가 무의식적으로 작동한다. 또 이러한 내면의 작동을 쉽게 자각하지 못한다. 자기 자신을 보호하고 방어하려는 심리는 본능적이며 자연스러운 것이다. 자기관리를 잘하는 사람은 자신이 원하는 것을 얻기 위해 자기방어기제를 완전히 무력화시키거나 효과적으로 활용한다. 대표적인 자기방어기제는 다음과 같다.

(1) 자기본위적 편향

자기본위적 편향(self-serving bias)은 자기 자신에 대해 객관적이며 공정한 판단을 하기보다 긍정적으로 판단하려는 경향이다. 자존감이 위협받을 때 손상을 막으려는 인지 노력이다. 예를 들면, 자신이 원래 지적인 것보다 더 지적이라고 생각한다. 부정적인 피드백을 받으면, 강점에 주목하고 부족한 점에는 주의를 기울이지 않는다.

(2) 기본적 귀인오류

기본적 귀인오류(fundamental attribution error)는 다른 사람의 행동을 해석할 때 그 행동의 원인을 외부에서 찾기보다 그 행위자의 내부에서 찾으려는 경향이다. 예를 들면, 교차로에서 녹색 신호가 빨간 신호로 바뀌는 순간에 과속을 하며 간신히 통과한 사람이 정작 건너편의 횡단보도를 지나는 차량의 운전자를 조심성이 없고 교통안전의식이 부족(내부 원인)한 사람으로 본다.

(3) 자기 확증전략

자기 확증전략(self-confirming strategy)은 자신의 의사결정을 지지하는 정보에 더 주의를 기울이고 선택적으로 취하는 경향이다. 자신이 합리적이며 이성적인 의사결정을 하고 있다는 것을 지키려는 심리이다. 예를 들면, 면접에서 면접 대상자가 소극적이라는 첫 인상을 가진 면접위원은 소극적이라는 생각(가설)을 지지하는 정보를 얻기 위한 질문을 한다. 미용원에서 헤어스타일을 바꾼 사람은 행인들의 머리에 시선을 두고 비교하면서 자신의 결정이 잘되었다는 정보를 선택적으로 취한다.

(4) 자기 합리화

자기 합리화(self-justification)는 자신의 생각과 행동이 서로 불일치할 때 자신의 행동에 대한 타인의 부정적인 피드백이나 시선을 부정하고, 그렇게 행동하게 된 합당한 이유를 만들어 낸다. 예를 들면, 이솝 우화에서 배고픈 여우는 높은 가지에 매달린 포도를 보고, 신 포도라고 말한다. 시험을 잘 보지 못한 이유는 시험 준비가 부족해서가 아니라 수면을 충분히 취하지 못하였기 때문이라고 말한다.

관점 탐구의 두 번째 단계에서는 이러한 자기방어기제가 작동하는 것을 알아차리는 것으로 충분하다. 방어심리를 해결하려고 하기보다 알아차렸을 때 떠오르는 생각과 느낌을 기록으로 남긴다. 다음 장에서 다른 관점을 탐구할 때도 자기방어기제가 작동하는 것을 경험할 수 있다. 기록한 자료들은 제2부에서 관점 전환을 선택하고 결정할 때 참고자료로 활용된다.

내면의 긍정 자원을 자각하기

지금까지 우리는 어떤 삶을 살고 있는가? 태어나서 정규 교육과정을 마치는 동안 남들보다 무엇인가를 잘해야 한다고 교육과 훈련을 받았다. 사회에서는 어떠한가? 그 정도가 심하면 심했지 덜하지는 않다. 이러한 삶 속에서 우리의 사고와 행동은 우리가 원하지 않는 방향으로 고착화되고 있다. 여기에서는 이러한 사고가 얼마나 우리를 무기력하게 만드는지 알아보고, 나의 강점 찾기를 통한 무한한 가능성을 알아본다.

1) 신념의 반응을 주목하기

신념(belief)은 특정 대상에 대해 사실이라고 생각하거나 가정하고 있는 심리이다. 신념은 심리적 표상이며 논리이다. 예를 들면, '담배는 건강에 해롭다'는 담배에 대해 우리가 갖는 신념이다. 신념들이 서로 논리적으로 지지될 때, 관련 신념들이 모여 신념 체계(belief system)를 구성한다. 세계관, 인생관, 종교, 철학, 이데올로기가 대표적이다. 신념이 가지고 있는 주된 특징은 다음과 같다.

(1) 연속성

신념은 한번 형성되면, 지속적으로 존재하며 임시 가설(ad hoc hypotheses)과 같이 작용한다. 대표적인 것이 첫인상, 고정관념, 편견이다. 특정 인물에 대해 '그는 어떤 사람이다'라는 신념이 형성되면, 이것을 바꾸는 것은 매우 어렵다.

(2) 일관성

신념은 새로 접하는 정보들을 기존 신념의 관점에서 해석하고 통합하는 데 영향을 미친다. 기존 신념이 변화되기보다 논리적으로 더 견고해지고 강화되는 방향으로 형성된다. 이러한 과정을 통해 핵심 신념이 만들어지고, 신념의 일관성이 형성된다. 핵심 신념은 사고의 방향이나 행동의 선택에 영향을 미친다.

(3) 단순화

사람들은 복잡한 상황에 놓이면, 상황을 단순화시키려 한다. 이때 기존의 신념이 견고하게 형성되어 있는 경우, 그 신념을 중심으로 정보들이 통합되고 조정된다. 신념과 의미적 연결성을 갖는 과정에서 많은 정보들이 본래의 의미를 잃게 된다.

2) 긍정 자원에 기초한 관점을 갖기

긍정심리학자들의 연구에 따르면, 자신의 강점을 받아들이는 것은 자기 확신과 낙관적인 시각을 갖는데 결정적인 역할을 한다 (Seligman, 2000). 자신의 강점에 대한 이해도가 높은 사람일수록 자신을 긍정적으로 지각하며 도전적이고, 행복감을 느낀다. 낙관적인 사고를 가진 사람은 비관적인 사고를 하는 사람보다 운동경기나 세

일즈 등과 같은 다양한 목표 행동에서 더 우수한 성적을 보였다. 일이 성공적으로 이루어졌을 때 자신의 능력을 인정하고, 실패하더라도 자신을 무능한 인물로 보지 않는 낙관적인 사고가 목표를 향해 계속 나아가도록 동기를 부여하는 것이다.

실행한 결과를 통해 인정받으려 한다면, 성공과 실패의 관점에서 자신을 보게 되고 강점보다는 약점에 더 주의를 기울이게 된다. 이제 개인의 존재감을 높임으로써 실행력을 높이는 전략이 필요하다. 강점을 찾아 이를 강화할 때, 존재감도 높아지고 실행의 성과도 탁월하다. 외적 요인을 효과적으로 관리함으로써 실행력을 높이려는 방식은 개인의 존재감을 높이는 방식으로 전환되어야 한다. 이제 세상을 보는 마음의 창(frame)을 실행중심에서 존재중심으로 바꾸어 자신의 강점을 찾고, 그 눈으로 세상을 보는 지혜가 필요하다. 중요한 관점 탐구 전략이다.

3) 자신만의 강점 찾기

먼저 다음과 같은 방법으로 자신의 강점을 찾아보자.

첫째, 칭찬 목록을 만들어 본다. 다른 사람을 칭찬하려는 것이 아니다. 최근 1개월간 주위 사람이 나를 칭찬해 주었던 일을 기억해 보자. 순서와 관계없이 기억나는 대로 적어 본다. 한 장의 카드에 하나의 칭찬을 적는다. 더 이상 기억이 나지 않는다면, 2개월 전에 받았던 것도 같은 요령으로 작성해 본다. 작성을 마치면, 칭찬 목록을 공통 주제별로 분류해 본다. 당신의 강점은 바로 그 공통된 주제이다. 다른 사람이 본 당신의 강점이다.

둘째, 타인의 피드백을 받아 본다. 당신을 포함해 서로 잘 안다고 생각하는 4명(A, B, C, D)이 한 조가 된다. 먼저 3명(A, B, C)이 나머지 한 사람(D)이 가지고 있는 강점에 대해 돌아가면서 5~10가지를 말해 준다. 당사자(D)는 상대방이 말하는 것을 모두 받아 적는다. 그리고 가장 빈도가 높은 강점을 찾는다. 3명은 은유적으로 강점을 묘사해 준다. 예를 들면, 타인에 대한 봉사와 헌신이 뛰어난 것이 강점이라면, '수녀 테레사'로 정해 본다. 당사자는 이에 동의하면, 그 이름을 받아들인다. 같은 요령으로 참석한 사람의 강점을 찾고 이미지를 만들어 본다.

셋째, 심리 진단을 받아 본다. 조직 리더를 대상으로 코칭을 할 때 다면 진단인 효과적 리더십 진단(ELA)을 사용한다(이석재, 2024b). 다면 진단은 역할이 다른 사람이 나의 리더십을 보는 관점을 알 수 있도록 돕는다. 이 진단을 통해 만났던 사람은 약점을 이해하고 수용하려는 반면, 강점에 대해서는 당연한 것으로 받아들이는 경향을 보였다. 우리가 건강검진을 받는 것과 같이 자신의 강점과 육성 포인트를 객관적으로 찾아보고, 강점은 더 발휘하고 부족한 점은 보완하려는 노력이 필요하다.

4) 약점에 민감해지는 이유

첫째, 성과중심 사회에서 자기 평가보다 타인 평가에 민감하기 때문이다. "김 과장, 이것을 일이라고 했나? 내가 몇 번을 말했나? 사업계획서를 작성할 때, 이런저런 점을 반드시 포함해야 한다고 했잖아요. 과장이면 이제 뭔가 달라져야 하지 않겠어?" 상사로부터 이런 피드백을 받을 때, 쥐구멍에 들어가고 싶은 마음이 들 것이다. 그동안 과장이 되고자 보였던 열정과 노력, 과장이 되었을 때의 뿌듯함과 자랑스러움 그런 모든 것은 한 순간에 사라진다. 오로지 수행한 일의 결과와 판단에 의해 존재감이 결정되어 버린다. 타인의 부정적인 피드백이나 평가는 자신의 심장에 비수를 꽂는 것과 같다. 잘됐으면 기쁘고 일에 대한 자부심과 만족감과 행복감을 느끼고, 잘못됐으면 자신의 무능함을 탓하며 좌절하고 위축되고 불만과 불안을 느낀다.

둘째, 승의 관점에서 패를 보기 때문이다. 우리는 치열한 경쟁 사회에서 지금까지 승과 패의 패러다임에 묶여 살아왔다. 이기고, 잘하고, 가지기 위해 내가 무엇을 할 수 있는가에 집중했다. 그 결과가 기대에 못 미치면, 승의 관점에서 상황을 해석한다. 패의 원인을 제대로 파악하고 분석하지 못한다. 나와 타인, 나와 주위 환경과의 관계에서 자기 자신에 주의를 기울이기보다는 온통 외부요인을 탓한다. 잘하기 위한 조건을 갖추는 데에 우선적으로 열중한다. 이러한 사고와 행동은 자신의 강점보다는 약점을 더 민감하게 받아들이는 결과를 낳는다. 이제 승의 눈으로 패를 보고 패의 눈으로 승을 보는 이분법적 관점을 바꿀 때이다. 승은 승의 눈으로 패는 패의 눈으로 보자. 나아가 승과 패를 뛰어넘는 통합적인 관점을 가져 보자.

관점이 전하는 감정을 온전히 느끼기

1) 새로운 관점이 주는 감정 느끼기

부부의 갈등에 대한 코칭을 처음 경험하게 된 것은 코치 훈련의 요구 조건에 따라 무료로 코칭할 고객을 찾을 때였다. 지인으로부터 소개받은 고객은 어린 시절 미국으로 이민을 갔다. 이후 결혼을 하며 남편을 따라온 주부였다. 사랑하는 사람을 따라 한국에 왔지만, 가까운 친인척은 거의 없었다. 남편과 시부모 가족만 있었다.

그녀의 고민은 남편이 출근한 이후 대화 상대가 없다는 것이다. 남편이 퇴근한 이후에는 피곤을 호소하는 남편으로 인해 대화할 기회를 또 놓쳤다. 시간이 갈수록 남편의 땅, 한국에서 외톨이가 되어 가고 있었다. 한층 마음의 상처가 깊어지고 있을 때, 코칭에서 만났다. 코칭은 전화로 진행했다. 첫 코칭 미팅에서 그녀는 오랜만에 말동무를 만난 듯이 자신의 속내를 털어놓았다. 나는 무엇보다 나에 대한 신뢰와 대화 내용에 대한 기밀성이 중요하다고 생각하여, 코칭의 개념과 코칭 윤리를 소개했다. 한 시간 넘게 대화를 하면서 나에 대한 신뢰가 형성되고 있음을 감지할 수 있었다.

"오늘 어떤 주제에 대해 코칭 대화를 나누면 좋겠습니까?"

"남편과의 관계에 대해 이야기하고 싶어요. 그이가 이전과는 다르게 저를 대해 주기 때문에 너무 힘들어요."

"다른 모습에 대해 좀 더 이야기해 주시기 바랍니다."

"더 이상 저에게 관심이 없는 것 같아요. 결혼하기 전에는 어떤 일보다도 저를 먼저 챙겼거든요. 그래서 결혼할 생각도 했어요. 이 사람이면 나를 가장 소중하게 생각하면서 나를 사랑해 주고 아껴 줄 것으로 생각했어요. 그런데 요즘 제 말에 귀도 잘 기울이지 않아요."

"남편으로부터 존중을 받고 싶으시군요."

"네. 그래요. 혼자라는 느낌이 들어요. 잠시 미국으로 돌아가고 싶어요. 미국에 있는 가족과 머물다 보면, 훨씬 기분이 좋아질 것 같아요. 그런데 지금 그럴 상황도 안 됩니다. 아쉬워요. 우리의 관계가 너무 달라졌어요."

(1) 감정을 자극하고 느낀다

관점은 생각과 느낌, 행동으로 구성된다. 관점이 갖는 느낌을 체험하기 위해 색, 빛, 소리 등으로 감정을 자극한다. 또 은유법을 사용한다. 이를 통해 기존 관점을 새로운 관점으로 변화시킬 수 있는 심리 상태를 조성한다.

"지금 부부간의 관계를 색으로 표현하면, 어떤 색일까요?"

"검은 색입니다. 어떻게 하는 것이 좋을지 저도 잘 모르겠어요."

"그럼 이렇게 해 볼까요. 지금 의자에 앉아 계세요?"

"네."

"자, 편안한 자세에서 눈을 감아 보세요. 떠오르는 생각에 집중해 보세요. 어떤 생각이 떠오르십니까?"

"아무 생각도 나지 않습니다."

"좋습니다. 지금 어둠을 두 분의 관계라고 생각하세요. 어둠 속 깊은 곳을 바라다보세요. 집중해 보세요. 자, 멀리 문이 보입니다. (잠시 후) 보이십니까?"

"네."

"당신은 그 문을 향해서 다가갑니다. 아주 천천히 다가갑니다. 당신은 이제 문 앞에 있습니다. 이 문은 어떤 느낌으로 다가옵니까?"

"희망. 희망이 느껴져요."

"지금 어떤 느낌이 드나요?"

"편안합니다. 훨씬 좋아졌어요."

"지금 어떻게 하고 싶습니까?"

"문을 열어 보고 싶어요."

"네, 그럼 열어 보십시오. 당신에게 일어나는 것을 말해 주십시오."

"밝은 빛이 보입니다. 햇빛이에요."

"어떤 느낌이 드나요?"

"따듯합니다."

"지금 그 따듯함을 몸으로 충분히 느껴 보기 바랍니다. 몸 곳곳으로 그 온기를 전해 줘 보세요. 어떠세요?"

"너무 좋아요. 아주 편안해요."

"주위를 둘러보세요. 무슨 소리가 들리나요? 귀를 기울여 보세요."

그녀는 친어머니가 부르는 목소리를 들었다. 그리고 한국에서의 생활과 그동안 하고 싶었던 이야기를 쏟아 냈다. 지금까지 해 보고 싶었던 것들을 모두 해 보는 것 같았다. 몸과 마음이 훨씬 편해졌다. 남편과의 불편한 관계에서 느껴지는 긴장과 스트레스, 외로움 등과 같은 감정이 많이 정리되고 가라앉았다.

(2) 기존 관점의 변화 가능성을 탐구한다

"남편의 관심을 받기 위해 지금 당신이 할 수 있는 것은 무엇이라고 생각하세요?"

"남편이 퇴근하고 집에 왔을 때, 너무 말을 하고 싶어서 그동안 내 입장에서만 요구를 많이 한 것 같아요. 남편이 오면, 그가 먼저 하려고 하는 것들을 다하도록 기다리겠어요. 그러면, 나에게 관심을 가질 수 있는 여유를 갖게 될 것 같아요. 그때 내가 원하는 것을 말하겠어요."

"이전에는 당신이 원하는 것을 먼저 말했는데, 이제 남편의 입장을 더 챙기시는군요. 당신이 관심을 받기 위해서는 먼저 상대방이 원하는 것에 관심을 두려고 생각하시는군요. 남편에 대한 사랑과 배려가 느껴집니다. 남편을 무척 사랑하시는군요."

부부라고 해도 서로 생각과 입장이 다르다. 서로의 생각과 입장에는 차이가 있을 수 있고, 두 사람 간에 긴장과 불편함을 유발시킬 수 있다. 이것을 해결할 수 있는 해법은 무엇인가? 코칭에서 만난 젊은 주부는 자신의 입장이 아닌 상대방의 입장을 먼저 고려하는 방법인 '역지사지'를 선택했다. 이 선택은 불편했던 두 사람 간의 관계를 사랑과 배려가 있는 관계로 바꿔 놓았다. 내가 상대방으로부터 원하는 것이 있으면, 그만큼 상대방이 나로부터 원하는 것을 생각하고 도와주려고 하는 마음을 갖는 것이 중요하다. 내가 진정 원하는 것을 얻는 지혜로운 방법이다.

2) 나를 생기 있게 만들기

삶은 쉽기도 하지만 역시 어려운 경우가 많다. 힘들고 어려울 때 그 역경을 어떻게 극복할 것인가? 나 자신을 생기 있게 만들어 보자. 자신을 생기 있게 만든다는 것은 자신에게 긍정적인 에너지를 불어넣는 것이다. 나아가 생기 있는 관점으로 삶을 사는 것이다. 이를 통해 관점을 바꿀 때 일어나는 몸과 마음의 변화를 감각적으로 느끼도록 한다. 감각적 체험과 새로운 관점이 연결되면 모든 순간이 삶을 개선하는 성장 기회가 된다. 당신이 평소 자기 자신을 생기 있게 만들 수 있는 방법은 무엇일까? 그 목록을 작성해 보자.

- 자신의 삶에 해가 된다고 생각하는 것을 3가지 찾아보자. 이 3가지는 그동안 바꾸어 보려고 노력했지만, 성공하지 못했던 것이다.
- 나에게 생기를 주는 5명을 선정하자. 그들과 최소한 1주일에 한 번은 만나자. 안 되면, 전화라도 하자.
- 나를 생기 있게 만들어 주는 운동을 하자. 점심 식사는 너무 가까운 곳보다는 10분 정도 걸어서 갈 수 있는 곳을 찾아가자.
- 일터에서 만나는 사람에게 먼저 밝게 인사를 하자. "상쾌한 아침입니다."
- 웃는 얼굴을 하자. 얼굴 근육을 활짝 펴라. 어깨는 펴고, 눈의 기운이 넘치게 하자.
- 하루에 3번 박수를 치자. 박수는 빠른 속도로 3분 이상 열정적으로 치도록 하자. 뜨거워진 손바닥으로 얼굴과 눈, 목 주위를 부드럽게 마사지한다.
- 자신의 식습관을 돌이켜 보자. 지금보다 한 단계 업그레이드해 보자.

관점이 내게 말하는 것을 기록

1) 재구성이 일어나도 그대로 두기

관점이 내면과 연결될 때 그 연결의 속성에 주의를 기울여 본다. 당신은 삶에서 일어나는 일들을 어떻게 바라보고 있는가? 부정적으로 보는가? 아니면 긍정적 또는 중립적으로 보는가? 관점을 접한 내면에서는 어떤 생각과 느낌이 일어나는가?

당신의 상사가 프레젠테이션을 하라고 요청했다. 이 요청에 대한 부정적인 관점은 당신을 즉시 당황하게 만들거나 당신이 원하지 않는 일을 하도록 할 것이다. 이 때문에 당신은 에너지를 소비하고 싶지 않다는 생각과 느낌을 가질 수 있다. 반면에 이 작업을 자신의 존재 가치를 증명하고 대중 연설 능력을 강화할 수 있는 기회로 삼을 수 있다. 당신은 발표를 잘할 수 있고 그 일을 즐길 수도 있다. 긍정적인 관점을 취하는 것이다. 이러한 인식변화가 재구성이다. 그러나 이 변화는 확정적인 것이 아니다. 제2단계에서는 내면에서 일어나는 다양한 변화를 평가하거나 판단하지 말고 그대로 일어나게 둔다.

2) 일상을 기록하고 성찰의 시간 갖기

내면에서 어떠한 변화가 일어나도 성급하게 결론을 내리기보다 당면한 상황을 곰곰이 생각한다. 관찰자의 입장을 취한다. 제3단계에서 다른 관점을 취하면서 이와 유사한 경험을 또 하게 되기 때문이다. 생각의 속도를 늦춘다. 인생의 어려운 순간에는 많은 교훈이 있다. 대부분의 경우 어려운 시나리오는 단순히 '좋다'거나 '나쁘다'는 것 이상이다.

당신의 관점을 깊게 탐구하는 기록을 남기는 것이 중요하다. 예를 들면 지금 당신이 취하고 있는 관점에 의문을 제기하게 만드는 상황을 맞기 전과 후에 대해 일기를 쓴다. 그리고 조용한 시간에 작성한 일기를 읽으며 성찰의 시간을 가져 본다. 일기에는 당신의 하루, 갈등, 부정적인 경험에 대해 자유롭게 적는다. 그런 다음 어떤 장점과 통찰력을 얻을 수 있는지 알아본다. 생각을 적어 본 후에는 관점에 변화가 필요하다는 것을 알게 될 수도 있다. 관점에 대해 기록할 때 다음 내용을 참고한다.

- **관점**: 관점의 주제, 관점의 중요성, 관점을 갖게 된 상황 설명
- **영역**: 관점이 속하는 삶의 영역에 대한 설명
- **설명**: 관점을 통한 경험(생각, 느낌, 행동)과 의견, 탐구 질문
- **성찰**: 기록한 내용을 통해 갖는 성찰, 학습의 요점

CHAPTER

03

시스템적 관점으로 확대한다

"알려진 것이 있고 알려지지 않은 것이 있으며,

그 사이에 새롭게 보는 문이 있다."

\- 올더스 헉슬리(Aldous Huxley), 소설가

관점 탐구의 세 번째 단계는 앞에서 소개한 단계 1과 단계 2를 다른 관점에 대해서도 반복하는 것이다. 의도적으로 다양한 관점을 탐구하면 이전에 미처 경험하지 못한 새로운 생각과 느낌이 일어난다. 그 결과, 새로운 기회와 가능성을 발견한다. 다른 관점에서 같은 주제를 보고 탐구하는 질문에 대한 답을 찾는 과정에서 통찰이 일어나기도 한다. 이를 통해 주제를 더 명확하게 이해할 수 있다.

시스템적 관점으로 확대하면서 갖게 된 생각들을 서로 연결하고 통합한다. 무수한 점을 이으면 선이 된다. 중요한 것은 무수한 점을 먼저 명확히 알아야 한다. 따라서 개별적인 생각을 명료하게 다듬는 노력을 평소에 한다. 또 탐구 질문을 일상에서 습관처럼 사용한다. 질문은 생각을 자극하고 연결과 통합에 필요한 심리 상태를 조성한다. 당신은 이 장을 통해 당면한 삶의 주제를 다양한 관점에서 탐구하는 방법과 관련 심리를 학습한다.

다차원의 시각에서 보는 방법

사람은 각자의 준거 틀을 통해 관찰한 현상에 의미를 부여한다. 문제는 이러한 인식 틀(또는 의미 체계, Mezirow, 1978)에 묶이기 쉽다. 흔히 상자 속의 사고를 한다. 만일 부정적이고 비관적인 상자 속의 사고를 한다면, 어떻게 상자 밖으로 끌어낼 것인가? 어떻게 기존의 사고 틀에서 벗어나 새로운 관점에서 재구성하도록 준비할 것인가? 새로운 틀을 찾는 방법들에 대해 살펴보자.

이러한 방법들이 가지고 있는 공통점은 다차원의 시각에서 해결하고 싶은 주제를 본다는 것이다. 여기서 다차원이란, 새롭고 기존과는 다른 관점을 제공하는 속성을 뜻한다. 예를 들면, 개인 차원의 문제를 넘어 개인이 속한 가정, 사회, 나아가 국가 차원에서 세대 갈등과 역할 갈등, 역동적인 권력구조와 대립이 야기하는 사회 혼란 등의 문제를 해결할 주제로 제기한다. 또 사회경제 요인에 따른 불평등과 격차를 어떻게 해결할 것인지에 초점을 맞춘다. 이를 통해 사회규범과 시대정신의 부재, 소외와 불안의 근본 원인을 탐구하고, 시스템과 제도가 개인의 삶 전반에 미치는 영향을 분석한다. 나아가 기존 시스템과 제도의 변화와 혁신을 제안한다.

1) 시스템적 사고하기

업무의 디테일한 것에 집중하느라 원래 얻고자 하는 것이 무엇인지를 놓칠 수 있다. 목표를 관리할 때 효과적인 전략으로 "큰 목표를 관리할 수 있는 작은 목표들로 나누어 보라."고 제안한다. 크고 복잡한 목표를 이루기 위해 작은 목표로 쪼개는 체계적 사고(systematic thinking)는 유용한 사고방식이다. 이 방법이 항상 도움을 주는 것일까? 이 질문에 대해 피터 셍게(Peter Senge)는 명쾌한 답을 제시했다. 그의 말을 들어 보자.

"우리는 어린 시절부터 복잡한 문제들을 관리할 수 있을 만큼 작은 것으로 나누는 것을 배웠습니다. 처음에는 이 방법이 좋아 보입니다. 그러나 이렇게 하다 보니 다른 문제를 만나게 됩니다. 작은 목표를 달성하기 위해 우리가 하는 행동들이 서로 어떻게 엮이는 것인지를 보지 못하는 것입니다. 부분들이 모여 어떻게 전체를 구성하는지를 더 이상 보지 못하는 것이지요."

그러면 작은 것을 성공적으로 수행하면서도 어떻게 하면 큰 그림을 놓치지 않을 수 있을까? 이를 위해서는 시스템적 사고(systems thinking)를 할 줄 알아야 한다. 전체의 관점과 전체를 구성하는 요소의 관계 관점에서 목표의 크기와 복잡성을 파악하는 것이다. 따라서 크고 복잡한 목표를 구성하는 것들이 어떻게 유기적으로 연계되어 있는지를 사고하고, 나아가 현장 문제를 해결하는 데 적용하는 능력이 필요하다.

리더의 일하는 습관에 대한 관점 전환을 예로 들어 보자. 조직 리더는 일상업무를 수행하면서 '내가 말했으니, 구성원이 알아서 할 것이다. 그뿐인가? 더 잘하라고 권한위임까지 했다.'라고 생각할 수 있다. 이러한 생각을 반영한 일하는 습관을 바꿔야 한다. 시스템적 사고로 관점 변화를 만들어 보자.

(1) 리더의 가정을 검증한다

리더가 일을 처리하는 습관을 바꾸려면 자신의 리더십 경험에 대한 비판적 성찰을 스스로 해야 한다. 비판적 성찰은 경험의 의미를 해석하고 검증하며, 나아가 재구성하는 것이다. 이를 통해 기존의 특정 신념, 태도, 감정 반응과 같이 축적된 인식 틀의 내용을 바꾼다. 리더의 인식 틀에 대한 검증을 통해 도출한 리더십 개선 방안을 추가하거나 통합하면 기존의 인식 틀이 변한다. 다음은 관점 코칭으로 전개한 실제 사례이다.

"구성원과의 대화 방식이 바뀔 필요가 있다고 말씀하셨는데 무슨 뜻이지요?"

"제가 구성원과의 대화를 주로 이메일을 통해 하고 있습니다. 주요 전달 사항은 부서 회의를 통해 하지만, 간단한 공유사항이나 업무지시 등은 대개 이메일을 사용합니다."

"구성원과 의사소통을 하는 데 이메일을 사용하는 비율이 어느 정도 되리라 보십니까?"

"약 80%는 되는 것 같습니다. 지금은 효과적인 방법이 아니라고 생각합니다."

"대화 방법에서 효과적이란 어떤 의미로 말씀하신 것입니까?"

"대화는 했지만, 일의 성과가 없는 것 같습니다."

"지금의 대화 방법으로는 일의 성과를 내지 못한다는 말씀이시군요."

"그렇습니다."

"저의 코칭 경험으로 보면, 상사가 생각하는 것과 부서원이 생각하는 것 간에 차이가 있지만 직접 만나 대화를 하지 않아서 그냥 묻혀지는 경우를 많이 봅니다. 이 경우는 상무님에게 어떤 시사점을 줍니까?"

"저의 경우도 그렇습니다. 제가 알고 있는 회사의 방침이나 사업 방향에 대한 정보, 저의 큰 그림들이 팀장과 팀원에게 잘 전달되지 않는 것으로 파악됩니다."

"부서의 대표적인 핵심업무와 일상업무의 중요도에 대해 상무님과 팀장들의 생각을 객관적으로 조사했을 때, 어느 정도 서로 일치할까요?"

"다를 것 같은데요."

"한번 확인해 볼까요?"

(2) 관점을 다각도로 분석한다

상무는 자신과 팀장들의 생각 차이를 알아보기 위해 설문조사를 실시했다. 조사 결과는 예상대로 일상업무보다 핵심업무에 대한 중요도에서 시각 차이를 보였다. 이러한 차이의 원인을 알아보고 해소시키기 위해 상무는 팀장과 개인 면담을 추진했다. 이 활동을 통해 상무는 업무를 보는 시각 차이가 생기는 근본 원인을 찾았을 뿐만 아니라, 부서원과의 대화가 절대적으로 부족했다는 것을 확인했다.

"이번 조사를 통해 학습한 것이 있다면, 무엇입니까?"

"저는 이메일을 통해 전달하고 업무를 지시하면, 충분히 이해를 하고 지시한 내용에 따를 것으로 생각했습니다(리더의 가정). 그러나 이메일을 받은 부서원들은 저의 메일 내용을 저와는 다른 각도에서 해석하는 경우도 있었습니다. 저에게 질문을 하고 싶지만, 면대면이 아니다 보니 그들이 그냥 서로 협의하여 궁금한 부분을 처리하는 경향이 있습니다. 저의 가정이 틀렸던 것입니다. 저는 그동안 일이 안 되는 것을 부서원 탓이라 생각하였는데, 알고 보니 저에게 문제가 있었던 것입니다."

(3) 가정의 검증 결과를 리더십 개선에 반영한다

흔히 '내가 지시했다. 부서원에게 위임도 했다. 그들이 잘할 것이다'라는 리더의 가정이 그대로 성립하지 않았다. 리더는 부서원보다 일의 추진 방향이나 내용에 대해 더 큰 그림을 그릴 수 있는 정보를 가지고 있다. 이 정보를 그들과 공유하지 않으면, 위의 가정은 성립될 수 없다. 열심히 부서원과 대화를 했다고 생각하지만, 원하는 성과가 나오지 않는다고 생각하는 리더는 반드시 가정을 검증해 봐야 한다. 리더가 일의 큰 그림에 대해 부서원에게 어느 정도 설명해 주었는지를 스스로 확인할 필요가 있다.

"의사소통이 이루어지는 모습을 객관적으로 볼 수 있는 귀중한 시간을 가지셨군요. 상무님에게 변화가 필요하다면, 무엇이라고 생각하십니까?"

"제 집무실 문을 열어 두려고 합니다. 보통 열려 있지만, 언제든지 부서원이 찾아올 수 있도록 개방해 두겠습니다. 그리고 월간 부서회의와 주간 팀장회의를 활성화할 생각입니다. 저의 이메일 사용 비율도 50% 이하로 낮추고, 가능하면 부서원을 찾아가 대화하는 노력을 하겠습니다."

부서원들도 작은 것에 묶이지 말고 큰 그림을 봐야 한다. 또 도대체 이 일을 왜 하는지, 이 일을 하면 우리 부서의 일에 어떤 변화가 있는지, 내가 속한 조직에 어떤 기여를 하는지, 내가 하는 일은 조직의 비전과 어떤 관련이 있는지. 이러한 질문에 대한 답은 리더만이 제공하는 것은 아니다. 부서원도 스스로 항상 큰 그림을 보려고 습관적으로 노력해야 한다. 이러한 노력을 할 때, 리더와 구성원 관점이 서로 일치하는 큰 그림을 그릴 수 있다.

2) 시각을 바꿔 보기

한 곳에 머무르지 말고 움직이고 이동한다. 그래야 시각과 관점이 달라진다. 높은 전망대에서 전체를 내려다보며 생각하는 조망 사고를 자극해 보자. 고층 건물에서 창밖을 본다. 차량과 사람의 움직임에 의미를 부여해 보자. 다음과 같이 질문해 본다. "저 광경은 내게 무엇을 말하는가?" 떠오르는 생각을 통합해 통찰을 끌어내 보자. 아동들이 나무에 오르는 것은 몸과 마음, 뇌신경을 동시에 자극한다. 연합과 통합은 창의성을 자극하는 효과적인 방법이다(Jacobi-Vessels, 2013).

흔히 높은 산 정상에서 자신이 등정을 시작한 출발지를 보거나 마을 풍경을 보면서 호연지기를 느낀다. 우주 공간에서 지구의 모습을 보며 인간이란 작은 생명체의 존재 의미를 성찰하기도 한다. 내가 본 우주가 아니라 나를 포함한 우주가 작동하는 섭리에 관심과 주의를 기울인다.

정보기술이 발달하면서 정보의 생산자와 소비자를 정의하는 경계가 허물어졌다. 신문사는 신문을 통해 국내외 정세의 정보를 소비자에게 공급했다. 그러나 지금은 소비자였던 일반 사람이 다양한 정보기술을 활용해 정보를 생산하고 다른 생산자가 만든 정보에 대한 소비자가 된다. 이전에 친숙했던 양분법적 개념들이 사라졌다. 초연결사회로 표현되는 현실에서 '거리의 소멸'은 우리의 생활 방식을 바꿨다. 매장을 방문하기보다 온라인 쇼핑을 선호한다. 갈수록 온라인 유통업이 늘어나고 경쟁은 치열하다. 다음과 같은 질문을 통해 시각을 바꿔 본다.

- 정보 생산자와 소비자의 경계가 사라지듯 경계가 사라지는 사회 변화는 무엇인가?
- 지금은 생소하고 낯설지만 곧 익숙해질 사회현상은 무엇인가?
- 해결하고 싶은 문제 세 가지를 적어 본다. 이 문제들의 공통점은 무엇인가? 이들 문제를 한 번에 해결할 수 있는 방안은 무엇인가?
- 당면한 문제를 메모지에 적은 후 꾸겨 접는다. 그리고 힘껏 멀리 던진다. 30분 후 메모지가 떨어진 곳으로 가서 펼쳐본다. 떠오르는 생각, 느낌, 행동을 정리해 보자.

3) 맥락을 바꿔 보기

새로운 관점을 찾기 어려우면 맥락을 바꿔 본다. 맥락은 우리가 어떤 것을 이해하고 해석하는 데 영향을 미치는 요인(환경, 배경, 조건)을 포괄한 개념이다. 사건을 맥락의 시각에서 보면 사건이 일어난 주변 상황이나 배경 정보를 활용할 수 있다. 따라서 특정 관점과 생각에 집착하지 말고 맥락을 바꿔 본다. 맥락을 바꾸면 관점이 바뀌고 사건을 다르게 지각한다. 이로 인해 기존에 생각한 내용이 달라지고 다르게 해석할 수 있다. 새로운 생각과 느낌을 경험한다. 이러한 변화 시도를 통해 새로운 관점의 가치와 의미를 탐구할 수 있다.

(1) 사고 틀을 바꾼다

팀 회의에서 구성원이 서로 원만하게 생각을 공유하는 모습을 주제로 관점 탐구를 하는 경우를 생각해 보자. 첫 번째 관점 탐구가 '결과 중심의 대화'였다면, '과정 중심의 대화'로 바꿔서 탐구하는 것이다. 대화의 맥락을 팀장의 관심에서 팀원의 관심으로 바꾼다. 이로써 팀원의 관심에 주의를 집중하게 된다. 이러한 접근은 팀 구성원의 잠재성을 끌어내는 효과적인 방법이다.

(2) 다양성을 활용한다

다양성(diversity)은 조직과 개인의 가치 추구에 영향을 미치는 여러 가지 속성을 뜻한다. 전사 차원에서 인재개발을 돕는 교육 프로그램을 개발한다고 생각해 보자. 전사 교육을 총괄하는 인재개발부서의 교육 담당자와 각 사업부에 있는 교육 담당자들이 모두 모여 해법을 찾는 워크숍을 갖는다. 각 참가자들은 담당 업무는 같지만, 각 직무 기능별로 인재개발 요구가 다를 수 있다. 또 당해 연도 경영목표를 달성하는 데 시급하게 필요한 교육 프로그램과 사업부 간의 요구 조율도 필요하다. 직무 기능과 역할, 책무 등과 같은 다양성 관점에서 교육 프로그램 개발을 시도하면 대화가 생산적이며 몰입과 성찰로 의미 충만한 워크숍을 갖게 된다.

(3) 성찰을 자극하는 질문을 나눈다

기존에는 없던 것으로 미팅의 진행 방식에 새로운 변화를 도입한다. 미팅을 시작할 때와 마칠 때 성찰을 자극하는 질문을 갖는다. 미팅을 갖는 동안에는 질문을 잘하는 사람을 곁에 둔다. 이러한 미팅 방식에서 참가자들은 대화를 나누는 과정에서 창의적인 생각이 공유되고 통찰을 더 경험할 가능성이 높다. 그 결과, 당면한 문제를 해결한다. 맥락 효과이다. 이러한 노력에도 불구하고 생각이나 문제해결에 진전이 없다면 한동안 옆으로 밀어 둔다. 숙성된 생각에서 당면한 문제를 해결하는 창의적인 아이디어가 나올 수 있다. 다음과 같은 질문을 하고 숙고할 시간을 충분히 갖자. 현재 관점에 대해 다음과 같이 질문한다.

- 지금 어떤 가정을 하고 있는가?
- 그 가정을 함으로써 놓치는 것은 무엇인가?
- (놓치는 것을 생각할 때) 지금 가능한 다른 관점은 무엇인가?

4) 더 크게 보고 생각하기

관점이 제한되면 문제의 본질을 놓치기 쉽다. 문제가 발생하면 흔히 문제의 근본 원인을 찾는다. 이 접근은 결론을 성급하게 내리는 대신 문제를 제대로 이해하기 위해 심층 분석을 하는 것처럼 보인다. 그러나 축소 과정에서 전체를 보지 못할 수 있다. 따라서 크게도 볼 수 있어야 한다. 한 예로 이해관계자와 여러 차례 대화를 나눴지만 당면한 문제를 풀지 못하고 있다. 상대방과의 대화가 대립하고 갈등관계로 전개되는 것을 방치하면 중차대한 결과를 초래하기 쉽다. 이때 문제에 대한 당신의 관점 탐구를 시스템적으로 확대한다. 다음과 같은 질문을 순차적으로 해 보자.

- 대화 목적은 무엇인가?
- 지금 내가 놓치고 있는 것은 무엇인가?
- 그것은 나와 너, 상호 관계, 나아가 우리 모두에게 어떤 의미를 갖는가?
- (의미 있는) 그것을 얻기 위해 지금 무엇을 하겠는가?"

5) 정서의 부정적 영향 경계하기

누군가가 부정적인 감정을 표현하면 감정 전염을 통해 당신도 그 감정을 느낄 가능성이 높다(Barsade, 2002). 따라서 부정적인 사람과 함께 있으면 당신도 더욱 부정적이 될 수 있다. 당신이 느낀 부정적 감정은 상대방의 의도와 관계없이 당신의 생각을 흐리게 한다. 누군가 끊임없이 부정적인 것에 집중하거나 당신의 기술을 과소평가한다면, 당신의 감정 지각과 관리는 계속해서 영향을 받는다. 이러한 이유로 비판적이거나 나쁜 태도로 당신에게 영향을 미치는 사람이 있다면 그들과 경계를 설정한다. 다차원적 시각에서 당신의 관점을 탐구할 때 부정적 감정에 휘둘리지 않도록 사회적 관계 관리를 하는 것이 중요하다.

기존의 안전지대에서 벗어나기

내면의 목소리는 '나는 절대 승진할 수 없다', '나는 항상 혼자다'와 같은 부정적인 생각을 말할 수 있다. 이 생각은 자존감을 약화시키고 새로운 경험을 하고 싶은 마음을 차단할 수 있다. 따라서 자신을 긍정적으로 인식하는 것이 중요하다. 이를 통해 관점의 변화가 일어나도록 상황을 그대로 둔다. 다음에 긴장된 회의에 참석할 때 '상황을 처리하기에 너무 스트레스가 많다'고 부정적으로 가정하는 대신, '해결책을 모색할 수 있는 협상 기술을 알고 있다'고 긍정적인 점을 스스로 상기한다. 상황에 적극적으로 대처하는 태도를 취하는 것이다.

1) 익숙한 자기 인식에 도전하기

코칭에 적극적으로 참여하기보다 마치 연극을 보는 관객이나 평론가처럼 관찰자의 입장에서 대화를 하는 경우가 있다. 대기업의 한 연구개발 부서를 맡고 있는 김정길 상무가 그랬다. 그는 코칭에 참여하게 된 것이 맘에 내키지 않는 눈치였다. 국내 명문대를 졸업하고 지금의 회사에 입사한 이후 같은 영역의 업무만 담당하였고, 최근 임원으로 승진했다.

인사부서는 그가 여러 연구개발 프로젝트를 독립적으로 수행했지만, 이전보다 큰 규모의 인력관리와 경영 시각에서 조직을 관리한 경험이 없기 때문에 코칭이 도움된다고 판단했다. 코치는 코칭의 목적을 설명하고 코칭에 참여한다는 연락을 받았을 때 느낀 첫 소감을 물었다. 그의 대답은 처음부터 코칭에 대해 부정적이었다.

“코치님, 지금까지 많은 교육을 받았고 사실 몰라서 못하는 것은 아니지요. 실천을 안 할 뿐이지.”

나는 그의 즉각적인 대답에서 또 교육을 받아야 하나라는 불만을 느꼈다.

“저에게 어떤 점이 문제라고 말씀하시는 것 같습니다.”

“모르기 때문이 아니라 알면서도 하지 않는다는 것이지요.”

이 대답은 코칭을 하는 경우 가장 많이 듣는 말이다. 임원의 지위에 오를 때까지 수도 없이 많은 교육을 받았을 것이다. 구성원에 대한 역량 교육을 많이 시키는 경우, 교육에 대해 거부감이 생긴다. 표정이나 말투에서 그의 속내를 읽을 수 있었다.

(1) 심리적 안전감에 대한 명료화

"알면서도 안 한다. 그럼 자신에 대해 정말 알고 있는 것은 무엇입니까?"

"무슨 말씀이시죠?"

자신에 대해 정말 알고 있는 것은 무엇인가? 이 질문을 받으면, 답을 하기 쉽지 않다. 그래서 많은 경우 무슨 뜻인지 되묻는다. 자기 관찰과 성찰을 많이 하는 사람은 쉽게 답을 한다. 심오한 내용이 아니더라도 고민했던 생각이 떠오른다. 자신을 돌아볼 기회를 갖지 못한 사람에게는 질문의 범위가 매우 크고 구체적이지 않기 때문에 질문의 방향을 쉽게 잡지 못한다. 특히 일 중심으로 회사생활을 한 경우에는 더욱 어려운 질문으로 받아들인다. 이 질문을 하는 의도는 상대방으로 하여금 자신을 객관적으로 보도록 통로를 열어 주려는 것이다.

"좀 다르게 질문해 보겠습니다. 지금까지의 경험을 돌이켜 보시면 도움이 됩니다. 상무님이 잘 알면서도 하지 않는 경우가 있다면, 어떤 경우인지 말씀해 주십시요."

"가장 먼저 드는 생각은 경영진 회의를 할 때입니다. 상황이 어떻게 돌아가는 지는 알지만, 많은 경우 말을 하지 않습니다. 사실 논의되고 있는 안건에 대해 명확한 의견을 가지고 있지 않거나 확신이 없을 땐 말할 수 없지 않습니까?"

코치는 그의 말에서 알면서도 말하지 않는 데 영향을 미치는 것들은 자신의 의견이 어느 정도 명확한지, 자기 확신의 정도, 말하기 전에 미리 판단하는 경향일 것이라 생각했다. 그러나 이를 확인해 보기보다 알면서도 말하지 않는 사례들을 더 끌어내기 위해 같은 질문을 이어 갔다.

"또 어떤 경우가 있으십니까?"

"상사의 지시에 대해 다른 의견이 있더라도 말하지 않고 따르는 편입니다. 지시할 때는 이미 생각이 정리된 것이고 설령 다른 의견을 낸다고 해서 달라질 것은 없습니다. 사실 많은 경우 그렇습니다."

(2) 다른 생활 공간에서의 모습 살펴보기

나는 코치로서 이런 경우 반드시 가정에서의 모습도 물어본다. 가정에서의 대화 습관이 회사생활로 이어지기 때문이다. 또한, 다른 사회생활에서 대화하는 습관도 물어본다. 대화를 할 때, 타인에게 보이는 행동에 어떤 일관성이 있는지를 주목한다.

"가정에서는 어떻습니까? 아내와 대화할 때, 자녀와 대화할 때는 어떻습니까?"

"코치님도 자녀를 키우면서 아시지만, 어떻게 말하고 싶은 것을 다 말할 수 있습니까? 요즘 아이들 대화 코드를 맞추기도 쉽지 않아요."

"자세한 말씀 감사합니다. 상무님, 자신의 모습에 대한 관찰력이 뛰어나시군요. 대표적인 사례들을 소개하면서, 자신에 대해 알게 된 것은 무엇입니까?"

"재미있네요. 내 경험인데 관련된 것들을 말하다 보니 내 모습이 보입니다. 스스로 내키지 않으면 말을 안 하는군요. 내 스스로 말하려는 것이 있어도 확신이 있을 때 주로 말을 합니다."

"확신이 없으면서 생각을 말해야 한다면 염려하는 것은 무엇입니까?"

"염려하는 것은 평가입니다. 나 자신이 스스로에게 하는 평가, 타인은 나를 어떻게 볼 것인가에 대한 염려, 평가하는 것 같은 타인의 시선입니다."

"타인으로부터 어떤 평가를 받고 싶으십니까?"

"한마디로 임원에 걸 맞는 역량을 갖춘 인물이라는 평가입니다."

"다른 사람은 상무님을 어떻게 보고 있을까요? 주위로부터 받은 객관적인 피드백이 있습니까? 인사평가 관련해서 피드백을 받으신 것도 있으실 것 같은데요."

"네 많이 있습니다. 상사나 동료, 부하 구성원 모두 생각보다 긍정적인 피드백을 하고 있습니다. 회사에서 상반기와 하반기, 두 번을 조사하는 데 지금까지 좋게 받고 있습니다."

(3) 인식변화 확인하기

이 시점에서 그가 자신에 대해 어떤 인식을 하고 있는지를 정리하는 시간을 줄 필요가 있다. 자신이 코칭 프로그램에 참여하는 것을 단지 불편한 것으로 받아들일 것이 아니라, 코칭을 통해 자기 인식의 기회를 갖고 이를 통해 코칭에 대한 참여를 달리 생각한다면 얼마나 멋진 의식 전환인가? 그를 대화의 첫 장면으로 데려갔다.

"처음 질문으로 돌아가 보겠습니다. 지금 자신에 대해 정말 알고 있는 것은 무엇입니까?"

"자기 확신이 부족하다는 것입니다. 다른 사람의 시선을 의식하고, 상황을 미리 판단하여 결정하고, 인정받고 싶고 말이죠. 이 모든 것이 자기 확신이 부족해서 입니다."

자기 확신이 부족하면 기존에 안정적이라고 느낀 사고와 행동의 범위에서만 적극성을 보일 가능성이 높다. 자신이 안전지대라고 판단되는 선을 넘으려 하지 않는다. 그 경계의 선을 넘기 위해서는 도전이 필요하다.

"상무님, 지금 어떤 느낌이 드세요?"

"뭐라고 할까, 나 자신과 만나고 그래서 생각이 정리되고 편안합니다. 솔직히 뭔가 숨기고 있다가 들킨 것도 같고. 그러나 좋습니다."

"저에게는 자신을 담대하게 객관적으로 보고 말씀하시는 것이 울림으로 다가옵니다. 지금 이 순간의 편안한 느낌을 더 느껴 보십시오. 느낌이 오는 대로 자세를 취해 보십시오."

그는 의자에 앉아 별다른 자세를 취하지 않았지만, 그의 자세나 표정에서 편안함을 느끼고 있음을 알 수 있었다.

"지금 어떤 생각하십니까?"

"지금 많은 일들이 일어나고 있는 데, 지금과 같은 편안함이 평소 도움이 되겠다고 생각했습니다."

"그러니까, 지금의 편안함이 중요한 에너지원이 되었군요. 상무로 승진하면서 어떤 변화를 느끼셨습니까? 그 변화는 자기 확신과 어떤 관련이 있습니까?"

"승진하면서 가장 크게 느낀 점은 경영에 대한 책임감이 커졌죠. 회사가 변화하고 있는 모습이 이전보다 더 크게 느껴지고, 이러한 변화를 구성원에게 어떻게 전달할지 고민합니다. 이전에 구성원과 소통하는 방식이 과연 효과적일까 의문이 들지요. 과연 나에게 필요한 리더십이 무엇인가에 대해 고민을 합니다. 오늘 대화를 나누면서 내가 먼저 확신을 갖겠다는 생각을 새롭게 했습니다."

"최근 자기 확신이 필요하다고 생각한 경우를 떠올려 본다면, 어떤 때입니까?"

(4) 타인 평가에서 벗어나기

그는 자기 확신이 필요로 하는 경우를 정리해 보았다. 어떻게 하겠다고 생각은 했지만, 정작 그렇게 행동하지 못했던 때를 생각했다. 그는 그 상황이 다시 온다면, 자기 확신에 찬 모습을 보이겠다고 다짐했다. 그가 정리한 내용은 다음과 같다.

- 부서 전체를 이끌기 위해 카리스마를 보이겠다.
- 목표의식을 더 확실하게 하겠다.
- 시간관리를 이전보다 더 철저히 하겠다.
- 하고 있는 일에 대해 나의 선호보다 역할을 더 우선하겠다.
- 구성원의 능력을 믿고 가능한 업무를 위임하겠다.
- 구성원이 잘하거나 못하는 일을 구별하고 적시에 피드백을 하겠다.
- 구성원이나 타인과의 관계에서 공과 사를 분명히 구분하겠다.

"다짐을 정리하면서 어떤 생각을 하셨습니까?"

"내 자신과의 약속을 생각했습니다. 이런 생각을 했다고 해도 실천하지 않으면, 아무 소용이 없으니까요. 오늘 말씀을 나누면서 내 생각에서 벗어나 나를 객관적으로 볼 필요가 있고 지금이 바로 그때라고 생각했습니다."

2) 새로운 내가 되기 위한 노력

연인들의 영화, 비커밍 제인(Becoming Jane)은 존 스펜스(John H. Spence)가 쓴 『제인 오스틴 되기(Becoming Jane Austen)』(2003)라는 전기 소설을 바탕으로 제인 오스틴의 인생과 작품에 결정적인 영향을 미친 사랑 이야기를 재구성한 작품이다. 독신으로 인생을 마감했던 여류작가 제인 오스틴이 자신의 실제 로맨스 경험을 작품 속에 반영했다.

이 영화에서 좋은 남편을 만나는 것보다, 내 인생이 더 중요하다고 주장하는 제인 오스틴(앤 해서웨이)과 그녀로부터 무례하고, 오만하고, 건방지고, 잘난 척하는 대마왕으로 질타를 받은 톰 리프로이(제임스 맥어보이) 간의 만남은 제인에게 다음과 같은 큰 변화를 준다.

- **작품 세계에 대한 영향:** 여성의 선택적 가치 존중, 여성이라는 굴레를 탈피
- **로맨틱한 경험:** 내면의 빈자리에 들어온 사랑을 체험
- **삶의 변화:** 사랑을 통한 이성과 감성의 체험 확대, 현실과 사랑 간의 패러독스, 선택의 중요성 체험
- **신분 변화:** 위대한 여류 작가로의 변신

이 영화를 보면서, 'A에서 B'로의 성장 프레임을 생각해 보자. 제인이 톰을 만나기 전의 모습(A)에서 만남 이후 어떤 존재(B)로 성장했는가? 제인과 톰은 각자 어떤 편견을 버렸는가? 두 사람의 만남 이외에 어떤 것이 성장 변화에 영향을 미쳤는가? 이러한 질문들에 대한 답을 찾아보자. 이제 당신 자신의 삶으로 돌아가 다음과 같이 질문하고 답을 찾아보자.

- 나에게 결정적인 사건은 무엇이었나?
- 그 사건은 나를 어떻게 변화시켰나?
- 현재 나에게 큰 영향을 미치는 사건이 있다면, 무엇인가?

- 그 사건으로 인해 어떤 변화를 경험하고 있나?
- 변화되는 모습을 'C로 되기(becoming C)'로 표현해 보자. C는 무엇인가?
- 그 모습(C)은 5년 후 내가 원하는 모습과 어떤 관련이 있는가?

위와 같은 탐구 질문에 대한 답을 찾기 위해서는 매일 자신을 관찰하고 성찰하는 시간을 정기적이며 계획적으로 갖는 것이 중요하다. 이전에 코칭을 했던 한 임원은 매일 저녁 취침하기 전에 5분간 직장에서 있었던 일을 돌이켜 보고, 중요 내용을 기록했다. 그는 그 습관을 통해 오늘보다 더 나은 내일을 만드는 데, 크게 도움을 받았으며 조직에서 리더가 될 수 있었다고 확신했다. 시도해 볼 만한 습관이다. 또한, '되고 싶은 모습'을 기준으로 현재 자신에게 어떤 변화가 일어나는지를 아는 것도 중요하다.

3) 타인의 성장을 돕기

자원봉사는 사회적, 정서적, 신체적 웰빙을 향상시킨다. 자신의 안전지대에서 벗어나 자신의 외부 상황에 공감함으로써 새로운 관점을 얻는 데 도움이 된다. 삶의 어려움에 직면할 때, 자신의 상황이 유난히 심각하다고 생각하는 것은 자연스러운 인간의 심리이다. 자원봉사 경험은 어려움을 겪고 있는 다른 사람에게 해결책을 제공하는 데 도움이 된다. 혼자가 아니라는 사실도 상기한다. 또 다양한 배경을 가진 사람과 교류하는 기회를 갖고, 이때 새로운 관점에 마음을 열 수 있다.

4) 리더라면 리딩(reading)하기

조직을 이끌고 탁월한 성과를 창출하는 데 있어 방향타 역할을 하는 사람은 리더이다. 리더 역할을 훌륭히 수행하는 데 필요한 것은 무엇인가? 미래를 볼 수 있어야 하고, 전략적이며 시스템적 사고를 할 줄 알아야 하며 이해 당사자들과 효과적인 의사소통을 할 수 있어야 한다. 급격하게 변화하는 글로벌 환경과 기술의 발전은 리더에게 지속적인 자기계발을 요구한다.

나는 경영자 코칭을 하면서 그들의 집무실을 방문한다. 집무실 책상 위에 여러 권의 책이 있다. 최근 직장인을 위한 리더십과 자기계발 도서가 많이 팔린다. 자기계발을 위한 주말 교육 프로그램도 다양한다. 나는 퇴근 후 인적자원개발에 대한 전문성을 높이기 위해 대학원에 진학한 직장인을 대상으로 강의를 하거나, 조직 리더를 대상으로 특강을 한다. 특히 코칭 교육에 대한 수요가 많다. 리더십의 영향력을 높이는 방법으로서 코칭을 알고 싶은 열의와 현실적인 필요성이 높기 때문이다.

지금 주위에 있는 사람에게 물어보라. “요즘 몇 시간 정도 공부하십니까?” 이 질문에 많은 사람들은 그 시간에 대해 답하기보다, 공부하지 않는 자신의 모습을 책망하면서 “그러게요, 공부를 해야 하는 데” 또는 “너무 바빠서 하고 싶어도 못합니다. 책도 몇 권 사고 교육 프로그램도 알아 두기는 했지만…”이라고 말꼬리를 흐린다. 이들의 답변이 갖는 공통점은 공부할 시간이 없다는 것이다. 그렇다면 정말 공부할 시간이 없는 것일까?

경영학의 대부 피터 드러커는 시간 부족은 관리의 문제라고 말했다. 하루는 24시간이다. 이는 물리적으로 주어진 시간이다. 그러나 우리가 시간을 사용하는 방법에 따라서 더 짧아지기도 하고 더 길어지기도 한다. 그렇다면 물리적으로 주어진 시간을 어떻게 사용할 것인가? 시간을 만드는 것도 기술이다. 다음 3가지 방법을 사용해 보자.

첫째, 시간을 고무줄처럼 늘려서 사용한다. 시간을 늘린다는 것은 시간을 시, 분 단위로 쪼개어 사용하는 것이다. 길게는 인생설계를 하고, 중기적으로는 3~5년에 이룰 계획을 세우고 짧게는 하루 시간대별로 계획을 세우는 것이다. 시간은 상세한 계획을 세우는 만큼 길어진다. 계획을 세우는 데 주저한다면, 이 말을 되새겨 보라. ‘내가 오늘 헛되이 보낸 하루는 어제 죽어간 사람이 그렇게 살고 싶어 했던 내일이었다.’

둘째, 소중한 것을 먼저 하는 습관을 기른다. 이전보다 더 많은 시간을 사용할 수 있도록 준비를 했다면, 이제 그 시간에 가장 소중한 것을 먼저 한다. 소중한 것은 조직의 가치나 개인의 가치 차원에서 필수적인 것이다. 일을 하지 않으면 잠을 이루지 못할 만큼 가치 있는 것이다. '올해는 더 나아지겠다'고 마음만 먹고 여러 해를 보내던 한 대기업의 팀장은 시간관리 교육을 받고 난 후 체험한 삶의 변화에 대해 "내 인생의 보물지도를 발견했다."는 말로 그 감동을 표현했다.

셋째, 시간에 몰입한다. 우리가 사용하는 시간은 물리적인 시간이 아니라 심리적인 시간이다. 3분이 3시간 같고, 3시간이 3분 같다. 시간이 없는 것이 아니라, 주어진 시간에 몰입하는 정도에 따라서 시간의 쓰임이 달라진다. 주어진 시간을 생산적으로 활용하는 능력은 몰입에 있다.

호기심으로 질문하고 답하기

호기심을 잃어버리면 세상의 변화를 읽지 못한다. 세상의 변화는 커녕 자신도 이해하지 못한다. 호기심은 삶의 환경과 소통하는 기본적인 인지 능력이다. 이를 통해 새로운 관점을 탐구한다. 호기심을 각성시키는 탐구 질문은 무엇인가? 한 소년과 조각가의 이야기를 통해 그 답을 찾아보자.

1) 왜 돌을 쪼고 있나요

로마에 살고 있는 한 소년은 조각가가 돌을 쪼고 있는 것을 유심히 살펴보고 있었다. 그의 날렵하면서도 섬세한 손놀림과 반짝이는 눈빛을 유심히 보았다. 때론 민첩하게 때론 긴 휴식을 취하며 일하는 모습에 매혹되었다. 소년은 조각가에게 다가가 조심스럽게 질문했다.

"한 가지 물어봐도 될까요? 지금 왜 돌을 쪼고 있나요?"

"왜 돌을 쪼고 있냐고? 나는 이 바위 안에 잠자고 있는 천사를 꺼내려고 한다. 천사가 밖으로 나오고 싶다고 하는구나."

조각가는 우리에게 잘 알려진, 그 유명한 미켈란젤로였다. 우리 내면에 잠재된 탁월성을 끌어내는 방법으로 소년과 조각가의 이야기가 알려 주는 것은 세 가지(관찰, 호기심, 질문)이다. 탁월성을 끌어내는 과정에서 새로운 관점을 탐구할 수 있다.

첫째, 면밀하게 관찰하라. 세계적인 조각가, 시대의 조각가가 보여 주는 행동을 관찰함으로써 그의 잠재성이 드러나는 과정을 관찰하고 학습하는 것이다. 당신 주위에 탁월함을 보이는 인재를 찾아보라. 그리고 그의 행동을 관찰하라.

둘째, 소년처럼 호기심을 가져라. 조각가의 섬세한 행동은 어디에서 온 것일지에 대한 궁금증이다. 지금 조각가가 하는 행동의 원인에 대해 알고 싶은 마음이다. 저 인재의 탁월함은 어디에서 나오는 것일까?

셋째, 질문을 하라. “왜 지금 그 일을 하고 있습니까?”, “그 일을 하는 것은 당신에게 어떤 의미를 주나요?”와 같은 질문을 하는 것이다. 그 질문을 통해 조각가가 보이는 행동의 의미와 그 행동을 이끌게 한 신념을 추론해 보는 것이다. 신념은 탁월함을 보이는 사람의 행동을 결정하는 중요한 영향요인이다. “만일 당신이 그 일을 하지 않는다면, 어떤 일이 일어날까요?”와 같은 질문은 그의 신념을 찾는 탐구 질문이다. 질문하는 능력은 조직 리더나 코치, 상담사, 부모, 교사, 교수 등과 같이 타인의 성장을 도와주는 이들 모두에게 필요하다.

(1) 근원적 본성인 호기심

“지금까지 내 삶의 여정에서 길들여진 모습을 모두 지운다면, 남는 것은 무엇일까?” 이 질문에 대해 오랜 사유를 통해 얻은 나의 답은 명료하다. 호기심과 예민함이다. 지금의 나를 있게 한 근원적인 본성이다. 몇 년 전에 독일의 한 대성당 내부를 살펴보고 있을 때였다. 한 무리의 일본 관광객들이 성당으로 들어왔다. 나이는 40대에서 50대 연령으로 보이는 여성들이었다. 그들의 손에는 이 성당의 구석 구석을 소개하는 설명 자료가 들려 있었다. 성당 내부를 돌며 가이드의 설명에 귀를 기울이고 복사물에 무엇인가를 열심히 적었다. 호기심에 뒤를 따라가며 자료를 보니 별도로 준비를 해 온 것이다. 성당 내부벽에 있는 프레스코화, 특정 문양, 성당의 구조 등의 이미지가 있고 여백에 설명문이 있었다. 그들은 펜을 들고 무엇인가를 적었고, 서로 의견을 공유했다. 동아리에서 관심 있는 주제를 정하고 현장을 방문해 직접 체험 학습하는 것 같았다. 인상 깊었던 것은 중년의 나이에 무엇인가를 탐구하는 호기심과 열정이다. 문득 질문이 하나 떠올랐다.

"지금 당신이 가장 호기심을 갖고 있는 주제는 무엇입니까?"

(2) 몸에 담이 들었을 때 관점 경험

올바르지 못한 자세로 잠을 잔 탓에 목에 담이 들었다. 고개를 좌우로 움직이거나 상하로 움직이는 것조차 거의 불가능했다. 거의 정면만 주시할 수 있다. 호기심이 많아서 평소 늘 두리번거렸으나 지금은 10% 정도 고개를 돌릴 수 있다. 이러한 상황에서 나의 호기심을 충족시킬 수 있는 방법을 고안했다. 가장 쉬운 방법은 내 몸을 좌우, 위아래로 돌리는 것이다. 목을 돌리는 것보다 불편하지만 눈에 들어오는 것은 훨씬 많았다. 시야가 더 넓게 확보되기 때문이다. 그다음으로 쉬운 방법은 물리적인 위치를 바꾸는 것이다. 높은 층에 있는 휴식 공간을 찾아 가거나 베란다에서 주변을 살피는 것이다. 그런데 이 모든 것은 목에 담이 들기 전에도 했던 것이다. 결국 내 몸을 틀면서 보는 것이 가장 도움되었다.

내 관점을 바꾸는 방법은 몸을 움직이는 것과 담을 완화하는 약을 복용해서 목의 제약을 극복하는 것이다. 내가 처한 현실에서 독특하게 다른 관점을 취하는 효과적인 방법이다. 이와 같이 사람마다 독특한 자기만의 관점과 탐구하는 방법을 갖고 있다. 이 알아차림을 질문으로 하면 다음과 같다.

"당신만의 독특한 관점은 무엇입니까?"

2) 관점을 확대하는 호기심

해결하고 싶은 주제를 바라보는 여러 관점을 개발하는 것은 그리 쉬운 일은 아니다. 그러나 어려운 일도 아니다. 호기심의 힘을 충분히 활용하면 된다. 호기심을 관점 발굴의 자원으로 사용하려면 다음과 같은 기본 이해가 필요하다.

(1) 호기심의 본질을 준수한다

첫째, 호기심을 사용하는 영역은 당면한 주제에 국한하지 않는다. 우리 삶의 전반에 활용한다. 현재와 미래, 개인생활과 직장생활, 그 이외의 생활 전반을 포함한다.

둘째, 호기심의 눈으로 볼 때 그 사람은 진정성이 있어야 한다. 타인에게 의도적으로 드러내려는 이미지나 자기 자신을 보호하려는 방어적인 심리가 반영된 이미지도 아니다. 자기 자신에게 솔직한 자기 존재가 바탕이어야 한다.

셋째, 호기심에 따른 관점은 정해진 결론이나 답이 없다. 지금 이 순간 저절로 일어나는 것이다. 이때 직관이나 주위에 있는 사물 등을 창의적으로 활용해서 관점을 만든다. 예를 들어 지형지물을 활용한다. 거울이 있다면, '나다움의 관점'을 취한다면 어떤 생각이 드세요?"라고 질문할 수 있다. 의자가 있다면, '편안함의 관점'에서 본다면 당면한 주제에 대해 어떤 생각과 느낌을 갖습니까?"와 같이 질문할 수 있다. 하늘을 나는 새를 보았다면 '매의 관점'을 묻는다.

(2) 관점의 틀을 제공한다

현실적으로 해결 주제에 대해서 다양한 관점을 개발하는 활동에 어려움을 호소한다. 이러한 개발 과정에는 투입할 수 있는 시간적 여유, 주제의 독특성 등이 영향을 미친다. 따라서 관점 개발에 구조화된 접근과 비구조화 접근을 고려할 필요가 있다.

- **비구조화 접근**: 관점을 개발하는 과정에 호기심과 직관을 활용한다.
- **구조화 접근**: 주어진 맥락에서 설정된 해결 과제에 대한 관점을 개발하는 데 도움되는 논리 틀을 제공한다. 예를 들면, 제2장에서 소개한 리더의 7가지 변화 요구를 추가 관점의 기초 자료로 활용한다.

3) 호기심을 갖고 소통하기

"자네는 지금 생각이 있는 거야, 없는 거야?"

한 임원이 보고서 내용에 문제가 있는 것을 발견하고 보고서를 작성한 김 차장에게 호통을 치고 있다. 좀 더 깊이 생각하고 치밀하게 일의 완성도를 높이려는 생각을 갖고 보고서를 작성했다면, 이런 문제는 생기지 않았을 것이라는 점을 깨닫도록 질책하는 것이다. 이 대화는 결국 상사가 구성원에게 '김 차장, 생각 좀 해, 머리를 쓰라고'라는 질책의 메시지를 전달하는 것이다. 그럼, 상사는 구성원이 일을 할 때 생각할 수 있는 기회나 여건을 충분히 만들어 주었을까?

(1) 호기심의 관점에서 소통하기

코치는 고객의 사고 체계에 대해 호기심을 갖고 이를 깊이 탐구한다. 그 과정에서 발견하는 것을 서로 공유하고, 질문을 통해 더 많은 탐색을 한다. 그 결과로 고객은 당면한 문제에 대한 해답을 얻게 된다. 이러한 과정에서 고객의 사고 체계는 더 구조화되고, 고객의 인지적 사고 능력은 향상된다.

신사업 부문의 책임을 맡은 한 임원은 속이 타는 마음에 중장기 사업계획서를 준비하고 있는 김 팀장을 다그친다. "김 팀장, 도대체 일을 어떻게 하는 거야?" 흔히 주위에서 들을 수 있는 표현이다. 성과지향적 마인드가 강한 리더라면, 더 친숙한 표현으로 느낄 것이다.

이 말속에 담긴 호기심은 조속히 사업계획서를 마무리해야 하는 문제를 푸는 자기 역할에 대한 것뿐이다. 자기중심적으로 대화를 하고 있다. 김 팀장에 대해 호기심을 가져 보면, 어떤 대화를 할 수 있을까? "김 팀장, 자네 주저하는 이유가 무엇인지 궁금하군."

김 팀장이 주저하는 모습에 대해 질책 마인드를 가진 임원과 코칭 마인드를 가진 임원은 다른 대화를 나눈다. 책임을 추궁하고 질책하는 대화를 하면, 김 팀장은 점점 방어적인 태도를 갖고 응대할 가능성이 높다. 자신의 행동에 대해 사과를 하거나 변명을 할 것이다. 임원이 코칭 대화를 하면, 주저하는 이유를 찾아 분석하고 일을 성공적으로 마무리할 수 있는 가능성을 높이는 방안에 대해 대화를 나눌 것이다. 그러나 구성원이 더 창의적이고 가치 지향적 일을 하기를 원하면서도 대화는 역방향으로 가는 형태를 취하는 경우가 흔하다.

(2) 호기심으로 성과 향상을 촉진하기

회사의 비전이 임직원에게 매력 있고, 사업 아이템이 좋고, 인사 시스템이 선진적이며 인적자원이 우수하다고 해도, 그들이 나누는 대화에 따라 일의 성과는 매우 다르게 나타난다. 조직관리 방식으로 성과주의가 도입되고 글로벌 경쟁이 극화되면서 조직의 경영층이나 리더들의 사고는 알게 모르게 "성과 우선주의"로 길들여지고 있다. "성과중심, 결과중심의 사고로 인해 내가 잃고 있는 것은 무엇인가?" 경영자와 리더는 자신에게 질문해 보고 신중히 그 답을 찾아봐야 한다. 나는 그 대답 중에 하나가 함께 일하는 구성원에 대한 호기심이라고 생각한다. 이 관점에서 본다면, 경영자나 리더가 해결해야 할 과제는 두 가지이다.

- 성과와 호기심에 대한 관심을 어떻게 배분할 것인가?
- 조직 구성원이 호기심을 갖도록 하는 방법은 무엇인가?

첫 번째 과제에 대해 코칭에서 만난 국내 한 대기업의 임원은 성과와 호기심을 100% 대 0%에서 60% 대 40%로 배분하여 관리하기로 코칭 목표를 설정했다. 이 목표를 달성하기 위해 임직원이 자신을 찾아오면, 먼저 "내가 뭘 도와주면 좋겠습니까?"라고 대화를 시작했다. 관심의 방향을 상대방에 두고 대화를 할 수 있는 준비를 하기 위함이다. 두 번째 과제와 관련하여 한 대기업은 전체 임원을 대상으로 코칭 교육을 체계적으로 실시하고, 모두 국제 수준의 코치자격을 취득하는 목표를 설정하고 추진했다. 우리 조직의 호기심 역량은 어느 수준일까? 조직의 리더라면 질문할 필요가 있다.

마음이 떠도는 심리와 관점 변화

떠도는 마음은 어느 한 관점에 머무르지 않고 계속해서 옮겨 다닌다. 또 현재의 일이나 상황 자극과는 무관한 과제를 구상하고 해결하는 데 창의적인 영감을 주는 자원으로도 활용된다(Smallwood & Andrews-Hanna, 2013). 마음이 떠도는 상태일 때 과제에 집중했던 주의는 다른 생각이나 다른 사람의 시각으로 옮겨 가기도 한다. 관점의 속성이 변하는 것이다.

이와 같이 떠도는 마음의 가치는 한 주제에 머무르거나 타인의 관점으로 떠도는 중에 여러 생각을 연결하고 통합하여 새로운 창의적이며 혁신적인 생각을 만들어 내는 데 있다. 정신적 통제와 외부적 요구가 없거나 낮은 상황은 떠도는 마음을 일으키는 데 적합하다(이석재, 2020b). 이런 상황에서 창의적인 생각이 만들어지는 배양 효과가 나타날 가능성이 높다. 반면에 지속적으로 주의를 기울이거나 긴 휴식으로 의식이 단조로운 상태에는 떠도는 마음이 생성될 가능성이 낮다([그림 3-1] 참조).

마음이 떠도는 상태에 있을 때 사회 문제에 대한 해법을 더 많이 생각해 냈다(Ruby et al., 2013). 한 시민이 친구가 전혀 없는 새로운 지역으로 이주했다. 그 시민은 이웃 주민에게서 친근함을 느꼈다. 여기서 사회 문제는 이주자가 새로운 지역에 잘 정착하는 방법을 찾는 것이다. 실험 참가자들은 이러한 사회 문제를 해결할 방안에 대한 글을 썼다. 연구자들은 참가자의 글을 읽고 시민이 문제해결에 이르는 접근의 다양성과 효율성을 7점 척도로 평가했다. 점수가 클수록 다양성과 효율성이 크다. 연구 결과는 마음이 떠도는 상황에서 접근의 다양성과 접근의 효율성 점수가 더 높게 나타났다.

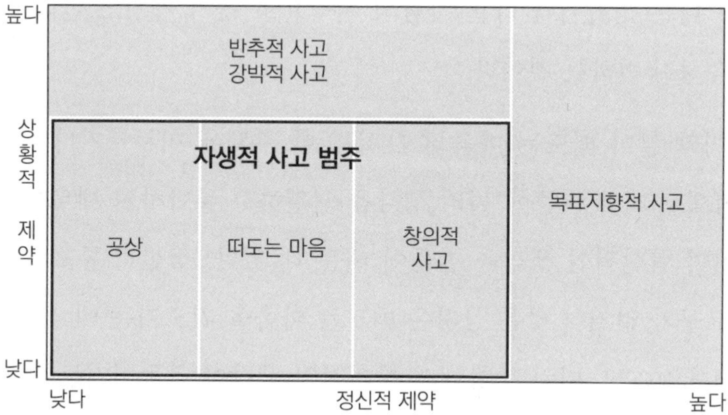

[그림 3-1] 떠도는 마음의 개념도

1) 여러 관점을 창의적으로 연결하기

인류사에서 획기적인 발견은 흥미롭고 상상을 자극하는 일화로 전해진다. 아르키메데스는 왕관이 진짜인지 가짜인지를 알아보라는 왕의 지시를 받았다. 그는 어느 날 목욕탕에 들어갔다가 물이 넘치는 광경을 보고 물질의 질량을 발견했다. 사실이 아닌 것으로 밝혀

졌지만 자기 머리 위로 떨어지는 사과를 보고 만유인력의 법칙을 발견했다는 뉴턴의 이야기 등이 대표적인 일화이다. 이러한 일화에 담긴 발견의 순간을 보면 위대한 발견의 주인공은 문제해결에 집중하기보다 마음이 떠도는 상태에 있었다.

전문가들이 원하는 결과를 만들어 내는 과정에는 무한한 반복이 있다. 전문가들은 사물이나 현상을 관찰할 때 자신만의 관점이 있다. 자신의 관점을 법칙이나 이론과 가설로 표현한다. 그들은 연구를 통해 원하는 검증을 성공적으로 이루면 다음 단계로 옮겨 간다. 이러한 과정의 반복을 겪으며 최종 연구 결과를 만들어 낸다. 따라서 전문가는 '지금 여유를 부릴 시간이 없다'는 생각에 떠도는 마음을 곧바로 배척할 가능성이 높다. 따라서 그들을 설득하려면 떠도는 마음의 효과적인 활용이 원하는 결과를 얻는 데 도움이 된다는 과학적 사실을 증거로 제시해야 한다. 눈으로 직접 확인하도록 한다. 과연 떠도는 마음의 상태에서 창의적인 아이디어들이 나올 수 있을까?

한 연구팀은 물리학자 45명과 전문 극작가 53명을 모집한 후 그들의 전문 분야와 무관한 문제를 풀어 보도록 했다(Gable et al., 2019). 첫 번째 연구에서 참가자들은 2주 동안 매일 밤에 설문지를 받았다. 먼저 "오늘 하루 동안 창의적인 아이디어가 있는 경우 가장 중요한 아이디어를 한 두 문장으로 작성하십시오."라고 요청했다. 이어서 "아이디어가 떠올랐을 때 무엇을 생각하고 있었습니까?", "아이디어가 떠올랐을 때 무엇을 하고 있었습니까?", "아이디어와 관련해 당신이 해결한 문제 또는 프로젝트는 현재 어떤 상태입니까?"에 대해 응답하도록 했다. 그리고 참가자들은 6개월 후 설문조사를 통해 당시 작성한 아이디어들에 대해 현재 시점에서 보는 창의성과 중요도를 7점 척도로 평가했다. 연구 결과는 흥미롭게 나타났다. 참가자들의 25.2%가 마음이 떠도는 상태에 있을 때 가장 중요한 아이디어들이 떠올랐다고 응답했다. 사회적 통념은 난관을 극복하면서 문제를 해결하거나 프로젝트를 수행하면서 아하 모멘트를 경험할 때이다. 그러나 연구 결과는 통념과 다르게 나타났다.

두 번째 연구에서 다른 참가자들을 대상으로 1주 동안 설문조사를 하고 3개월 후에 후속 설문조사를 했는데 이때도 동일한 결과를 얻었다. 다만, 일을 할 때와 떠도는 마음일 때를 비교한 결과, 아이디어의 창의성과 중요도에 차이가 없었다. 그러나 창의적 사고를 필요로 하는 일을 하는 전문가들의 경우 떠도는 마음의 상태에서 창의적인 아이디어가 나온다는 결과가 반복해서 나타났다. 이 연구 결과는 떠도는 마음이 잠재성을 끌어내는 힘을 가진 독특하고 가치 있는 정신 상태라는 것을 보여 준다. 또한 창의적인 일의 계기가 되는 '영감'(inspiration)은 정신이 과부하된 상태가 아니라 마음이 떠도는 상태에서 일어난다는 일화를 지지한다. 더욱이 떠도는 마음은 생산성을 떨어뜨리는 정신 상태라는 통념을 반박한다.

(1) 공통 관점을 찾고 연결한다

떠도는 마음과 정신 통제가 독립된 것이라고 생각하지만, 뇌 활동을 보면 완전히 독립적이지 않고 서로 연결되어 있다. 떠도는 마음에서 주의가 다양한 주제를 떠돌며 마음 여행을 한다. 우리가 의식하지 못하는 어느 순간에 의미 있는 주제 또는 개념들이 서로 연계되고 통합되면서, 뇌의 실행 센터에서 의식적으로 처리될 수 있다. 사람마다 차이가 있지만, 아이디어는 순간적으로 떠오른다. 어떤 사람은 지인과 커피를 마시던 중에 혹은 산책을 하거나 샤워를 하던 중에, 망중한에 있던 순간에 원하는 아이디어가 떠오른 경험을 할 수 있다. 창의적인 가치의 시작은 메모에 있다. 국내 한 대기업의 CEO는 자동차와 침대 옆 작은 탁자에 메모장을 두고 있다. 그는 업무와 관련이 있든 없든 좋은 생각이 떠오르면 즉시 메모하는 습관을 가지고 있다.

애플의 수석 디자이너였던 조나단 아이브(Jonathan Ive)는 직관적이며 혁신적이라는 애플 제품의 디자인에 대한 자신의 생각을 다음과 같이 요약했다.

"디자인은 경험을 디자인하는 것이며 복잡성을 진정한 단순성으로 배열하는 것이다. 그 배열은 지극히 명료하고 효율성이 높은 시스템을 구성하는 각 요소의 특성을 전체 시스템의 관점에서 조화롭게 통합한 것이다. 그 결과물은 혁신적이다."

복잡성을 단순하게 배열하기 위해서는 복잡성을 구성하고 있는 많은 요소들의 공통점을 찾는 노력이 있어야 한다. 어떤 특정 관점을 통해 수많은 요소들을 관통하는 하나의 질적 속성을 찾아내는 것이다. 단지에 들어 있는 많은 구슬들을 실에 엮는 것과 같다. 하나의 관점은 수많은 구슬을 꿰는 실과 같다. 메모는 이러한 창의적인 관점을 찾는 데 유용한 생각 도구이다.

(2) 생각을 배양하면 통찰이 일어난다

심리학자들은 일을 자신으로부터 일정 기간 격리시키는 것이 문제해결에 더 나은 결과를 가져온다는 연구 결과를 보고했다. 이러한 현상을 배양 효과(incubation effects)라고 한다(Sio & Ormerod, 2009). 이와 관련하여 배양 기간 중에 일관되게 나타나는 심리 현상은 공상을 하거나 기존의 일과는 무관한 새로운 과제를 통해 창의성을 자극하고 통찰을 경험하는 것이다. 배양 효과를 높이려면 주의를 한곳에 집중하지 않고 여러 곳으로 분산하는 시간을 갖는 것이 좋다. 이러한 활동에서 예상하지 못한 '아하'의 순간을 경험할 수 있다. 이 경험은 뇌에 힐링을 주고 긍정적인 에너지를 느끼게 한다.

신속하게 업무를 처리해서 원하는 결과를 만들어야 하는 일터에서 우리의 뇌는 소수의 과제에 집중되어 있다. 뇌의 정보는 문제를 해결하는 방향으로 반복해서 흐른다. 이러한 흐름은 효율성이 있지만 뇌가 제한된 방식으로 반복해서 활성화되기 때문에 특정 방식이 학습되고 고착화될 수도 있다. 지금까지 습관적으로 해 오던 문제해결 방식이 실패하면 뇌에 과부하가 생기고 스트레스로 경험된다. 배양은 문제해결에 계속 매달리지 않고 뇌에 쉼을 주는 것이다. 기억에서 정보를 찾아 인출해 내는 시간을 늦추고 한곳에 집중했던 주의를 분산시킨다. 이를 통해 문제해결을 지연시키는 과정은 오히려 나중에 문제해결을 촉진한다(Sio et al., 2017). 어느 순간의 통찰은 문제해결을 촉진한다.

일상에서 배양 효과를 얻기 위해 여러 방법을 사용한다. 일에 지쳤을 때 자신에게 휴식을 주기 위해 휴가를 떠난다. 의견 차이로 말다툼을 하던 연인은 만남을 일정 기간 미룬다. 빠르게 걷던 길을 느리게 걷고, 습관화된 행동을 바꾸거나 행동을 뒤틀어 본다. 아침에 마시던 커피를 생략하고 오후가 시작할 때 마셔 본다. 하던 일이 벽에 부딪쳤을 때 그 일로부터 한발 물러서는 것이 지혜로운 대처라는 것을 이미 잘 알고 있다.

(3) 떠도는 마음에 담긴 목표 관점을 포착한다

마음이 떠돈다는 것은 생산성과 효율성을 중시하는 사회적 시스템에서는 비용이며 해소되어야 할 요소이다. 따라서 통념에 따르면, 떠도는 마음을 가진 사람은 정신적으로 불안전하다. 그들은 삶의 방향을 잡지 못한 상태이며 태도나 행동, 정신적인 측면에서 각성이 필요하다. 또한 경쟁 사회에서 사회적 도움이 필요한 대상으로 분류될 것이다. 그런데 일상생활을 하는 사람의 생각은 거의 과반수가 떠돈다. 수행하고 있는 과제로부터 주의가 옮겨 가는 것은 생각에 자유를 주고, 현재와는 다른 상황에서 자극을 경험할 수 있는 기회다. 따라서 통념과는 달리 떠도는 생각은 미지의 활용 자원이다.

떠도는 마음의 기능성을 연구한 결과에 따르면, 떠도는 마음의 지향성은 자신의 미래 목표를 계획하고 기대하는 것이다. 이러한 인지적 연구 결과는 뇌의 기능에 의해 지지를 받고 있다. 자발적인 생각은 자신의 관심과 밀접하게 동조된다(McVay & Kane, 2010). 따라서 목표지향적이다.

생각에 주의를 기울이면, 떠도는 마음에 담긴 자신의 관심과 목표를 선명하게 만들 수 있다. 그러나 떠도는 마음은 의식이 없는 상태에서 유랑하기 때문에 특별한 노력을 기울여야 한다. 대표적인 방법은 일정 기간 동안 자기 성찰을 하는 것이다. 자기 성찰 이후 떠도는 마음의 내용을 분석해 보면 장래 전망과 관련 내용의 빈도가 증가했다(Smallwood et al., 2011). 또 실험 참가자들이 기억하고 있는 '해야 할 일의 목록'을 활성화시켰을 때 떠도는 생각은 목표지향적이었다(Stawarczyk et al., 2011).

(4) 마음이 떠돌수록 관점은 구체화된다

한 임원은 자신이 맡은 사회적 역할을 제대로 수행하기 위해 다짐하고 독려하고 채찍질하면서 지금까지 자신의 삶을 끌고 왔다. 다시 말해 원하는 결과를 얻기 위한 실행에 초점을 두었다. 어느 날 그는 밖을 향하고 있던 시선을 자기 안쪽으로 가져갔다. 그리고 지금의 자기를 있도록 한 주체인 내면의 존재를 만났다.

그는 자신을 보며 감사하고 미안했다. 사회적으로 인정받는 자기 모습을 만들기 위해 전력투구하면서, 평소 중요하다고 생각하면서도 뒤로 미루어 두었던 것들이 떠올랐다. 그가 미루어 두었던 것은 자기 자신이 정말 하고 싶어 하는 것과 가족이 원하는 것, 사랑하는 사람을 좀 더 다정하게 대해 주는 것, 자기 자신을 좀 더 관대하게 대하는 것 등이다.

마음이 떠돌면 주의는 자기를 향한다. 자신의 과거와 미래에 관심을 갖게 되고 자신의 목표를 세우고자 한다. 자기 자신에게 주의가 집중되면서 공상이 일어난다. 자신의 과거를 반추하고 의미 있는 사건들을 회상한다. 미래를 생각하며 자전적인 계획을 세우고 싶어 한다. 이 과정에서 자기 자신에게 정말 필요한 것이 무엇인지를 알게 된다.

2) 익숙한 것에서 의도적으로 벗어나기

우리 눈으로 확인할 수 없지만, 뇌는 의미 체계에 따라 연결된 망으로 정보를 기억장치에 저장한다. 우리가 아침에 일어나 자신만의 형식화된 방식으로 행동하는 이유는 아침에 하는 일련의 행동을 뇌

기억에 저장하고 사용하기를 반복한 결과이다. 쥐를 대상으로 출발점에서 먹이가 있는 곳까지 찾아가는 간단한 미로 학습을 시킨다고 상상해 보자. 처음에는 쥐가 시행착오를 겪으며 목표 지점에 도착한다. 그러나 시행을 반복하면 쥐가 목표 지점에 도착하는 속도는 빨라진다. 더 놀라운 사실이 있다. 쥐를 목표 지점에서 출발하도록 하면 미로를 지나 이전의 출발점에 쉽게 도착한다. 쥐의 뇌에 지도가 만들어진 것이다. 사람의 뇌 기능도 이와 같다.

반복을 통해 학습된 사고와 행동을 바꾸는 것은 쉬운 일이 아니다. 문제해결의 성과가 낮은 원인은 특정 사고와 행동에 묶이기 때문이다. 우리는 일상에서 무의식적인 학습 행동을 한다. 다음과 같이 해 본다. 시선을 정면을 향한 상태에서 팔짱을 낀다. 자신이 가장 편한 방식으로 팔짱을 끼면 된다. 평소 팔짱을 끼는 대로 하면 된다. 마쳤으면 눈으로 팔짱을 낀 모양을 본다. 팔짱을 낀 상태를 느껴 본다. 편안함을 느낄 것이다. 이제 시선을 다시 정면에 둔 상태에서 팔짱을 반대로 껴 본다. 처음에 오른손이 왼팔의 밑으로 들어가고 왼손이 오른팔의 위로 올라왔다면, 이제 반대로 하는 것이다. 오른손이 왼팔의 위로 올라가고 왼손이 오른팔의 밑으로 들어가게 하는 것이다. 눈을 정면에 두고 하는 것임을 잊지 말자. 어떤 느낌을 갖는가? 만일 팔의 위치를 반대로 바꾸지 못했다면 눈으로 보면서 바꿔 본다. 그리고 정면을 본다. 팔짱을 낀 상태를 느껴 본다. 어떤 느낌인가? 이전과 비교해 보면 어떤 차이가 있는가? 불편함을 느낄 것이다. 아주 간단한 팔 놀림에 관한 것이지만 습관을 바꾸는 것은 이처럼 쉽지 않다.

문제를 해결하기 위해 과학 실험을 반복하는 연구자를 상상해 보자. 그는 반복 실험을 하는 과정에서 불필요하다고 생각하는 절차가 있지만 기존의 방식을 따라간다. 습관화된 사고와 행동에 변화를 주고 싶지 않기 때문이다. 이렇게 반복 학습된 뇌에 휴식을 주면 마음이 떠돌게 된다.

(1) 멘탈 리허설이 효과적이다

뇌는 실행 네트워크를 작동시키다가 멈추면 디폴트 모드 네트워크(DMN)가 활성화된다. 이때 떠도는 마음이 작동한다. 주의가 실행 과제로부터 다른 주제로 옮겨 간다. 이제 멘탈 리허설을 해 보자. 실제가 아니라 상상하고 정신적으로 특정 주제를 연습하는 것이다.

마음을 차분하게 한다. 주의를 자신에게 가져가 본다. 자신이 변화시키고 싶어 했던 사고와 행동을 불러온다. 처음에 원했던 것처럼 변화를 시도해 본다. 머릿속으로 원하는 것을 이루는 변화 시도를 상상하고 이미지를 그려 본다. 어떤 상태인지를 느껴 본다. 그 느낌을 사고와 행동에 머무르게 한다. 이제 주의를 지금 여기로 가져온다. 멘탈 리허설에서 체험한 대로 현실에서 여러 차례 시도해 본다. 그리고 기존 방식에 변화를 시도해 본다.

이때 자동적으로 떠오르는 여러 생각들을 그대로 둔다. 몇 개의 생각이 서로 묶이는 것을 볼 수도 있다. 이 현상은 무의식처럼 일어난다. 자신도 모르게 자신이 해결하고 싶었던 문제에 대해 통찰적인 답을 얻을 수 있다. 멘탈 리허설의 효과이다.

(2) 정신과 상황의 통제를 줄이자

공상은 현재의 상태에서 주의가 이탈하여 일련의 긍정적이며 자유롭게 떠오른 한 가지 생각에 몰입해 있는 상태이다. 따라서 현실의 관점에서 보면 실행을 방해하는 요인이다. 공상이 현재 상태에 유익하기 위해서는 바람이나 희망과 같은 결과 지향의 심리적 요소를 가져야 한다. 이러한 희망과 바람은 내면적 요구에 의한 것으로 이에 대한 생각에 빠지면 환상(fantasy)이다. 그러나 모든 환상이 내적 동기요인을 가지고 있는 것은 아니다. 희망과 바람에 주의를 기울이면 환상은 특정 행동을 자극하고 촉진시키는 힘을 갖는다.

환상과 공상, 떠도는 마음은 의도적인 통제가 약하거나 없는 상태에서 일어나는 정신 상태이다. 의도적인 통제가 강하게 작동하는 정신 활동은 목표지향적 사고이다. 특정 과제 목표를 달성하기 위한 높은 수준의 주의를 집중하면서 일련의 사고를 조정하고 관리하는 것이다. 이와 같이 의도적인 정신 통제와 결과에 대한 평가가 약하거나 없는 상황은 떠도는 마음이 작동하는 데 적합하다. 이러한 상황을 어떻게 조성할 수 있을까?

(3) 떠도는 마음을 자극하는 상황을 조성한다

현실에서 떠도는 마음에 영향을 미치는 상황을 다음과 같이 조성할 수 있다. 첫째, 다양한 관점을 취할 수 있는 상황을 조성한다. 현실 과제에서 관점 변화를 하면 집중하던 맥락 속성이 바뀔 수 있다. 이에 따라 관점 변화는 통찰을 자극하게 된다. 통찰은 기존에 관심을 갖고 있던 것을 이전보다 더 명료하게 이해하도록 돕는다. 또 자신의 일을 창의적으로 재구성하며 사는 사람을 보면, 그 사람으로부터 긍정 에너지를 얻는다. 그 에너지원은 생활환경인 경우도 있다. 일터 또는 놀이터에 자유롭고 창의적으로 생각하고 행동할 수 있는 공간을 볼 수 있다. 이곳에서 긍정 에너지를 얻는다.

둘째, 과제를 수행하는 부담과 압박을 줄이고 휴식할 수 있는 여유를 준다. 이런 상황에서 생각이 자발적으로 떠오를 가능성이 높다. 주의를 자신의 관심에 집중할 때 자발적인 생각을 갖는다. 자발적인 생각은 자신의 과거나 미래와 연결되는 경향이 높다. 따라서 이 생각에 빠지면 자신의 과거에 대해 성찰하고 자전적 미래 설계를 한다.

그러나 기분이 가라앉은 경우 자발적인 생각은 자신의 마음을 독점하고 현재와 미래에 대해 불안해 하며 행복감을 떨어뜨릴 수 있다. 자발적인 생각에 함몰되면 주위에서 쉽게 탐지할 수 있는 자극들도 인지하지 못해 자신을 위험에 빠트릴 수 있다. 대표적인 것이

운전 사고를 내거나 길을 걷다가 발목을 삐끗하거나, 돌뿌리에 걸려 넘어질 수도 있고 다른 사람과 부딪칠 수도 있다.

셋째, 아무런 판단을 하지 않아도 되는 상황을 조성한다. 어떤 사람은 혼자 있는 공간이나 이어폰을 귀에 꽂고 외부소음을 완전히 차단한 상태를 선호한다. 각자가 선호하는 상황에서 공상과 같이 자유로운 상상과 이미지를 그려 본다. 이러한 생각과 느낌은 창의적인 활동의 자원이 될 수 있다. 문학가나 예술가, 디자이너 등의 창작 활동과 혁신 활동을 하는 사람에게 영감을 준다.

(4) 뇌에 휴식을 준다

자신에게 맞는 휴식 환경에 머무른다. 계속된 집중은 몰입을 떨어뜨리고 생각의 연결을 방해한다. 몸과 마음을 소진하게 만든다. 스마트폰이나 메모지에 떠오르는 단상을 기록한다. 개인 블로그나 SNS에 자신의 단상을 작성해 본다. 이러한 활동을 습관이 되도록 한다. 생각을 떠돌게 한다. 마음이 떠도는 순간에 생각은 폭발한다. 주의를 집중하기보다 분산시킨다. 정확하게는 주의를 기울이지 않는다. 대표적인 예가 명상이다. 명상을 통해 긴장감을 해소할 수 있다.

판단을 멈추고 전체로 보기

코칭을 하는 과정에서 코치를 당황스럽게 하는 경우는 다양하다. 고객이 코칭에 집중하지 않고 딴전을 피우거나 시선을 마주치기보다는 허공을 보거나 좌우를 수시로 보면서 대화를 하기도 한다. 코칭 중에 전화를 받지 않기로 사전에 약속을 하였음에도 불구하고 긴급한 사항이라는 핑계를 대며 전화를 받는다. 코칭을 시작한 초기에는 이러한 고객의 행동에 당황하거나 마음이 불편한 경우가 많았다. 고객의 대화 스타일이거나 코칭에 관심이 적어서일 수도 있다. 그 이유가 무엇이든 고객이 나에게 집중하지 않고 있다는 사실이 몹시 힘들었다.

1) 잘 모르겠다는 관점

코칭을 처음 배우기 시작할 때의 일이다. 나는 고객 역할을 하는 학습자에게 다음과 같이 질문했다.

"말씀하신 방법 이외에 다른 방법은 무엇입니까?"

"글쎄, 잘 모르겠는데요?"

고객은 단순한 듯한 나의 질문에 곰곰이 생각하지도 않고 곧 바로 응답했다. 잘 모르겠다는 말이 너무 성의 없고 부정적으로 느껴졌다. 순간 당황하고 무력감을 느꼈다. 지금 고객과의 신뢰 수준은 어느 정도일까? 거의 없는 것이 아닌가? 내 질문을 압박하는 것으로 받아들였나? 상황에 맞지 않은 질문을 하였나? 강력한 질문이 아니었나? 온갖 추측으로 당황하였던 적이 있다.

나는 왜 고객의 잘 모르겠다는 대답에 그렇게 당황했는지를 생각해 보았다. 당시의 생각은 이렇다. 코칭을 통해 고객에게 감동을 주고 깜작 놀라게 할 만한 질문을 하겠다는 당찬 기대를 가졌다. 고객으로부터 코치로서 전문성이 부족하다는 피드백을 받고 싶지 않았다. 나의 질문에 대해 고객이 고분고분 응답도 잘하고, 주고받는 대화가 부드럽게 잘 이어지기를 바랐다. 이러한 기대에 부응하지 않는 고객의 언행은 불편을 초래했다. 코치 자신의 생각에 묶이기보다 관점을 바꿔 고객의 입장을 취해 본다.

"좀 전에 말씀하신 상황이 또 일어난다면 어떻게 대응하겠습니까?", "그 일이 반복되지 않도록 하기 위해서 어떤 것을 바꾸어 보시겠습니까?" 이러한 질문들은 코치의 생각을 자극하는 탐구 질문이다. 또한 고객의 사고와 행동 변화를 이끌어 내는 방법을 찾는 데 적합한 질문이다. 고객이 새로운 관점에서 생각하고 행동 변화를 이끌어 내는데 자극을 주기 때문이다. 그러나 고객이 질문에 답하는 것은 쉬운 일이 아니다.

잘 모르겠다는 고객의 응답에 당황한 이유는 내가 멋진 코치의 모습을 보이고 싶은 생각에 집착해 있기 때문이었다. 질문도 멋지게 하고 코칭 세션을 잘 이끄는 모습을 보이고 좋은 코칭 결과를 만들어 내고 싶어하기 때문이다. 온통 관심이 나 자신에게 쏠려 있었던 것이다. 코칭의 결과를 만드는 것은 코치의 책임이 아니라 고객의 책임이다. 코치는 그 결과를 만드는 길을 찾도록 도와주고 지지하는 역할을 맡을 뿐이다. 코치가 자신의 생각에 집중할수록 코칭의 효과는 낮아진다.

고객을 대하는 관점을 바꾼 후 고객의 말과 표정, 행동에 의해 당황하지 않는다. 고객이 나에게 말하려는 것이 무엇인가? 고객에게 호기심을 가져 본다. 고객이 잘 모르겠다고 응답하는 데는 여러 이유가 있을 수 있다. 고객이 뭔가 생각하는 바가 있지만 아직 정리가 안되어 있거나, 전혀 생각이 없거나, 그야말로 엉뚱한 생각을 하고 있기 때문일 수 있다. 이 모두 고객의 입장에서 보면, 상황적으로 올바르게 대응하는 것일 수 있다.

2) 판단 중지하기

나는 글로벌 전문코치 자격을 취득하기 위해 8명의 외국인과 6개월 코치 양성 교육 프로그램에 참여했다. 한 주는 리더코치가 진행하는 코칭 교육을 받고 다른 한 주는 3명이 한 조가 되어 서로 코칭 실습을 한다. 코칭 실습을 하는 주에 같은 조의 미국인을 영어로 코칭 할 차례가 되었다. 코칭을 하던 중에 적절한 질문이 생각나지 않아 잠시 머뭇거린 적이 있다. 몇 초가 흘렀는지는 모른다. 다만 긴 시간이 지난 것처럼 느꼈다. 스스로 생각하기에 강력한 질문은 아니지만, 직관적으로 떠오르는 질문을 하면서 코칭을 마쳤다.

재미있는 것은 나의 코칭에 대한 그의 피드백이었다. 그는 나의 코칭이 매우 좋았다고 말했다. 그 이유인 즉, 내가 질문을 잠시 멈춘 사이에 자신의 복잡한 생각을 정리할 수 있었다는 것이다. 내가 적당한 질문을 찾는 동안에도 그는 코칭에 몰입해 있었다. 이때 침묵은 코치와 고객을 연결시켜 주는 강력한 방법이라는 점과 동일한 상황에서도 각자의 생각이 서로 다를 수 있다는 점을 배웠다. 앞서 소개한 '글쎄, 잘 모르겠다'는 고객의 응답도 정말 잘 모른다는 뜻보다는 '지금 생각 중'일 가능성이 있다. 생각할 시간을 벌기 위한 자기방어적 표현일 수 있다. 따라서 코치는 자신의 질문과 코칭 결과에 집착하기보다는 새로운 질문이 필요한 상황이 전개되는 것으로 이해할 필요가 있다. 기존 관점을 다른 관점으로 바꾸는 것이다.

"잘 모르시겠다고요? 아니 당신은 알고 있습니다. 다시 한번 생각해 보시겠습니까?"라고 강력히 도전할 수 있다. 아니면, "어떤 부분이 가장 힘들다고 생각하십니까?", "고민이 되는 점은 무엇입니까?", "답을 찾는데 어떤 정보가 더 필요하십니까?" 등과 같이 질문해 볼 수도 있다. 이와 같이 고객이 관점을 바꾸어 보도록 질문하는 유연성을 가지기 위해서는 먼저 코치가 기다릴 줄 알아야 한다. 잠시 말을 멈추고 침묵을 유지하는 것이다. 침묵이 유지되는 동안 고객은 적절한 답을 찾기 위해 노력한다. 또 그러한 기회를 주는 것이다.

이렇게 해 보자. 마음 속으로 일곱을 센다. 그리고 난 후 고객에게 다음과 같이 질문한다. “지금 무슨 생각을 하십니까?” 잘 모르겠다는 고객의 응답은 결코 부정적인 의미를 함축하는 것만은 아니다. 코치에게는 인내와 여유를 가져 보도록 요구하는 것이고, 고객의 입장을 취해 보도록 기회도 주고, 상황을 잘 파악하여 새로운 질문을 할 수 있도록 단서를 주는 것이다. 고객은 “잘 모르겠는데요.”라는 응답을 통해 코치가 무엇을 질문해야 하는지, 대화에서 놓치고 있었던 것은 무엇인지, 어떤 질문이 더 적절한 것인지를 깨닫게 하는 학습기회를 마련해 주는 것이다.

3) 관점의 차이는 있을 수 있는 것

자신의 생각을 잘 전달하고자 나름대로 최선을 다하지만, 상대방의 생각은 다를 수 있다. 그 간극을 무시하거나, 간극의 원인을 타인에게만 돌리는 것은 아니지만 간극 자체를 제로로 만들기는 쉽지 않다. 서로 대화하는 의도나 대화의 맥락을 보는 시각이 다른데 어찌 의견 차이가 없겠는가. 차이에 예민해질 때 한숨을 쉬고 큰 시각을 가져 보자. 긍정적으로 생각하고 그 차이를 줄이는 노력을 하자. 기대에 미치지 못하거나 시각 차이가 있어도, 그것에 예민하고 민감해

지지 말자는 말이다. 코칭 현장에서 코칭 고객과 당면한 삶의 주제에 대한 관점을 대화로 나누다 보면, 흔히 고객과 공감하는 내용이다.

4) 사회적 범주화를 멈추기

자기중심성이 본성인 인간은 주변 사람들의 공통점보다 차이점에 주의를 기울인다. 차이점이 주의를 끈다. 사회적 범주화(social categorization) 현상에 대한 사회심리학 연구를 보면 사람들은 유형화를 좋아하는 것을 알 수 있다. 혈액형, 성격, 세대, 인종, 문화 등으로 사람을 나눈다. 이와 같은 범주화는 감각적 정보와 인지적 정보를 처리하는 데 효율적이지만 그 결과를 보면 효과적이지 못하다. 부정적인 결과를 보면 차별과 질투, 갈등과 혐오, 여러 범죄 등이 생긴다.

다른 사람을 쪼개서 보면 자기 자신도 다른 사람에 의해 어느 한 범주에 속하는 것으로 보인다는 점을 잊지 말아야 한다. 세상 사람을 A, B, C로 나눠서 보면 다른 사람도 나를 세 범주 중 어느 하나에 속하는 것으로 본다. 이런 범주화에 마케팅과 비즈니스, 정치적 이익 등을 취하려는 욕망이 달라붙어 세상을 갈라치기 한다. 한편에서는 사회통합을 외친다. 하나의 팀(one team)을 만들겠다고 한다. 사회적 범주화를 멈추지 않으면 사회 통합은 공염불에 불과하다.

사회적 범주화를 멈추어야 상호 존중이 가능하다. 그래야 신뢰가 생기고 상호 협력하고 협동하며 각자의 삶에 몰입할 수 있다. 다른 사람을 온전한 존재로 보는 사고가 작동해야 한다. 코칭은 세상을 다르게 보도록 관점 전환을 돕는 획기적인 방법이다. 코칭은 어떤 도움을 줄 수 있을까. 세대 차이는 다양성(diversity) 개념으로 접근할 수 있다. 우리가 신세대라고 부르는 신인류의 출현은 존재의 특정 속성이 다를 뿐이다. 그러나 아쉽게도 다양성을 수용하자고 외치면서 범주적 사고로 세상을 본다. 이게 실상이다.

양분법적 사고, 흑백논리, 세대를 구분하는 이 모든 범주적 활동을 멈추어야 한다. 세대 차이란 말 대신에 다양성으로 이야기하자. 지금은 다양성이 더 섬세해지고 있다고 말할 수 있다. 코칭을 하면서 사람을 나눈다면 자신의 믿음에 반하는 것이다. 고객을 온전한 존재로 보는 관점을 취하고 믿는다면 일상에서도 그 의식과 믿음을 실천해야 한다. 존재를 유형화하지 말고 있는 그대로 하나의 인격체로 보는 것이다. 코치는 이러한 판짜기를 실천할 수 있는 전문가이다. 다음과 같은 질문에 답을 찾아보자.

- 서로를 있는 그대로 온전한 존재로 본다면 달라지는 것은 무엇인가?
- 이러한 의식을 수용하고 실천하려면 진정 달라져야 하는 것은 무엇인가?
- 이러한 접근을 실천하는 나는 그 순간 어떤 모습일까?

5) 비거 게임의 관점 취하기

치열한 삶을 살다가 어느 날 더 이상 할 수 있는 것이 없다고 생각할 때가 있다. 삶에 개선이 없다면 무기력해진다. 어떻게 무기력한 삶에서 벗어날 것인가. 글쎄, 잘 모르겠다. 여기서 포기할 것인가. 이렇게 해 보자. 당면한 삶을 대하는 관점을 바꿔 보자. 기존의 온갖 부정적인 생각을 마음에서 지운다면, 무엇인가 할 수 있는 빈 마음만 남는다. 이때 우리는 창의적일 수 있다. 아주 작은 변화로 큰 변화를 만들 수 있다. 교훈이 되는 대표적인 예를 들어 본다.

비거 게임(bigger game)은 인터넷에서 코칭 교육 프로그램을 검색하던 중 알게 되었다. 처음에 명칭만으로는 무슨 프로그램인지 명확하게 알지 못했다. 나중에 개발자의 설명을 듣고 그 뜻이 의외로 간단하면서도 깊은 의미를 가지고 있다는 것을 알았다. 우리는 인생을 통해 더욱 성장하고자 한다. 그 성장을 이루기 위해 우리가 도전하고 변화를 만드는 노력을 게임으로 보았다. 비거 게임이란, 현재 삶에서 계획하고 도전하고 있는 게임에 머무르지 않고 더 크게 성장하려는 목표를 설정하고 이에 도전하는 것이다.

전문코치인 릭 탬린(Rick Tamlyn)과 로라 휘트워드(Laura Whitworth)가 비거 게임이라는 변화와 혁신 모델을 개발했다(Tamlyn, 2013). 이 모델에 대한 설명회에서 릭은 비거 게임에 대한 기본적인 개념을 소개하고 실습을 주관했다. 그는 비거 게임의 사례로서 감동적인 이야기를 전해 주었다. 『칭찬은 고래도 춤추게 한다』의 저자로 우리에게 잘 알려진 켄 블랜차드(Kenneth Hartley Blanchard)의 부인이 한 강연에서 소개했다는 이야기이다.

(1) 장애인의 비거 게임 성공 사례

한 대형 슈퍼에서 소비자가 구매한 것을 봉지에 담아 주는 것을 주 업무로 하는 19세 젊은 청년이 있었다. 그의 이름은 조니(Johney)로 다운 신드롬을 앓고 있다. 상상할 수 있듯이 물건을 봉투에 집어넣는 것은 반복적인 일로 매우 지루한 작업이다. 그는 장애인이지만, 반복적인 일에 만족이나 즐거움을 느끼지 못했다. 시간이 갈수록 지루했다. 어찌 할 것인가? 이런 일을 계속해야 하는 것인가?

그는 자신이 하는 일에 대해 불평하는 데 머무르지 않고, 뭔가 슈퍼의 고객들에게 기쁨을 주겠다고 생각했다. 그는 자신의 생각을 실행에 옮겼다. 퇴근 후 집에 와서 그날의 일상에서 느낀 생각을 쪽지에 적었다. 그의 아버지는 그 내용을 컴퓨터에 입력하고, 출력하여 작은 쪽지로 만들었다. 그는 슈퍼를 찾는 고객의 구매 물품을 봉투에 담고, 마지막으로 자신이 작성한 글이 담겨 있는 쪽지를 고객의 봉투에 넣어 주었다. 그 효과는 매우 놀라웠다. 슈퍼에서 고객에게 쪽지를 나누어 주길 수 주일 반복하는 동안 예상하지 못한 큰 변화가 일어났다.

고객들은 여러 계산대가 있었지만, 조니가 물건을 포장해 주는 줄에만 길게 늘어섰다. 슈퍼측 매니저는 고객들에게 다른 줄을 이용해 줄 것을 권유하였지만, 모두 말하길 "싫습니다. 나는 조니가 짐을 싸 주는 것이 더 좋습니다."라고 말했다. 고객들은 그가 어떤 쪽지를 봉투 속에 넣을지 궁금해 했다. 그리고 그 내용을 읽고 다른 사람과 이야기 나누기를 즐겼다.

한번 와서 본 고객은 단골이 되었다. 조니가 만든 작은 변화가 큰 성과로 나타났다. 그는 반복적인 일에 머무를 수도 있었다. 그의 입장에서 보면, 계산대에서 하는 반복 업무는 안전지대(safety zone)에 있는 것이다. 그는 이러한 반복적인 일에 머무르지 않고 변화를 찾았다. 아주 작은 변화에 도전하고 실천했다. 하루의 단상을 쪽지로 만들어 다음 날 자신의 계산대를 통과하는 고객들의 봉투에 넣어 주는 것이다.

몇 차례 하루의 단상을 적어 고객들에게 전달하는 것은 쉬운 일이다. 그러나 이 일을 반복적으로 지속한다는 것은 장애인의 입장에서 결코 쉬운 일이 아니다. 이 활동은 조니에게 비거 게임이었다. 그가 선택하고 도전한 게임은 그에게 자존감, 만족감을 높여줄 뿐만 아니라, 고객의 만족과 슈퍼의 매출을 높여 주었다. 릭은 교육 참가자에게 다음과 같은 질문을 했다. "여러분도 조니와 같은 사람이고 싶습니까? 그렇다면, 당신의 비거 게임은 무엇입니까?"

(2) 코칭 1세대의 국제 전문코치 도전하기

국내에 코칭이 도입되던 초기인 2002년에는 진단과 심리학을 기반으로 여러 인재육성 분야에서 활동했다. 당시 나에게 비거 게임은 국제 전문코치 자격증을 취득하는 것이다. 이를 통해 기존 전문성에 대한 관점을 컨설턴트에서 코치로 확대를 하는 것이다. 2005년 이후 본격적으로 외국에서 전문코치 자격을 취득했고, 2006년에는 장기간 진행하는 중급 과정인 글로벌 코칭 프로그램에 참여했다. 매월 3일간 총 5회 과정에 참가하여 5개월 후 수료했다. 전문코치 자격을 취득하려는 생각은 우연히 했는데, 2006년 중급 과정을 마치는 날, 교육 참가 소감으로 이 프로그램이 제공하는 전문코치 자격을 취득하겠다는 꿈을 공개한 것이 계기였다. 나는 원하는 꿈이 있을 때, 주위 사람에게 먼저 다짐을 선언한다. 다른 사람에게 구두로 선언하여 스스로 계획을 포기할 수 없도록 만든다.

당시 나는 국제 전문코치가 될 수 있다고 확신했다. 이러한 믿음을 갖고 국제전화로 진행되는 25주 전문가 과정에도 등록했다. 필기시험과 구두시험, 멘토 코칭과 수퍼 비전 받기, 한국과 미국의 시차 등은 큰 도전이었다. 그리고 마침내 2007년 전문코치 자격(CPCC)을 국내 제1호로 취득했다. 이후 전문코치로 활동하는 데 필요한 국제 코치 자격(PCC 등)을 모두 취득했다. 이러한 결과를 만들 수 있는 원동력은 퍼스널 브랜딩(personal branding) 계획을 시스템적 관점에서 구상하고 여러 전문성을 하나의 브랜드로 통합하는 전략이었다.

PART

2

어떻게 관점 전환을 실현할 것인가

Shifting Your Perspective and
Moving Positively Forward in Life

"어떤 문제도 같은 수준의 생각으로는 해결할 수 없다."

-앨버트 아인슈타인(Albert Einstein), 물리학자

제2부에서는 관점 전환을 실현하는 세 가지 실행(수용하기-선택하기-적용하기)과 심리를 다룬다. 또 당신의 이해를 돕기 위해 코칭 사례를 소개한다. 새로운 관점이 원하는 결과를 얻을 가능성을 높이는 결정적 행동에 영향을 미치려면, 당신은 그 관점을 자발적이며 자유 의지에 따라서 수용하고 선택해야 한다. 자유 의지에 의한 자발적인 수용과 선택은 탐구한 관점과 원하는 결과를 연결시키는 결정적 행동이다.

관점의 수용과 선택은 일회적인 활동이 아니라 우리가 생각하고 느끼고 행동하는 삶 전반에 지속적인 영향을 미친다. 따라서 새로운 관점은 삶의 목적과 부합해야 한다. 새로운 관점이 삶의 가치와 의미와 일치할 때 생산적인 태도가 되고 삶의 방식에 준거가 된다. 당신은 2부를 읽으면서 탐구한 관점을 수용한 후 효과성이 높은 결정적 관점을 선택하고 삶의 목적과 연결해 보기 바란다. 이를 통해 원하는 결과를 얻는 결정적 행동을 실행하는 힘을 가질 것이다.

CHAPTER

04

탐구한 관점을 수용한다

"진정한 항해의 발견은 낯선 땅이 아니라
다른 눈을 갖는 것이다."

- 마르셀 프루스트(Marcel Proust), 소설가

네 번째 단계는 탐구한 관점을 수용하는 것으로 관점의 기반인 인식 틀이 변화하는 과정이다. 여기서 수용은 탐구한 관점이 삶의 목적과 연결되는 것이다. 목적에 부합하는 관점일수록 수용될 가능성이 높다. 이를 통해 탐구한 관점이 삶의 개선을 이루는 인식의 틀로 기능할 수 있다. 또 긍정적이거나 부정적인 속성을 모두 받아들이는 것을 의미한다. 이러한 조건을 갖춘 관점 전환은 우리가 원하는 결과를 얻을 가능성을 높인다.

이 장에서는 제1부에서 탐구한 관점을 삶의 목적과 연결하며 비판 없이 마주하고, 나를 받아들이고 유연한 마음을 갖는 수용 심리를 다룬다. 수용한 관점은 기존 지식 체계인 정신 모형에 자리를 잡는다. 기존의 인식 틀(frame)이 재구성(reframe)된다. 수용은 완결이 아니라 목적 방향으로 조율되면서 계속 발전하는 의미를 갖는다. 당신은 관점 전환이 수용되는 과정에서 활용 가능한 기술과 관련 심리를 학습한다.

관점과 삶의 목적을 연결하는 방법

1) 목적중심의 관점 전환을 구상하기

삶의 목적은 관점 전환에 방향을 제시한다. 삶의 목적을 이루기 위해 정신 모형을 사용한다. 삶의 목적은 추상적인 선언이 아니다. 삶의 목적은 달리 말하면, 삶의 과제이다. 왜 이 일을 해야 하는 가에 대한 의미와 가치를 담은 실천적 표현이다. 이와 같이 삶의 목적은 방향을 주고 삶의 과제는 달성해야 할 목표와 구체적인 내용을 준다. 목적중심의 관점 전환을 구상할 때, 중요한 것은 관점 전환의 내용과 방향이다. 관점 전환은 당신이 추구하는 삶의 목적과 연결되어 있다. 원하는 결과가 시급히 달성해야 할 것이라고 해도, 결과는 목적과 부합해야 한다. 관점 전환의 목표가 지향하는 근본은 삶의 목적이다.

이와 같이 관점 전환을 통해 원하는 결과와 목적을 연계할 때, '변화 요구 - 결정적 행동 - 원하는 결과'를 이루려는 활동이 의미를 갖는다. 사람들의 변화 노력에 동기를 부여하는 것은 잘 짠 계획보다 계획에 담긴 내용이 갖는 가치와 의미이다. 가치와 의미는 목적으로부터 나온다. 그리고 목적은 사람들에게 변화를 주도하는 용기를 준다. 따라서 내 삶의 목적을 한 문장으로 명확하게 진술할 수 있어야 한다.

나의 경우, 다른 사람과 생각나눔을 통해 교학상장을 돕는 것이다(이석재, 2020b). 삶의 목적은 각자가 추구하는 삶의 가치와 실현된 결과물, 행동 등을 은유나 이미지로 표현할 수도 있다. 예를 들면, '나는 삶의 여정에서 길을 잃지 않도록 방향을 알려 주는 등댓불이다.'와 같다. 삶의 목적을 떠올리면, 내면에 울림이 있고 열정이 솟아난다. 삶의 목적이 갖는 힘이다. 삶의 목적을 설정하기 위해 다음과 같은 방법을 사용한다.

- 일상에서 행복과 기쁨, 존재감을 느끼는 자신의 모습을 관찰한다.
- 평소 세심한 주의를 기울이고 관심을 갖는 이슈와 주제를 생각한다.
- 강점이나 재능을 잘 발휘하는 삶의 모습을 생각한다.
- 미래의 자기, 가능한 자기 자신의 모습을 상상한다.
- 평소 존경하고 닮고 싶은 인물이 추구하는 삶의 목적을 참고한다.
- 내면에 깊은 울림을 준 체험을 했다면, 내면의 소리를 듣는다.

어떤 생각이 떠오르는가? 그때 무엇을 하는가? 그것은 주위에 어떤 영향을 미치는가? 이러한 역동의 주인공은 어떤 삶의 목적을 추구한다고 생각하는가? 이러한 질문에 대한 답을 하면서 자주 등장하는 개념, 이미지 등을 정리한다. 정리한 내용을 토대로 삶의 목적을 간단한 문장으로 요약한다. 이제 다음 빈칸을 채운다.

"내 삶의 목적은 (   )이다."

2) 삶의 목적관리 매트릭스로 관점 보기

삶의 목적관리 매트릭스로 원하는 삶을 디자인한다([그림 4-1] 참조). 실행과 존재의 관계에 따라서 네 가지의 삶이 가능하다. 이 분석 매트릭스는 존재중심(being)과 실행중심(doing)의 삶이 균형 잡히고, 존재의 내적 자각과 울림, 내적 자원이 실행을 촉진시키는 삶을 추구하도록 돕는다. 따라서 관점 전환은 목적 있는 삶을 지향한다. 그러나 목적을 추구하는 신념에 묶이지 않도록 경계한다. 또 일에 묶인 삶과 목적 없는 삶을 지양한다.

- **목적 있는 삶**: 삶의 가치와 가치의 실천에 따른 결과, 결과의 선한 영향력이 조화롭게 실현되는 의미 충만한 삶
- **일에 묶인 삶**: 삶의 가치와 의미, 목적 없이 결과를 만드는 일에 집중하는 삶
- **신념에 묶인 삶**: 삶의 가치와 의미, 목적을 중요하게 생각하지만 실행이 부족한 삶
- **목적 없는 삶**: 삶에 대한 신념과 실행이 결여된 삶

현재 자신의 삶이 존재중심인 정도와 실행중심인 정도를 0점에서 10점 만점으로 평정한다. 0점은 아주 낮은 것이고 5점은 중간, 10점은 아주 높은 것이다. 존재와 실행 점수를 삶의 목적관리 매트릭스에 표시하고 서로 교차하는 곳을 본다. 어떤 삶인지를 확인해 본

다. 목적 있는 삶을 살고 있지 않다면 필요한 노력은 무엇인지 생각해 보고 실천한다. 목적 있는 삶을 산다면 그 삶을 지속적으로 추구하고 완성해 보자.

"지금 당신은 누구의 삶을 살고 있습니까?"

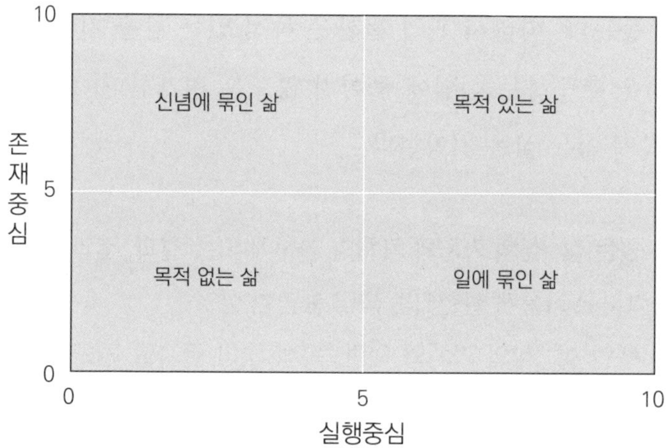

[그림 4-1] 삶의 목적관리 매트릭스(이석재, 2023)

지금까지 탐구한 관점이 목적 있는 삶과 갖는 연계성을 확인한다. 남에게 보여 주는 삶이 아니라 자기 자신이 존중하는 가치 지향적이며 영향력 있는 삶을 사는 것이 중요하다. 삶의 목적은 방향을 주고 목표는 내용을 준다. 목표는 목적을 이루는 과정에서 설정되는 중간 목표이다. '현재의 나'에서 '더 나은 나'로 성장하고 최고의 내가 되는 과정 목표이다. 또 삶의 목적을 이루는 주체로서 존재와 실행의 균형을 유지하는 내가 되는 길이다.

어떻게 목적 있는 삶을 구성할 것인가? 목적 있는 삶은 핵심적인 세 가지 구성 요소가 순환적인 관계를 갖는다([그림 4-2] 참조). 목적 있는 삶을 성공적으로 이루도록 다음 세 가지 질문을 반복적으로 하고, 그에 대한 답이 서로 연계되도록 한다.

- **삶의 가치**: 내 일상에 삶의 가치가 담겨 있는가?
- **원하는 결과**: 일상의 결과는 내 삶의 가치와 일치하는가?
- **선한 영향력**: 내 삶의 결과는 선한 영향력을 갖는가?

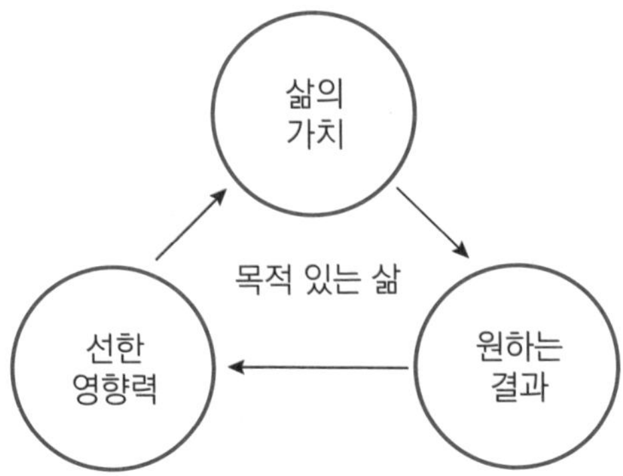

[그림 4-2] **목적 있는 삶의 구성(이석재, 2023)**

3) 온전한 자기를 알아차리기

현대 심리학에서 자기(self)는 기능적인 차이에 따라 다르게 개념화된다. 나는 현대 인지과학과 뇌과학의 탐구를 토대로 개념화한다([그림 4-3] 참조). 시선이 자기 안쪽을 향할 때 의식하는 존재(being)와 밖을 향할 때 타인을 포함한 환경과 상호작용하는 과정에서 겉으로 드러나는 행동(doing)을 의식하고 알아차린다. 존재는 하나의 온전한 자기(whole self)이다. 온전한 자기는 알아차림에서 인식차원과 시간차원을 고려한다. 알아차림을 통해 3가지 기능을 하는 자기를 인식한다(이석재, 2014; 2020).

- 기억 자기(기억은 생각, 감정, 행동; 시간은 과거)
- 현실 자기(경험은 생각, 감정, 행동; 시간은 현재)
- 이상 자기(상상은 생각; 시간은 미래)

인간은 과거와 미래를 현재의 인식 공간으로 불러올 수 있는 유일한 생명체이다. 사람은 흔히 현재의 자기가 생래적인 것이며 변화하지 않을 것으로 생각한다. 정말 그럴까? 자기를 연구하는 심리학자들은 사람이 지속적으로 변화한다고 주장한다. 사람은 각자 자기개념을 갖고 있으며 삶의 여정에서 계속 발전하고 변화한다. 자기개념의 관점에서 보면, 여러 가능한 자기(possible selves)를 만든다. 가능한 자기는 미래의 자기에 대한 이미지이다.

마커스와 동료 연구자(Markus & Nurius, 1986)는 현재의 자기 개념은 한시적으로 작동하는 것으로 보았다. 사람은 새로운 경험, 타인의 피드백, 자기 성찰 등을 통해 더 성숙한 새로운 자기를 만든다. 벤자민 하디(Hardy, 2023)는 시간차원에서 미래 자기(퓨처 셀프)를 사용했다. 미래 자기에 목적이나 가치를 접목해서 이름을 붙이면 이상 자기이며 대응되는 개념은 현실 자기이다. 미래는 온갖 기회와 가능성을 담은 시스템으로 가능한 자기로 이름 붙여 사용하는 학자도 있다.

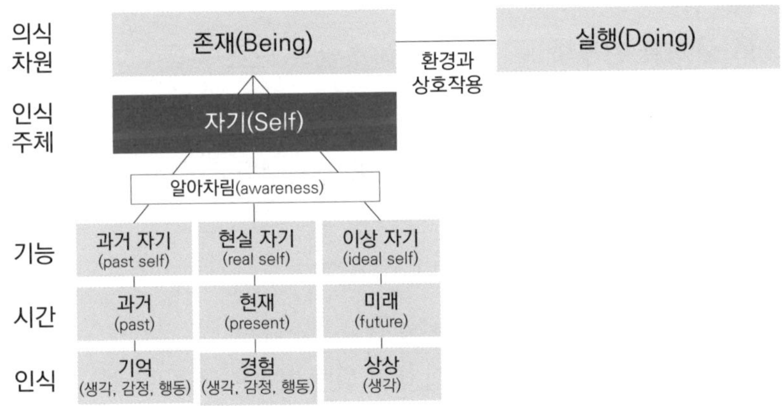

[그림 4-3] 하나의 온전한 자기 개념도(이석재, 2014; 2020a)

4) 자기 변화 프로세스

리차드 보야티스(Boyatzis, 2006)는 자기 발견과 재탄생을 위한 자기 변화 프로세스를 제안했다. 그는 개인의 감성 리더십 역량을 함양해 리더십의 효과성을 높이고자 했다. 감성 지능이 높은 리더는 자기 인식을 통해 자신의 감정을 모니터링하고 더 나은 방향으로 감정을 변화시킨다.

다음 5단계 과정은 감성 지능이 높은 행동을 하도록 뇌를 훈련시키는 프로그램이다. 질문에서 확인할 수 있듯이 미래 자기(단계 1)와 현재 자기(단계 2)를 찾아본다. 두 자기의 모습에 차이가 있는 경우(단계 3), 그 차이를 줄이기 위한 새로운 생각, 느낌, 행동을 포함한 실행계획을 수립한다(단계 4). 이어서 신뢰관계를 토대로 자기주도적으로 실행을 지속할 수 있는 도움 집단을 만든다(단계 5). 코치는 기업 현장에서 자기 변화 프로세스를 활용하여 리더가 진정으로 원하는 모습을 갖추도록 도울 수 있다. 또 개인생활에도 적용할 수 있다.

- 단계 1: 나는 어떤 사람이 되고 싶은가?
- 단계 2: 지금 나는 어떤 모습인가?
- 단계 3: 지금의 내가 미래의 내가 되는 방법은 무엇인가?
- 단계 4: 어떻게 자기 변화를 만들 것인가?
- 단계 5: 누가 나를 도울 것인가?

비판하지 않고 관점을 마주하기

관점 전환을 실현하기 위한 사전 준비로서 여러 관점을 심도 있게 탐구하는 것은 관점을 수용하고 선택한 후 성공적으로 실행할 가능성을 높인다. 또 수용을 통해 자기주도적으로 통제 가능한 범위에서 관점을 선택할 수 있는 심리적 토대를 마련한다. 이를 위한 수용은 비판하지 않고 관점을 마주하는 것이다.

1) 탐구한 관점에서 그대로 보기

탐구 단계에서 경험한 신념이나 느낌 등을 서둘러 판단하지 않고 즉각적으로 바꾸거나 억누르려고 시도하지 않는다. 현재 있는 관점을 그대로 유지하고 그 관점으로 본다. 이 말의 뜻을 이해하기 위해 삶의 현장에서 일어나는 실제 사례를 들어 생생하게 살펴보자.

코칭에서 다루었던 코칭 주제를 보면, 의사소통 문제, 구성원의 육성과 지원 문제, 성과관리 문제, 자녀관계나 부부관계를 포함한 가족관계 문제 등이 대부분이다. 그중에 의사소통 문제는 공통적으로 포함된다. 대화를 하다 보면, 원래 그 대화를 통해 해결하려는 문제에 대해 이야기를 하다 어느 순간 상대방을 이기려는 대화를 하는 사람이 있다. 이기려는 입장을 취하다 보니 설득력 있게 말하기보다 자신의 생각을 상대방에게 관철시키려 하고 상대방의 마음에 거슬리는 말을 한다. 이러한 대화 스타일을 바꾸지 못하는 이유는 자신의 문제를 객관적으로 보지 못하기 때문이다. 관점이 자기중심성에 묶여 있다. 어떻게 하면, 대화를 통해 얻고자 하는 것에 집중할 수 있을까? 피드백은 관점 전환을 이끄는 중요한 의사소통 방법이다.

김철중 상무는 구성원으로부터 닮고 싶은 상사로 좋은 평판을 받고 있다. 적어도 그가 가지고 있는 박사 학위, 직무전문성, 맡은 일에 대한 자부심, 우수한 연구능력과 활발한 대내외 학술활동, 논리적이며 창의적인 발상, 지속적이며 열성적인 자기계발 노력 등이 그 대상이다. 주위 사람은 이구동성으로 그를 선비이며 학자라고 부른다.

그러나 대화 스타일에 대해서는 호와 불호에 따라서 두 집단으로 갈린다. 그와 대화하기를 싫어하는 사람은 처음에는 그의 기발한 사고와 논리 정연함에 매료되지만, 의견의 차이를 보이면 점차 그로부터 무시당하는 느낌을 받는다고 말한다. 그의 상사와 인사부서는 장차 회사에서 중책을 맡을 수 있는 인재로 성장하도록 그에게 코칭 프로그램을 제공했다. 코치는 먼저 문제 상황에 대한 그의 관점을 알아보는 질문을 했다. 이어서 그의 관점을 점차 좁히면서 내면의 변화 요구를 파악했다.

"말씀하신 프로젝트를 추진하는 다른 부서 임원과 대화할 때, 그가 가장 불평하는 것은 무엇이라고 생각하십니까?"

"모르겠어요. 저와 말하는 것이 답답하다고 합니다. 고집이 세다는 거겠지요. 저를 알려고 하지도 않고 자기주장만 하니 답답합니다. 자기 생각을 안 들어 준다는 것이지요. 잘못된 논리를 갖고 우기는 데 동의할 수는 없지요. 자기네 생각을 정당화하기 위해 외부 자문을 받아서 사업계획서를 만들었지만, 돈 받고 자문을 하는 사람이 누구 편이겠습니까? 처음에는 저도 논리적으로 이야기하다가 안 되면, 언성을 높였죠. 요즘에는 알아서 하라고 피해 버립니다."

"지금까지의 대화에서 상무님이 가장 주의를 기울이는 것은 무엇입니다. 생각, 느낌, 행동 중에서 하나를 선택한다면 무엇입니까?"

"답답한 느낌입니다. 특히 상대방과 대화할 때 느끼는 것입니다."

"그 느낌에 대한 상무님의 관점에 이름을 붙인다면 어떤 생각이 떠오르세요?"

"글쎄요. 여러 생각이 떠오릅니다. 그런데 현재 모습에서 가장 근본적인 것은 공감 부족입니다. 그래서 서로에 대한 공감 부족으로 하겠습니다."

"그럼 상무님의 관점은 공감 부족입니다."

지금까지의 대화에서 그가 미팅을 통해 원하는 결과를 얻을 가능성을 높이는 요인이 무엇인지를 상기시킬 필요가 있다. 그는 서로에 대한 공감 부족이라는 관점을 갖고 있다. 그의 변화 요구는 서로의 입장을 더 이해하려는 노력이다. 예를 들면 '공감 부족'을 서로에 대한 '공감 충만'으로 바꾸는 것이다. 나는 평가나 판단이 개입하지 않은 중립적인 대화를 통해 서로의 입장을 인식하도록 질문했다.

"원래 대화를 통해 얻고 싶은 것은 무엇이었습니까?"

"상대방이 우리 개발실의 입장을 충분히 이해하도록 하는 것입니다. 상대방이 우리 생각을 정확히 모릅니다. 그러면서 힘으로 밀어붙이려 합니다. 그게 될 법한 일입니까?"

"답답하셨겠군요. 한 가지 질문을 드리겠습니다. 잘 생각해 보시기 바랍니다. 말씀하신 대화 목적을 달성하기 위해 필요한 것은 무엇이라고 생각하십니까?"

"글쎄요. 기본적으로 감정이 개입되지 말아야 하는데, 몇 마디 나누다 보면 금방 신경전이 됩니다. 서로 사업부 입장과 실익이 첨예하게 얽히다 보니, 한치의 양보도 안 하는 겁니다. 매번 얼굴을 붉히고 헤어집니다. 지금까지 벌써 3주 정도 그랬으니까요."

"감정이 개입되지 않는 대화를 하는 상황이란 어떤 모습입니까?"

"차분한 분위기에서 서로 신뢰하고, 배려하는 마음이 있는 그런 대화 분위기 말이죠."

"그 분위기를 은유적으로 표현해 보시겠습니까?"

"아침 물안개가 피어나는 잔잔한 호수라고 할까요."

"그 분위기를 느껴 보십시오. 그 분위기를 느낄 수 있는 몸의 자세도 취해 보십시오. 눈을 감아도 됩니다. 호수로 천천히 다가가 보십시오. 지금 본 광경을 설명해 보십시오."

"영화에서 나오는 장면 같습니다. 잔잔한 호수가 있고, 그 옆에 작은 집이 있네요. 제가 거기서 호수 건너 저편을 바라보고 있습니다."

그는 호수 주위를 산책하면서 떠오르는 생각을 코치와 공유했다. 그는 음악과 여행, 편안한 시간에 책 읽기를 좋아하는 취미를 가지고 있다. 호수의 분위기는 자신과 대화하기에 적절했다.

"지금 어떤 생각을 하고 있습니까?"

"이번 일을 잘 해결하겠습니다. 앞으로 상대방에게 공격적인 말을 하지 않도록 노력하겠습니다. 어차피 같은 회사를 위해 일하는 것인데 얼굴 붉히면서 얘기할 필요는 없을 것 같고. 더 좋은 해법을 찾겠습니다."

"지금까지 상대방을 대하는 스타일에서 구체적으로 어떤 부분을 바꿔 보면 도움이 되리라 생각하십니까?"

"논리적으로만 대했습니다. 상대방을 설득하기보다 이기려고 했습니다. 상대방도 나름대로 합리적인 사람인데 기분이 좋지 않았을 것입니다. 내 생각을 일방적으로 관철하려는 태도를 바꿀 때입니다."

"지금 느낌이 어떠세요."

"아주 편안합니다."

"어디에서 그 편안함을 느끼십니까? 느낌이 있는 부위에 손을 가져가 보시겠습니까? 손으로도 그 편안함을 느껴 보십시오. 그곳에 편안함을 두십시오. 나중에 대화를 하다, 긴장되고 마음이 불편할 때 손을 지금의 위치에 가져갑니다. 그리고 지금 느끼는 편안함을 불러오는 것입니다."

대화 목적을 잊어버리고 감정이 섞인 대화를 반복할 때, 편안함을 불러오는 것은 대화 목적에 집중하도록 하는 데 효과적이다. 또 다른 방법은 대화가 막힌 곳을 빨리 찾아야 한다. 서로 불평하는 것은 무엇인지, 바꿀 필요가 있다고 생각하는 것은 무엇인지, 반복적으로 관찰되는 문제는 무엇인지를 찾아 해결한다. 대화 모습을 비판하지 않고 있는 그대로 살펴보는 기회는 자신의 관점을 명확하게 인식하는 데 효과적이다. 대화의 장에서 벗어나 다시 관찰하고 분석해 보는 것이다. 감정이 대화에 개입되지 않고 스스로 감정관리를 할 수 있도록 준비하는 것도 도움이 된다.

2) 대화를 중립적인 관점에서 살피기

평소 다음과 같이 대화를 하고 있다면, 당신의 대화에 어떤 문제가 있는지 찾아봐야 한다. 근본적인 문제가 무엇인지를 찾는 것이다. 이때 평가와 판단을 하지 않는 중립적인 관점에서 대화를 살피는 것이 중요하다. 가정이나 사회생활에서 흔히 서로 대립하는 대화를 한다. 부부간에 이견이 생길 때, 자녀와 의견이 대립할 때, 일터에서 팀원들과 갈등이 있을 때, 월 매출 실적이 목표에 못 미칠 때, 목표 달성에 필요한 제품이 제때 공급되어야 하는 데 그러지 못할 때 등 매우 다양하다. 이와 같이 결정적 순간을 맞이하면, 문제의 근본 원인을 찾는 것이 해법의 시작이다. 이렇게 해 보자.

(1) 어디에 막혀 있는지 확인한다

현재 어디에 막혀 대화가 풀리지 않는가? 도대체 막힌 곳이 어디인가? 이 막힌 곳을 정확히 파악하려면 다음과 같은 질문이 도움된다.

- 기대와 다른 말을 들었을 때 나의 첫 반응은 무엇인가?
- 항상 어떤 대화 내용(또는 말, 표현, 용어 등)을 고치려고 하는가?
- 내가 불평하고 있는 것은 무엇인가?
- 상대방이 불평하고 있는 것은 무엇인가?
- 상대방의 말을 듣고 먼저 떠오르는 부정적인 생각은 무엇인가?

(2) 문제를 거슬러 올라가 보자

문제를 초래한 대화가 무엇인지를 찾는다.

- 왜 대화가 꼬이게 되었는가?
- 왜 서로 대립하고 갈등했는가?
- 내가 무슨 말을 했는가?
- 대화에서 진짜 문제는 무엇이었나?
- 그 문제를 풀기 위해 우리가 나눴어야 할 대화는 무엇이었나?

(3) 대화과정을 관찰하고 고친다

대화의 내용에서 잠시 벗어나 대화의 전개 과정을 관찰하고 고친다.

- 지금 상대방과 주고받은 대화는 무엇인가?
- 대화를 회피하고 있는가? 아니면, 대화할 때 상대방을 공격하고 있는가?
- 나의 고착화된 대화 습관은 무엇인가?
- 상대방과 나와의 신뢰관계는 어느 정도인가?
- 대화에서 내가 가정하는 것은 무엇인가?

위와 같은 활동을 통해 문제 상황을 벗어날 수 있는 출구를 찾아야 한다. 건강한 대화를 하기 위한 방법을 찾아본다. 필요하다면, 건강하고 효과적인 대화를 하는 방법과 기술을 학습한다.

3) 지금의 나를 관대하게 대하기

누구도 완벽하지 않기 때문에 완벽주의를 목표로 하면 자신이 충분하다고 느끼지 못하는 함정에 빠지게 된다. 실수를 허용하고 자신을 받아들이는 법을 배워 이러한 경향을 극복한다. 지금의 나를 받아들여 보자. '완벽해야 한다'에서 '최선을 다했다. 그럴 수도 있다'로 마음가짐을 바꿔 보자.

나를 온전히 받아들이는 심리

관점 수용은 평소 마음 관리와 밀접한 관련이 있다. 나를 온전히 받아들이는 심리는 관점 수용에 적합한 심리 상태를 제공한다. 따라서 자기 수용을 살펴보자. 자기 수용은 조건 없이 있는 그대로의 나를 받아들이는 것이다(Ellis, 1994). 사회적 관계를 유지하면서 자기 인식과 자존감을 포함해 체험하는 모든 것을 있는 그대로 받아들이는 것이다. 자신의 긍정적인 것과 부정적인 것, 강점과 약점, 가지고 있는 것과 가지고 있지 않은 것 등에 따라 흔들리지 않고 현재의 자기 자신을 온전한 존재로 받아들이는 것이다. 자기 수용을 통해 인간은 지속적으로 성장하고 진화하면서 변화를 만들어 낼 수 있다.

1) 자기 한계를 극복하며 자기 수용

코칭 고객의 상사는 성과지향적이며 조급하고 욱하는 성격의 소유자이다. 과제의 진행 현황과 관련 이슈를 토의하는 회의가 있을 때는 늘 고함을 질렀다. 고함은 단순히 욱하는 감정의 표현이 아니라 거친 언사였다. 어느 날 코칭 미팅을 위해 그의 집무실로 갔다. 집무실 옆에 있는 회의실에서 미팅이 진행되고 있었다. 회의실 밖에서 듣기에 거북한 대화를 쉽게 들을 수 있었다. 예정된 미팅 시간을 몇 분 지났을 즈음 회의가 종료되고 상기된 얼굴을 하고 나오는 상사를 힐끗 볼 수 있었다. 그 회의실은 바로 코칭 미팅이 진행되는 곳이다.

잠시 후 코칭 고객인 임원과의 미팅을 시작했다. 나는 그의 얼굴을 보고 깜짝 놀랐다. 그의 표정이 아주 평온했기 때문이다. 보통 이런 상황이라면 불편함이 어떤 형태로든 감지되는 데 말이다. 지난 코칭 미팅에서 다루었던 주제에 대한 후속 대화를 마치고 조심스럽게 그의 심정을 물어보았다. 그는 자신의 성격을 소개할 때 다른 사람은 자신을 차분하고 온화한 사람으로 보지만, 자신은 다른 사람들이 생각하는 것보다 깐깐하고 소신이 있다고 말했다. 그의 말에서 그만의 독특한 경험과 생활 철학이 있을 것으로 느껴졌다. 이에 대한 그의 생각을 들어 보면, 지금 보인 그의 말을 이해할 수 있다.

그는 어려운 상황에 직면했을 때 그 상황을 바라보는 자신만의 방식이 있다고 소개했다. 그 방식을 우연한 기회에 학습했다. 평소 다니던 직장을 그만두고 유학을 떠났다. 급여나 근무환경은 좋았지만 공부를 더 하고 싶은 마음을 지울 수 없었다. 젊은 시절에 스스로 안전지대를 벗어나기로 한 첫 번째 선택이었다.

박사 과정을 시작한지 2년 정도가 지났을 때였다. 이미 국내에서 석사 학위를 취득하고 유학을 떠났기 때문에 박사 과정의 내용이 생소하지는 않았다. 그러나 생각만큼 쉽게 진행되지 않았다. 과정을 이수하는 것이 점점 벅차고 무력감에 빠졌다. 좋은 직장을 그만두고 고생을 사서 한다고 생각했다. 한때 학업을 포기하고 귀국행을 생각했다.

그러나 그는 자신의 한계에 도전하기로 결심했다. 이후 그는 자기 한계를 극복한 성공 체험을 통해 자신이 직면한 현실을 부정적으로 보지 않고 있는 그대로 받아들였다. 자신이 겪는 현실적 어려움은 장애물이 아니라 자기를 발견하는 과정에서 풀어야 하는 과제라고 생각했다. 그 과제를 풀어 가는 자기 자신에 대한 믿음과 더 나은 자기를 경험하고 싶었다. 자기 한계를 극복하는 과정에서 주도적이며 도전적인 선택, 자기 발견, 성장 탐구가 몸에 배었다.

그는 과제를 수행하는 과정에서 진척을 보이지 못하는 부서원들을 질책하지 않았다. 오히려 그들의 어려움을 공감하고 자기 한계에 더 도전하도록 독려했다. 더 나은 업무성과는 부서원 각자의 한계 돌파에서 나온다고 믿었다. 부서원들이 자신의 한계에 도전하는 과정을 통해 객관적으로 자기 자신을 만나고 수용하도록 기회를 주었다.

자기 수용은 유연한 리더십의 토대이다. 상사가 격하게 화를 내는 것은 의도적이거나 상사 자신의 감정관리 한계를 드러낸 것일 수 있다. 따라서 그는 상사의 감정에 의해 휘둘리기보다는 자기감정에 집중했다. 자기관리 능력이 뛰어난 리더는 조직 내에서 성공 가능성이 높다. 그는 하반기에 더 큰 규모의 조직을 맡았다.

2) 일터에서 자기 가치를 알아보기

자기 수용은 현재 있는 그대로의 나를 받아들이는 인식이며 행동이다. 자기에 대한 인식은 존재로서 자기도 있고, 원하는 결과를 만드는 실행을 통해 이루는 성취와 그에 따라 평가한 자기도 있다. 두 가지의 내용이 서로 연결되고 균형을 이룰 때 자기 수용의 가능성은 높아진다. 원하는 결과를 만들기 위해 노력하는 과정에서 실패를 거듭하고, 반복된 실패를 통해 무력감이 커진다면 무력감을 해소시킬 에너지원이 있어야 한다. 존재에 대한 가치와 긍정적 자기 인식만으로 실행에서 결손된 자기를 치료하고 보듬을 수는 없다.

자기 수용은 자신의 긍정과 부정, 강점과 약점 등에 대한 조건 없이 자신의 전체를 있는 그대로 받아들이는 것이다. 긍정적 자기 지각이 객관적으로 존재할 때, 사람들은 자기 판단을 멈춘다. 자기 자신에 대해 평가하고 판단하기를 멈출 때 자기 수용이 가능하다. 자존감을 높이는 방법은 자기 자신을 수용할 수 없는 점을 찾아 개선시키는 것이다. 이와 같이 자존감이 향상되는 이면에는 자기 수용의 조건을 충족시키는 성취 심리가 있다.

일터에서 자기 가치는 자존감 지각에 영향을 미친다. 자신의 가치를 파악하는 것은 삶의 주체인 자기 자신의 책임이다. 자신이 잘하는 것이 무엇인지에 대해 타인의 피드백을 통해 찾아본다. 성과 피드백 자료, 각종 다면 진단 결과 등을 통해 가장 높게 평가된 자기 잠재성을 찾는다. 잠재성의 가치를 알아볼 수 있는 진단을 활용해 본다.

자신의 잠재성이 일의 성과와 어떤 관계인지를 객관적으로 파악해 본다. 자신의 가치는 스펙이 좋다고 확보된 것이 아니다. 잠재성은 외부의 요구와 평가 기준에 부합하는 결과로 나타나야 한다. 자기 평가를 통해 자신의 가치를 가름해 본다. 자신에게 나는 어떤 존재인가? 어떤 가치를 실현시킬 수 있는지를 자문해 본다. 자기 내면의 목소리가 이에 대해 답을 줄 수 있다. 진정한 자기 가치를 높일 수 있는 구체적인 활동이 있는지를 본다. 호기심을 갖고 지속적인 학습과 성장을 위한 노력은 자신의 가치를 높이는 효과적인 방법이다.

3) 자기 수용을 적극적으로 실천하기

국내 영업을 담당했던 한 임원은 소속 부원에게 고함치는 자기 모습을 보고 순간 놀랐다. 영업실적이 부진한 것도 아니고 향후 시장의 흐름을 전망하면서 영업 전략을 논의하는 자리였다. 특별히 문제될 것이 없는 상황이라 그 자리에 있던 회의 참가자들은 모두 긴장했다. 임원이 고함을 치게 된 것은 회의에 집중하지 못하는 모 차장의 시선 때문이었다. 특히 임원이 그를 쳐다보며 대화를 할 때에도 시선을 다른 곳에 두는 빈도가 높았다. 어느 순간 그가 시선을 다른 곳에 돌렸을 때, 임원은 "똑바로 회의에 집중하지 못해."라고 소리쳤다. 다른 사람들이 놀란 것은 고함 때문이 아니라 평소 임원의 모습과는 너무 달랐기 때문이다.

그의 감정관리는 엄격한 부모의 양육과 무관하지 않았다. 어린 시절 부모의 질책이나 훈육이 있을 때는 자세를 바로잡고 부모의 말씀에 집중해야 했다. 자세가 흐트러지거나 집중하지 않으면, 몸가짐과 태도에 대한 훈육을 추가했다. 그는 자신도 모르는 사이에 어린 시절 상처받은 내면 아이의 모습(Diamond, 2008)을 드러냈다.

그는 임원으로 승진할 때 부원의 입장을 배려하고 포용하는 형님 리더십을 발휘하겠다고 다짐했다. 그러나 회의에서 겉으로는 태연한 모습을 보였지만 영업실적을 더 올려야 한다는 심적 부담을 갖고 있었다. 임원의 내적 긴장감이 차장의 회의 태도와 자세에 대한 불만으로 전이된 것이다. 그 불만에 내면 아이가 영향을 미쳤다. 나는 그와 진솔하게 내면 아이에 대해 대화를 나눴다. 이후 임원은 내면 아이가 아니라 현재의 자기를 인식하고 수용하기로 했다.

내면 아이를 만나는 방법은 다음과 같다.

- 내면 아이와 대화하는 방식을 정한다(예: 대화, 편지 쓰기 등).
- 내면 아이에게 편지를 쓴다.
- 애정을 담아 양육하는 말을 한다(예: "사랑해, 네가 무슨 말을 하는지 잘 들었어. 말해 줘서 고마워. 아이야, 미안해"). 이 단계에서 내면 아이의 요구를 들어주고 상처를 사랑으로 품어 준다.

- 어린 시절 자신의 사진을 바라본다.
- 어렸을 때 자신이 좋아했던 놀이에 대해 생각하고 글을 쓴다.
- 명상을 하며 시각화한다. 이 단계에서 힐링과 인식 전환이 일어나도록 돕는다.

4) 자기 수용을 효과적으로 하는 방법

자기 수용은 긍정적 자기와 부정적 자기를 포함하는 자기 전체에 대한 지각과 인식이다. 자기 수용은 자기에 대한 평가와 판단, 심판을 멈췄을 때 일어날 수 있는 심리이다. 지금 여기, 이 순간에 자신을 바라보는 관점에 대한 것이다. 발달심리학자들의 연구에 따르면, 8세 이전의 아동은 자기를 형성하기 어렵다. 그 전에는 주로 부모, 형제 등이 인정하는 자기상이 아동의 자기 형성에 기준이 된다. 이 시기에 형성된 자기 모습이 성인이 되어 자기를 수용하는 데 영향을 미친다.

(1) 자기 인식에 대한 이해 높이기

자기 자신을 어떻게 지각하고 이해하고 있는지는 자기 수용의 과정에서 중요한 출발점이다. 자기 인식과 자신에 대한 타인 인식에 균형감이 있는지를 알아본다. 자신의 강점과 성취에 대해 정리한다. 주위 사람들이 자신을 어떻게 지각하고 있는지에 대해서도 객관적으로 파악한다.

오른손에는 자기 인식, 왼손에는 타인 인식을 올려놓는다. 두 손을 번갈아 보며 어떤 관계인지를 탐구한다. 자기 인식은 긍정적이거나 부정적일 수 있다. 자기제한적 신념에 따라 자신의 의지와 능력에 한계가 있다고 단정할 수 있다. 긍정과 부정의 내용, 그 이유를 찾는다. 타인 인식에 부정적인 내용이 있다면 그 원인을 분석한다. 주위 사람이 나를 신뢰하지 않는다면, 그 이유는 타인의 불안한 마음으로 인해 나에 대해 확신을 갖지 못하기 때문일 수 있다. 나 자신이 신뢰할 수 없는 존재가 아니라, 나에 대해 확신을 갖고 있지 못한 그의 불안이 문제이다. 따라서 나에 대한 그의 인식을 고려하지 않는다. 두 손에 있는 내용을 바라보며 어떻게 받아들이고 있는지를 확인한다. 타인이 나와 다름을 인정하고, 그 다름이 갖는 다양성의 가치와 의미를 존중한다. 두 손이 어느 한쪽으로 기운다면 그 이유를 찾는다.

(2) 자기 비판에 대응하기

자기 자신에 대해 부정적인 생각을 가지고 있다면 그 생각을 갖게 된 심리를 분석한다. 자신에게 엄격한 잣대를 적용하는지, 완벽주의적 신념 또는 높은 기대를 하는지 등을 살핀다. 만일 그와 같이 생각한다면, 자기 비판은 존재에 대한 것보다 인식의 문제이다. 높은 기대를 한다면 현실적인 기대로 바꿔 본다. 실패한 일에 민감하고 무력감과 좌절감을 느낀다면 그럴 수도 있다고 자신을 관대하게 대한다.

자신을 부정적으로 대하는 기본 가정을 갖고 있는지 확인한다. 나는 지적이지 않다고 가정하면 작은 실수도 자신의 지적 능력을 저평가하는 근거로 확대 해석할 수 있다. 모든 사람들은 누구나 실수를 한다고 생각하며 확대 해석하지 않는다. 그 가정을 검증한다. 지금까지 성공적으로 일을 마무리했던 경험을 상기한다. 또 다른 면에서 전문성과 재능, 능력이 있다는 것에 자부심을 갖는다. 이러한 대응을 통해 작은 실수를 지적 능력의 부족으로 단정하지 않게 된다.

(3) 자기 자신을 품기

사람들은 각자 고유한 존재적 가치를 가지고 있다는 신념을 받아들인다. 자기 자신에 대한 생각과 느낌, 정서의 선택은 바로 자신의 것이다(Glasser, 1998). 자신에 대해 연민하는 감정을 갖고 자신을 품어 준다. 다른 사람에게 화를 내고 상처를 주는 말을 했다면 그 사실에 대해 인정한다. 그와 같이 화를 내고 상처를 주는 말은 나 자신에게도 불친절하고 불편함을 주는 것이라고 인정한다. 이때 자신에게 솔직하고 진정성을 갖는다.

거울에 비친 자신을 보듯이 화를 내고 상처를 주는 말을 한 자신을 보고 그 모습에 연민을 가져 보자. 지금은 감정이 격해져서 실수를 했지만, 같은 상황이 다시 일어난다면 더 지혜롭게 대처할 수 있다. 지금 이 순간에 알아차림을 갖게 된 것에 대해 감사하자. 자신을 관대하게 대하고 잘못을 용서하는 마음은 자기 자신을 품는 바탕이다.

(4) 타인의 도움과 지지를 받기

행복을 연구하는 심리학자들은 행복한 삶을 누리고 싶다면 주위에 긍정적이고 행복을 누리는 사람들을 두라고 권고한다. 행복감을 느낄수록 자기를 수용할 가능성이 높다. 나를 이해하고 지지하고 응원해 줄 수 있는 사람들과 사회적 관계망을 구축한다. 주위 사람과 갈등이 생겼다면 갈등을 회피하기보다 그 사실을 인정하고 직면한다. 갈등관계에 있는 사람과 열린 대화를 나눈다. 이렇게 자신에게 말해 보자. 지금 이 사건으로 인해 서로 불편함을 느끼고 있다. 나는 이 불편함을 풀기 위해 노력하고 있다고 생각하지만, 당신에게 만족감을 주지 못한다고 생각한다. 어떻게 하면, 이 갈등을 해결할 수 있을까라고 말이다.

유연한 마음 갖기

우리는 자신만의 관점을 가지고 있다. 그 관점으로 세상을 보고 판단하고 결정한다. 직무 경험과 관련 지식이 쌓이면, 그 분야에 대해 전문성을 갖는다. 특정 분야에 전문가는 그 분야에 관련된 다양한 정보와 지식, 사건과 현상들을 몇 개의 대표적인 개념들의 논리적 관계로 설명할 수 있는 관점을 가졌다고 말할 수 있다.

관점을 가졌다는 것은 바라보는 대상에 대해 정리된 생각을 갖고 있다는 뜻이다. '나는 이렇게 생각해', '나는 이런 느낌이 좋아'라는 말은 관점을 뜻한다. 다른 사람과 사회적 관계를 맺는 모든 활동에는 관점이 작동한다. 관점은 대상이나 사건, 현상을 바라보는 태도이며 위치와 방향을 뜻한다. 그 시작이 바로 나 자신이다. 자신의 인지와 정서가 관점을 구성하는 기본 요소이다.

1) 먼저 듣고 다음에 말하기

다른 사람이 자신의 말을 잘 이해하지 못한다고 생각하다 보면, 업무 회의나 개인 면담 등에서 무슨 말을 할지 고민하게 된다. "나는 말재주가 없다니까", "아나운서나 사회자처럼 기가 막히게 말을 잘 했으면 소원이 없겠다", "말 잘하게 하는 보약 없나?" 팀을 이끄는 관리자들과 대화를 나누어 보면, 같은 의견을 내는 경우를 많이 본다. 과연 말재주가 없는 것일까? 아니면, 다른 사람과 대화하면서 상황에 맞는 대화를 할 줄 몰라서 일까? 말의 영향력이 낮거나 말재주가 없다고 생각하는 리더는 먼저 다른 사람의 말에 어느 정도 귀를 기울이는지 자신의 듣기 태도와 행동을 자세히 관찰할 필요가 있다. 말을 할 줄 모르는 것이 아니라, 듣는 태도와 행동이 부적절하여 무슨 말을 하는 것이 적절한지 모를 때가 많기 때문이다.

(1) 경청을 방해하는 습관을 찾아보자

다른 사람과 대화를 하다 보면, 상대방이 결론을 내지 않았지만 먼저 결론을 내리는 경우가 있다. '너 이제 끝내기만 해봐 내가 한번 쏘아 줄 거야', '또 시작이군, 또 시작이야', '그걸 말이라고 하니?' 이런 생각들은 상대방이 말을 끝내기도 전에 자동적으로 떠오르는 생각들이다. 그런데 이러한 생각들이 떠오를수록 상대방의 말은 온전하게 들리지 않을 가능성이 높다. 고객과 효과적으로 대화하는 데 도움이 되는 경험들을 공유하고, 이를 업무에 활용하기 위한 목적으로 토론하는 경우를 생각해 보자. 리더로서 팀원들의 의견을 들을 때, 경청하는 모습은 어떠한가? 팀원의 이야기에 몰입하며 경청하는 리더인가? 아니면, 팀원의 이야기를 들으면서 평가하고 판단하는 리더인가? 만일 스스로 팀원의 이야기를 있는 그대로 잘 듣지 않는다면, 팀원과의 토론에서 당신은 지루하고, 기분 나쁘고, 답답하고, 감정만 상하는 경험을 하게 될 것이다. 팀원들은 당신의 대화 모습을 보고 그 이상으로 상처받을 수 있다.

이렇게 해 보자. 빈 종이 위에 팀원들과 대화할 때, 팀원의 이야기를 잘 듣지 못하게 만드는 자신만의 경청 습관을 떠오르는 대로 적어 보자. 예를 들면, '말이 끝나기 전에 결론을 낸다', '처음에 와닿지 않으면, 집중이 안 된다', '내가 말할 차례를 기다린다 등과 같은 것이다. 모두 적었다고 판단되면, 각각의 습관이 어느 정도 경청을 방해하는지를 진단해 본다. 0점은 '전혀 그렇지 않다', 10점은 '아주 그렇다'이다. 점수가 클수록 경청을 방해하는 정도가 심한 것이다. 자 이제, 가장 점수가 큰 것부터 작은 순으로 배열을 해 보자. 가장 큰 점수를 받은 상위 3개를 찾아보자. 이들 3가지 경청 습관이 당신에게 있어 상대방의 말을 잘 듣지 못하게 방해하는 대표적인 습관이다.

(2) 먼저 상대방의 말을 끝까지 듣자

상대방의 말을 잘 듣지 못하는 자신의 습관을 찾았다 하더라도 실제 대화 장면에서 먼저 들으려 하지 않으면 습관을 고칠 수 없다. 상대방의 말을 듣기 위해서는 기다릴 줄 알아야 한다. 말하는 사람보다 직무 경험, 지식, 기술, 각종 정보를 많이 안다고 생각하면 할수록 말하지 않고 기다리기가 쉽지 않다. 팀원이 하는 말이 논리가 없고 문제해결에 도움이 안 된다고 생각할 때, 바로 수정해 주고 싶은 것이 팀장의 마음이다. 한마디 해 주면, 바로 고칠 수 있다는 생각에 팀원의 의견을 끝까지 경청하지 않고 바로 자신의 의견을 말한다. 팀장 스스로 자신에게 이렇게 질문해 보라. "내가 기다리지 않고 바로 대응해 줌으로써 내가 잃고 있는 것은 무엇인가?" 무엇을 잃고 있을까?

많은 것을 잃고 있다. 팀원은 앞으로 자신의 의견을 말하지 않을 가능성이 높다. 팀원은 자신의 의견을 말하기 보다, 팀장의 지시를 따르는 것이 마음 편하다고 생각하게 된다. 이로 인해 팀원이 가지고 있는 창의적인 생각들을 듣고 활용할 수 있는 기회를 놓치게 된다. 팀원은 깊이 있게 생각하지 않는 습관에 길들여지면서, 팀의 문화가 보수화되고 정체된다. 생동감이 없어진다. 팀장 자신은 어떨까? 스스로 개선점을 찾는 성찰 능력을 잃게 된다. 자기 이해의 폭도 좁다. 자신도 모르게 즉흥적이 되고 다급한 성격의 소유자로 변해갈 수 있다. 팀원의 이야기를 포용할 수 있는 마음의 여유 공간이 부족한 관리자의 모습을 갖게 된다. 자신의 성숙한 품성이 팀원을 이끄는 기회를 놓치게 된다.

(3) 상황에 맞게 자신의 생각을 말하자

팀원의 성장을 진심으로 돕고 싶은 리더는 자신의 말로 인해 팀원이 상처받을 수 있다는 것을 이해하지 못한다. "내가 당신에게 상처를 주려고 일부러 이러는지 아세요?", "내 말의 진의를 이해하려고는 하지 않고, 김 과장 말하는 것을 듣고 보니 몹시 섭섭하네", "자네 약점을 지적했다고 얼굴 찡그리지 말고, 나니까 그래도 이런 말을 해 주는 거야. 다 자네를 생각해서 이러는 거야. 몰라?" 이런 표현에는 어떤 공통점이 있을까? 말하는 사람이 자신의 생각한 바를 솔직하게 담아 전하는 데, 상대방이 자신의 진심을 몰라준다고 생각하는 것이다. 상대방을 생각하고 염려하고 도와주려고 하는 마음은 리더로서 갖추어야 할 것이지만, 이것을 상대방에게 어떻게 전달할 것이냐는 기술에 해당된다.

고객과 상담을 하고 있는 팀원의 대화를 들은 팀장이 통화가 끝나자마자 문제점을 지적한다. “김 과장님, 고객이 원하는 것을 확인만 하지 말고, 고객의 마음을 읽고 공감하는 대화를 해 주세요. 우린 전화로 대화를 하니까, 고객의 감정 변화를 읽고 공감해 주면 고객이 훨씬 감동할 것 아닙니까? 몇 번을 이야기해야 되는 거요?” 다른 팀원들도 다 들을 수 있는 큰 목소리로 피드백을 주었다. 김 과장이 피드백을 제대로 듣기나 했을까? 팀장의 피드백을 편한 마음으로 듣기 어렵다. 원래 팀장의 의도는 “솔직하고 정확한 피드백을 즉시 전달한다.”는 피드백의 원칙에 따라 김 과장을 도와주려는 것이다. 그러나 결과는 의도와는 정반대로 나타날 수 있다. 자신의 솔직한 생각을 전달하는 것도 중요하지만, 상황을 고려하면서 전달한다면 그 효과는 배가될 것이다. 대표적인 예가 칭찬은 공개적으로 질책은 비공개적으로 하는 것이다. 또한, 팀원이 처한 대화의 상황에 대해 먼저 파악하려는 노력이 필요하다.

(4) 효과적인 대화를 위한 코칭 포인트를 참고한다

대화할 때, 상대방에게 자신의 생각을 솔직하게 전달하는 것이 옳다. 또한 상황에 맞게 세련되게 대화하는 것도 옳다. 과연 타인과 대화할 때, 이 두 가지의 옳은 생각을 균형 있게 관리할 수 있을까? 다음 사항을 고려하며 대화한다.

첫째, 자신은 솔직하게 생각을 전달한다고 생각하지만, 상대방은

"무뚝뚝하고 퉁명스럽게 말한다."고 받아들일 수 있다. 말을 툭툭 내뱉는다고 생각할 수 있다. 이로 인해 상대방은 의도하지 않은 상처를 받을 수 있다. 말하기 전에 '내 말을 들으면, 상대방은 어떻게 생각할까?'라고 자신에게 질문해 본 후 말하자.

둘째, 대화하는 분위기와 상황을 지나치게 고려하면서 말하다 보면, 상대방은 "임기응변하고 진솔함이 부족하다"고 받아들이거나 대화가 가볍다고 생각할 수 있다. 이로 인해 상대방은 깊이 있는 대화를 피하거나, 임기응변적으로 대할 가능성이 있다. '내 생각에는 ~'과 같이 아이 메시지(I-message)를 사용해 본다.

셋째, 솔직함도 부족하고 상황에 적절한 대화를 하지 않는다면, 상대방은 대화하기 불편한 사람이라고 생각할 가능성이 높다. 대화를 피하려고 할 것이다. 이로 인해 가능한 대화를 나누는 상황을 피하거나 짧은 대화로 마무리하길 바랄 수 있다. 이 경우라면, 전반적으로 대화 기술을 향상시키자. 솔직하게 자신의 생각을 말하면서도 상황에 맞는 대화를 한다면, 상대방은 편안함을 느끼고 더 열린 마음을 갖게 될 것이다. 대화가 지속되기를 바라고, 대화 내용에 신뢰를 갖게 될 것이다. 이러한 대화를 하려면, 안전한 대화의 공간을 마련하고 맥락적 경청을 하려고 노력해야 한다.

이와 같이 대화할 때 먼저 말하기보다 기다린 만큼 상대방의 말이 들린다. 상대방의 말을 듣게 되면, 그에 따라 적절한 질문을 할 수 있다. 잘 듣고 적절하게 질문하기가 반복되면, 대화는 훨씬 활성화된다. 스스로 생각하기에 말주변이 부족하다고 생각한다면, 먼저 자신이 상대방의 말을 얼마나 잘 듣고 있는지를 점검해 보자.

2) 에너지원을 만들어 스트레스 극복하기

삶이 균형을 잃을 때, 가장 먼저 찾아오는 것은 스트레스이다. 그러나 스트레스를 잘 관리하면 약이 된다. 스트레스 크기만큼의 에너지원이 생긴다. 오프라 윈프리가 진행하는 라디오 프로그램의 고정 출연자인 피터 월쉬(Peter Walsy)는 "우리가 일상에서 스트레스를 완전히 제거할 수는 없지만, 이를 잘 관리할 수 있는 몇 가지 방법이 있다."고 제안했다. 반가운 소식 아닌가? 그가 제안하는 스트레스 관리법을 간략히 소개하고, 필자의 코칭 팁을 추가했다.

(1) 가정을 에너지 충전 장소로 만든다

가정이 원하는 만큼의 평안함을 주지 못한다면, 대개 가정에서 스트레스를 받게 된다. 가능한 범위에서 자신의 공간을 재구성해 보거나 가지런히 하여, 당신이 원하는 공간으로 만들어 보자. 가정을 에너지 충전소로 만든다.

[코칭 팁] 당신에게 가정이 에너지 충전소라면, 어떤 모습인가? 지금 당신의 가정에 어떤 것들이 갖추어지면, 에너지 충전소가 될 수 있을까? 에너지 충전소가 되면, 어떤 기회가 있을 것으로 생각하

는가? 가정을 에너지 충천소로 만들기 위해 오늘 무엇을 하겠는가? 아직 집에 도착하지 않았다면, 지금 생각한 것을 실행에 옮겨 보자.

(2) 평정심을 유지한다

하루에 10분 내지 20분 동안 일을 놓고, 편안히 휴식하면서 깊은 숨을 쉬는 시간을 가져 본다. 구체적인 방법으로는 타임아웃, 나의 시간 갖기(me time), 명상 등이 있다. 일손을 놓고, 평정심을 가지면서, 긴장을 푸는 시간계획을 짜 보자. 실행으로 옮기면, 그 효과는 매우 크다.

[코칭 팁] 평정심을 갖기 위해, 10분의 휴식 시간을 가져 보자. 그렇게 하는 데 어떤 어려움이 있는가? 그 어려움(또는 장애물)을 어떻게 극복할 수 있는가? 주중에 자신만의 시간을 만들어 본다면, 언제인가? 어느 정도의 시간을 만들 수 있는가? 그때 무엇을 하겠는가?

(3) 자기 자신을 잘 대해 준다

건강 상태가 나쁘다면, 처해진 상황에 압도되기 쉽다. 식사 잘하고, 숙면을 취하고, 정기적으로 운동하고, 규칙적으로 성생활을 하고, 잘 웃고, 가까운 사람과 네트워크를 만들도록 한다. 이러한 활동은 모두 자신을 존중하고 있다는 것을 보여 준다. 행복하고 균형 잡힌 사람은 쉽게 상처받지 않는다. 자기 자신을 건강한 사람으로 만들라.

[코칭 팁] 현재 가장 힘들어 하는 자신의 모습은 무엇인가? 자신을 웃는 모습으로 바꾸기 위해 당신이 할 수 있는 것, 10가지를 작성해 보자. 자신에게 어느 정도 관대한가? 0점은 전혀 아니다. 10점은 아주 그렇다. 0점~10점으로 표현해 본다면, 당신은 몇 점을 주겠는가? 오늘 자신의 어떤 모습에 대해 관대할 것인가? 자신에게 관대한 말을 해 본다면, 무엇인가?

(4) 계획을 짠다

자신의 삶을 잘 구조화하고 계획한다는 것은, 자신이 원하는 삶에 대해 명확한 비전을 가지고 있는 것과 같다. 저녁 식사는 어디서 무엇을 할 것인지, 어느 정도의 비용을 쓸 것인지, 어느 정도 일에 몰입한 것인지, 필요로 하는 것들을 어디서 찾을 수 있는지 아는 것은 일상에서 스트레스를 줄이는 데 도움이 된다. 계획을 세운다는 것은 자신과 가족을 돌본다는 것이다.

[코칭 팁] 자신의 삶을 관리하고 있는 현재 모습을 이미지로 표현해 본다면, 무엇인가? 이미지를 그림으로 그려 보자. 어떤 느낌을 갖는가? 지금 계획을 짜 본다면, 어떤 것인가? 그것이 당신에게 중요한 이유는 무엇인가? 그 계획을 지속하기 위해 당신은 어떤 노력을 하겠는가?

(5) 중압감을 없앤다

생활이 산만하고 구조화되어 있지 않다면, 스트레스를 겪는 것과 같이 일상이 마비될 것이다. 일상에서 너무 많은 것이 진행되면, 답답하고 중압감을 느끼게 된다. 주위 가까운 사람과 이야기를 나누고 그들의 지원과 도움을 받아 보자. 아니면, 전문가의 도움을 통해 중압감을 없애자.

[코칭 팁] 다음과 같은 순서로 셀프 코칭을 한다. 현재 중압감으로 힘들어 한다. 중압감을 느끼는 곳에 손을 가져간다. 눈을 감고, 손바닥으로 그 중압감을 지그시 눌러 준다. 손으로 전해지는 중압감은 어떤 느낌인가? 어떤 색인가? 어느 정도의 크기를 가지고 있나? (충분히 중압감을 탐색한 후) 손으로 집어 꺼낸다. 자, 기분이 어떠한가? 몸의 변화를 느낌으로 표현해 보자. 그러한 느낌을 일상에서도 느끼려면, 어떤 노력을 할 것인가?

(6) 자주 웃으며 행복을 누린다

현재 위치에서 한발 뒤로 물러서서 자신의 일상과 당면한 문제를 넓은 시각에서 보자. 처리해야 할 일들이 너무 많다 보면, 하는 일이 재미도 없고, 생기를 느끼거나 즐겁지 않다. 스트레스는 평안과 평온함을 없애는 주범이다.

[코칭 팁] 지금 당신이 겪고 있는 스트레스를 내려놓으면, 어떤

느낌인가? 그 느낌을 갖기 전(A)과 후(B)의 변화를 'A에서 B로'와 같이 표현해 본다. B의 상태를 유지하기 위해, 오늘 무엇을 하겠는가?

효과적인 역할자의 수용 심리

어떻게 하면 탁월한 성과를 내면서 지속적으로 성장할 수 있을까? 글로벌 기업의 최고 경영자나 경영 컨설턴트들은 이구동성으로 그 해답이 리더십에 있다고 말한다. 리더십 연구의 대부로 불리는 워렌 베니스(Warren Bennis)는 "리더십은 학습될 수 있다."고 주장했다(Bennis & Nanus, 2003). 이 견해는 희망적이지만, 구체적으로 무엇을 어떻게 해야 리더십을 학습할 수 있는지에 대해 명확한 해답이 없는 것이 현실이다. 리더가 되려면, 자신의 존재에 대해 지속적으로 성찰하고 자각하는 노력을 기울여야 한다. 리더십의 효과성은 리더십 역량이나 기술을 함양하는 데에서 나오는 것이 아니라, 리더 자신의 인간다움에서 나오기 때문이다.

1) 성찰하는 리더가 되기

임상심리학자 토니 험프리스(Tony Humphreys, 2006)는 현장 경험을 바탕으로 리더들에게 자신의 내면을 먼저 들여다보고 성찰하라고 제안한다. "나는 누구인가?", "여기서 무엇을 하고 있는가?", "어떤 일을 해야 내 존재감을 충족시킬 수 있으며 조직에 공헌할 수 있을까?"라는 질문은 자신의 본래 모습을 이해하는 데 도움이 된다. 내면을 탐구할수록 리더십을 효과적으로 발휘하지 못하게 하는 장애물을 발견하게 된다. 사람이 보이는 방어행동이 그 대표적인 예이다. 타인을 비난하고, 속임수를 쓰고, 결정적인 순간에 수동적인 행동을 보이거나 타인에게 지나치게 의존하는 것도 모두 방어행동이다. 리더는 이러한 행동 그 자체에 대응하기보다 방어행동에 숨겨진 동기나 요구를 읽어 내야 한다. 자기 자신과 타인에 대한 인식을 깊게 하고 폭을 넓힐수록 리더십을 효과적으로 발휘하게 된다.

구성원의 심리 상태를 이해하지 못하는 리더는 방어행동에 영향을 미치는 외부요인을 관리하는 방어적 관리에 치중한다. 전통적인 관리 방식이다. 반면, 자신에 대한 인식 수준이 높은 리더는 관찰과 피드백을 통해 방어행동을 촉발시키는 심리적인 근본 원인을 찾아 관리하는 열린 관리를 한다. 강력한 리더십은 내적인 힘에서 나온다. 비전과 열망을 실천하는 능력은 자신을 이해하고 관리하는 수준에 따라서 달라진다.

리더가 보이는 대표적인 방어행동은 내면의 소리를 들으려 하지 않는 것이다. 내면에 두려움이 있다면 방어적인 의사소통을 하게 되고 타인과 열린 대화를 하기 어렵다. 자신을 이해하지 않고는 타인을 알지 못하고 진정한 경청과 갈등관리를 하기 어렵다. 나아가 건강한 조직 문화를 만드는 데 실패한다. 따라서 자기 이해에 대한 확신을 바탕으로 구성원과의 관계를 향상시킬 뿐만 아니라 인재를 선발하고 육성시키는 데 있어 인재의 내면적 성숙을 중요한 요소로 고려해야 한다. 나는 어떤 두려움을 가지고 있으며, 어떤 마음의 장벽을 가지고 있는가? 이러한 성찰 질문을 통해 자신을 이해하고, 그 열린 눈으로 주위 사람을 대할 때 리더십의 효과성은 배가될 것이다.

2) 자신의 허물을 찾아 먼저 벗어 버리기

우리는 자신의 허물을 어떻게 알 수 있을까? 쉽게 알 수 있는 기회가 생활 속에 있다. 대표적인 경우는 다른 사람과의 관계에서 원만함이 지속되지 못하고 깨졌을 때이다. 상대방에게 격한 감정이 섞인 말을 하거나 화를 내는 것과 같이 균형이 깨진 모습을 보일 때, 자신의 모습을 보면 알 수 있다. 또한 다른 사람으로부터의 피드백을 통해 알 수도 있다.

우리는 자신이 필요로 하는 사람, 자신의 모습과 다른 모습을 보이는 사람, 자신이 평소 싫어한다고 생각하는 품성이나 성격, 태도, 행동을 보이는 사람에게 주의를 기울인다. 소리를 크게 지르는 사람을 싫어하는 경우를 생각해 보자. 나는 왜 그러한 사람을 싫어하는가? 그 주된 이유는 내가 공공 장소에서 또는 타인과 대화를 하면서 큰 소리를 내는 것을 싫어하기 때문이다. 그래서 다른 사람과 대화를 할 때 큰 소리를 내지 않으려고 한다.

잠시 생각해 보자. 나는 큰 소리를 내지 않는 성품을 가지고 있는가? 나도 필요할 때는 큰 소리를 낸다. 상대방으로 하여금 내가 하는 말을 잘 듣도록 하기 위해 큰 목소리로 말한다. 다만, 그러한 상황을 의도적으로 피하고 "나는 그런 부류의 사람이 아니다."라고 생각한다. 정말 그럴까? 그런 부류의 사람이 아니라고 절대적으로 확신할 수 있는가?

3) 타인은 나의 거울이라고 생각하기

자신이 가지고 있지 않은 특성(또는 특질)이라면, 다른 사람이 그러한 특성을 가지고 있다는 것을 인지하지 못한다. 자기가 가지고 있는 특성, 그 눈으로 다른 사람을 본다. 그렇다고 다른 사람과 동일한 사람은 아니지만, 자신이 가진 눈으로 다른 사람을 본다는 것이다. 다른 사람을 탓하는 것은 알고 보면 자기 자신이 가지고 있는 모습이다. 남을 탓하기 전에 자기 자신을 먼저 살펴봐야 하는 이유가 여기에 있다.

우리는 타인의 행동을 보고 그가 어떤 특성을 가진 사람이라고 판단한다. 자기 표현을 많이 하고, 사교적이고 말수가 많다면, 그는 외향적인 사람이라고 생각한다. 사회심리학자들의 연구에 다르면, '타인의 행동은 그 사람 내면의 특성에서 비롯된다'는 추론을 한다. 행동이 비롯된 원인을 찾는 과정을 귀인(attribution)이라고 한다. 흔히 타인의 행동을 해석할 때, 행동의 원인을 그 행위자의 내적인 데에서 찾는다. 이를 근본적 오류(fundamental error)라고 한다. 특히 부정적인 사건을 해석할 때, 행동이나 그 결과의 원인을 행위자의 내면에서 찾으려는 경향이 강하다. 잘되면 우연이고(외적 귀인), 잘못되면 그 사람을 탓한다(내적 귀인). 예를 들면, 능력이 부족해서라고 본다.

자기 자신에 대해서는 반대로 생각한다. 잘되면 자신의 노력에 의한 것이고, 잘못되면 환경 탓으로 돌린다. 이와 같이 부정적인 사건이나 행동이 일어난 것을 외부요인 때문이라고 보는 경향은, 자신의 자존감을 지키고 방어하기 위한 인지 전략 때문이다. 이를 자기본위적 편향(self-serving bias)이라고 한다. 자신의 허물을 보지 못하는 주된 원인은 자신의 허물을 외부요인의 탓으로 돌리기 때문이다. 자신이 갖고 있는 인지 전략의 한계를 뛰어 넘으면서 자신에 대한 인식을 확대하는 방법은 '타인은 나의 거울이다'라는 점을 깨닫는 것이다. 타인이 나를 대하는 것을 통해 내가 어떤 사람인가를 알 수 있다. 이와 같이 사람의 관계는 독립적이기보다 상호 의존적이며 보완적이다.

4) CEO가 경험한 경청 이야기

상대방의 마음을 움직이는 효과적인 방법은 경청이다. 어느 연령대와 이야기를 하더라도 상대방의 말을 주의 깊게 들어 주면, 대화가 활력이 있고 즐겁게 된다. 특히 사회적 지위가 높은 조직의 리더에게 효과적이다.

"속히 시원합니다. 10년 묵은 체증이 쑥 내려갔습니다."

"사장님, 무슨 말씀이시죠?

"코치님, 그동안 회사를 경영하면서 하고 싶은 말이 쌓였지만 어디 쉽게 터놓고 말하기도 어렵고, 그동안 속에서 불이 났었습니다. 오늘 다 말하고 나니 속이 후련합니다."

"저는 오늘 말씀을 들어 드린 것 밖에 없는데요."

"그러니까 고맙다는 것입니다. 저만 얘기해서 죄송합니다. 코치님을 보면서 정말 경청을 잘하신다고 느꼈습니다. 저에게 부족한 점입니다. 코치님만 만나면, 나도 모르게 속마음을 모두 말합니다. 집에서도 안 하는 이야기까지 말입니다. 그 비법 좀 알려 주시지요."

다음 미팅 약속이 있어 대화를 중단시키고 싶었지만, 좀 더 듣기로 했다. 그때 사장은 힐끔 시계를 보고는 미안하다는 표정으로 오늘 대화를 마치면 좋겠다고 양해를 구한다. 사장과의 대화는 정해진 시간을 넘기기 일쑤였다. 대화의 주제는 회사 일, 경영자로서 자신의 리더십, 임원과의 관계, 자식 농사 이야기, 부부 관계, 퇴직 이후의 삶 등 다양했다. 매번 코칭 세션을 마치면서 다음과 같이 질문했다.

"오늘 코칭 대화를 통해 도움을 받으신 점이 있다면, 무엇입니까?"

"대화를 나누면서 생각이 정리되어 좋습니다. 그리고 동일한 주제를 여러 관점에서 생각해 보도록 질문해 주시는 것이 항상 도움이 됩니다."

그는 임원 회의를 이끌면서 경청 리더십을 발휘했다. 이전보다 더 중역들의 말을 들으면서 그들이 말하고자 하는 것에 주의를 기울였다. 이러한 그의 모습에 대해 카리스마가 부족하고 조직을 장악하고 이끄는 경영 리더십이 부족하다는 피드백이 초기에 있었다. 그러나 시간이 지나면서 사장은 중역들의 마음을 움직였다. 사장의 대화 스타일과 경영 방식을 이해하면서 더 적극적으로 소통하고 주도적으로 일을 추진하는 모습을 보였다.

경청에는 한 가지 비밀이 있다. 경청을 하기 위해서는 상대방의 말에 관심과 주의를 기울여야 한다. 주의를 기울이는 것(pay attention to)은 대가를 지불해야 할 만큼 가치 있는 활동이다. 그러니까 코칭에서 코치가 고객의 말을 듣기 위해 집중하는 것은 그만한 대가를 받을 만한 일이다. 고객의 말을 들으려면, 코치 자신의 내면에서 나오는 소리를 잘 관리하고 통제할 수 있어야 한다. "오늘도 같은 이야기를 말하는 군", "그래서 결론이 무엇입니까?", "간단히 요점만 얘기하면 안 되나?" 등과 같이 고객의 말을 들으면서 이런 생각을 하고 있다면 고객의 말에 충분히 집중할 수 없다. 코치는 경청에 대한 대가를 받는 만큼 고객의 말에도 주의를 집중하지만, 동시에 내면의 소리가 작동하지 않도록 자기관리를 하는 데 주의를 기울여야 한다.

상대방의 말을 평가하거나 판단하지 않으며 자신의 내면에서 나오는 소리를 효과적으로 통제하고 관리하는 수준에 따라 경청이 결정된다. 경청은 수준에 따라서 세 가지로 구분된다. 어떤 경청이 이루어지는지는 주의를 어디에 기울이는가에 따라서 달라진다. 먼저 코치 내면의 소리에 집중하며 경청이 이루어진다면, 자기중심의 경청이다. 가장 낮은 수준이다. 고객의 말에 집중하며 경청이 이루어진다면, 상대방 중심의 경청이다. 코칭에서 가장 깊은 수준의 경청이 이루어지려면, 나와 고객이 대화를 나누는 맥락을 읽어야 한다. 나는 이 방식을 맥락적 경청(context-based listening)이라고 부른다. 심리학자인 커트 레빈(Kurt Lewin)은 장이론(field theory)을 통해 사람의 사회적 관계와 그 역동성을 이해하기 위해서는 그 활동이 일어나는 장(field)의 영향을 고려해야 한다고 주장했다. 장은 코칭 대화에서 맥락과 같다.

다음과 같은 대화가 이루어진다면, 맥락적 경청이 이루어지고 있다.

"지금 내가 어떤 상황인지 알겠지? 내 마음 알지?"
"그걸 말이라고 해? 말하지 않아도 알아."

경청은 코칭, 상담이나 심리치료에서도 중요한 개념으로 다루어지고 있다. 칼 로저스(Carl Rogers)는 내담자 중심의 심리치료를 주창하면서 적극적 경청(active listening)을 중시했다. 그는 "모든 사람이 필요로 하는 것은 누군가가 진정으로 자신의 말을 들어 주는 것이다. 그렇게 되면 사람의 내면에 있는 자기실현의 원리가 작동하고 그들이 가진 모든 문제를 꺼내 놓게 된다."고 주장했다.

그는 심리치료사가 내담자의 이야기를 진정으로 듣고, 이러한 사실을 그가 알도록 하며, 그의 문제가 무엇이라고 이해하였는지에 대해 피드백을 해 준다면, 치료의 효과가 강력할 것이라고 주장했다. 내담자는 심리치료사로부터 존중을 받으며 판단되지 않는 분위기에서 이야기한다. 내담자가 감정적으로 격양되거나 감정에 압도되어 있을 때, 그의 이야기를 깊이 있게 들어 주는 것 만으로도 내담자의 감정은 차분해지고, 이전보다 더 넓은 시각을 갖게 될 가능성이 높다.

그러나 경청이 긍정적으로 작용하는 것만은 아니다. 최근의 연구결과들을 종합해 보면, 우울증을 가진 내담자의 경우 심리치료사는 경청 시간을 충분히 가질 수 있지만, 그 시간이 길어질수록 내담자는 우울한 감정의 상태에서 빠져나오기 보다는 오히려 더 그 상태에 빠진다는 것이다. 상대방의 이야기를 깊이 있게 들어 주는 것은 그를 우울함이라는 상자 속에 더 가두어 두는 것이다.

심리치료에서 밝혀진 적극적 경청의 역기능이 코칭에 주는 시사점은, 경청 그 자체가 만능이 아니라는 것이다. 코치는 고객이 자신의 감정을 있는 그대로 깊이 있게 체험하도록 안내하면서도, 체험하고 있는 감정을 다양한 관점에서 보도록 함으로써 감정이 갖는 풍부한 의미와 시사점을 체험하도록 도와준다. 감정의 상자에 묶이는 것이 아니라, 감정의 상자 밖에서 자신의 감정을 볼 수 있도록 하는 것이다.

CHAPTER

05

결정적 관점을 선택한다

"우리는 경쟁 업체와 경쟁하는 것이 아니라, 우리가 하는 일을 잘하려고 노력합니다."

마크 저커버그(Mark Zukerberg), 페이스북 회장

다섯 번째 단계는 관점 수용에 대한 적극적인 대응 노력으로 결정적 관점을 선택하는 것이다. 선택은 경쟁 관계에 있는 선택 대상 간의 균형을 불균형으로 만드는 활동이다. 선택은 그 활동이 이루어짐으로써 안정감을 갖기도 하지만, 반대로 후회와 같은 부정적 정서를 수반한다. 따라서 코치는 고객으로 하여금 원하는 결과를 얻을 가능성을 높이는 선택을 하도록 돕는다. 이를 위해 두 가지 요소를 효과적으로 관리해야 한다.

하나는 일회적인 상황에서 최선의 선택을 할 수 있는 합리적 일관성이다. 다른 하나는 다양한 상황에서도 일관된 선택을 할 수 있는 상황적 일관성이다. 상황적 일관성은 상황 자체가 다양하고 변화무쌍하지만, 일관된 판단 기준이 적용되고 유지되는 것이다. 여러 상황을 관통하면서 일관성을 유지할 수 있는 선택이란, 각자가 추구하는 삶의 목적(가치와 의미, 원하는 결과, 선한 영향력)을 근간으로 이루어진 것이다. 이 장에서는 일관성에 초점을 두고 효과성이 높은 결정적 관점을 선택의 준거로 둔다.

효과성이 높은 대표적인 관점

결정적 관점은 일반적으로 어떤 주제와 내용, 상황을 이해하고 해석하기 위해 선택한 비판적 시각이나 접근을 뜻한다. 학문적 분석과 개인적 성찰 등 여러 맥락에서 활용되며, 다양한 관점을 이해하고 논의할 수 있는 능력을 뜻한다.

이 장에서는 탐구한 관점을 수용한 후 원하는 결과를 얻을 가능성을 높이는 관점을 뜻한다. 따라서 관점이 갖는 효과성(effectiveness)에 주목한다. 효과성은 원하는 결과를 얻는 정도이다(이석재, 2014). 당신은 수용한 여러 관점에서 효과성이 높은 관점을 변별해야 한다. 효과성 코칭에서 결정적 관점은 변화 요구, 원하는 결과, 삶의 환경 등에 따라서 다를 수 있다. 여기서는 관점 전환을 돕는 과정에서 경험적으로 파악된 결정적 관점을 살펴본다.

1) 리더 역할, 생산자에서 조력자로 전환

팀장의 역할에 대한 관점을 예시로 살펴본다. 효과성은 원하는 것을 얻는 정도이다. 따라서 팀 효과성이란 팀이 원하는 것을 얻는 정도를 말한다. 여기서 주목할 것은 팀장이나 팀원 개인이 원하는 것이 아니라 팀이 원하는 것이라는 점이다. 또 팀 효과성은 개인 차원이 아니라 조직 차원의 개념이다. 그러므로 팀 효과성이 높다는 것은 팀의 역동성이 효율적이라는 것을 뜻한다. 팀 효과성은 크게 세 가지 구성요소를 갖는다. 직무성과, 팀 내외의 고객이 경험하는 만족도, 그리고 일을 수행하는 과정에서 이루어지는 학습과 성장, 또 이를 통한 혁신 활동이다. 팀 효과성이 높다는 것은 이러한 요소들이 이전보다 개선되고 향상된 것을 의미한다. 따라서 팀 효과성을 향상하고자 한다면, 팀장은 성과 이외의 요소에도 관심을 가져야 한다.

팀장은 '성과의 생산자'보다 '성과의 조력자'의 역할에 집중한다 (이석재, 2014; 2024a). 팀장이 선택할 역할에 대한 결정적 관점이다. 팀장이 조력자의 역할을 할 때, 팀원이 원하는 팀 목표를 달성하는 데 필요한 결정적 행동을 주도적으로 실행할 수 있는 업무 환경을 조성하는 데 관심과 주의를 기울일 수 있다. 팀을 처음 맡게 된 리더가 흔히 저지르기 쉬운 실수는 자신이 원하는 목표를 정하고, 그것을 달성하는 데 직접 개입하고 팀원이 자신을 지원하도록 만드는 것이다. 목표지향적인 시각에서 보면 맞는 접근인 것 같다. 그러나 리더십의 관점에서 보면 팀장은 성과를 만드는 환경을 조성해야 한다. 팀의 비전과 목표를 제시하고 팀원들의 잠재성을 끌어내고 직무에 몰입하도록 돕는 것이다.

2) 성과를 만드는 방법, 긍정성으로 생산성 촉진

성과를 만드는 자기만의 방법을 성공적으로 실행하는 것은 결정적 행동이다. 사람들은 흔히 성과가 인격이라는 말로 조직에서 성과의 중요성을 강조한다. 그러나 리더의 경쟁력은 성과 자체보다 성과를 만드는 방법에 있다. 리더의 역할과 책무는 경영적 필요에 따라 바뀔 수 있지만, 성과를 만드는 방법은 리더의 고유한 리더십이다. 따라서 자기만의 방법을 개발하고 실행하기 위해서는 성과를 만드는 잘 짜진 논리가 필요하다.

코치는 효과성 코칭 통해 리더가 생산성을 촉진시키는 긍정성을 균형 있게 관리하도록 돕는다(이석재, 2014; 2024a). 생산성의 핵심이 실행(doing)이라면 긍정성의 핵심은 존재(being)이다. 이러한 환경은 구성원의 직무몰입을 끌어내고 이를 바탕으로 경영 전략을 실행하는 데 최적이다. 효과성 코칭에 참가한 리더가 할 일은 어떻게 생산성과 긍정성을 균형 있게 관리할 것인가이다. 리더가 이미 성과를 만드는 방법을 가지고 있다면, 효과성 코칭의 논리를 기초로 수정하거나 보완할 수 있다.

성과를 만들기 위해 앞만 보고 달려가면, 정작 조직 내부의 성장을 견고하게 만들지 못할 수 있다. 성장통이 될 수 있는 것을 챙기지 못하는 것이다. 긍정의 시선으로 현재의 모습을 보면서 견고한 조직문화를 만드는 노력을 기울여야 한다. 생산성을 높이고자 달려왔다면, 이제 긍정성을 챙기면서 생산성을 높여야 한다. 리더가 원하는 결과를 얻을 가능성을 높이는 결정적 관점을 선택하는 성공 전략이다.

3) 열정을 끌어내기, 도전적 목표보다 강력한 질문 능력

잠재성을 끌어내기 위해서는 내면의 열정을 점화하는 것이 효과적이다. 상사는 구성원의 열정을 끌어내는 질문을 할 줄 알아야 한다. 열정은 역동적이고 격정적인 의미를 함축한다. 사전적인 정의로 보면, 열정은 사용되는 맥락에 따라서 다양한 의미를 갖는다. 열정은 사랑, 분노, 증오와 같이 힘이 있고 강력하고 격정적인 정서를 뜻하기도 하고, 어떤 신념이나 행동에 대해 비이성적이면서 저지할 수 없는 강한 동기의 의미도 갖는다. 광의적인 의미로 보면, 무한한 열의이다.

우리가 추구하고자 하는 목표에 도전하고 진취적으로 행동을 할 때 필요한 것은 정해진 목표를 얻고자 하는 마음으로부터 일어나는 강한 열정이다. 일을 추진하는 과정에서 이러한 열정이 지속되지 않으면, 추진력은 높은 성과를 만들기 어렵다. 구성원의 지속적인 열정을 끌어내는 것은 구성원의 마음을 읽는 리더의 강력한 질문이다. 다음과 같이 구성원에게 질문한다.

- "지금하고 있는 일이 자신에게 어떤 의미를 갖습니까?"라고 구성원이 추구하는 목표가 갖는 가치를 확인한다.

- "일을 추진하는 데 가장 고민거리는 무엇입니까? 어떤 것을 도와주면 일이 잘 해결되겠습니까?"라고 목표를 달성하는 과정에서 부딪히는 장애물을 파악하고 이를 해결하도록 도와준다.
- "장애를 극복하는 과정에서 어떤 능력이나 기술이 부족하다고 생각합니까?"라는 질문을 통해 실패에 좌절하지 않고 대처할 수 있도록 도와준다.
- "이번 과제를 다음에 또 수행한다면, 어떤 부분을 개선할 수 있겠습니까? 어떻게 하면, 성공할 수 있다고 생각합니까?" 실패는 성공의 어머니라는 신념을 갖도록 격려한다.
- "이번 단계에서 목표를 달성하는 데 필요하지만 수행하지 못한 점은 무엇입니까? 이번 일이 다음 단계의 일과 어떤 관련이 있습니까?"라고 최종 목표에 이르는 과정에서 단계별로 목표를 관리할 수 있도록 질문한다.
- 추구하고자 하는 목표를 달성할 수 있다고 확신하도록, "정말 수고했습니다. 다음 일도 성공적일 것이라 확신합니다."라고 칭찬하고 인정한다.

4) 일터 문화, 통제와 관리에서 자율과 재미

일터에 대한 결정적 관점은 '통제와 관리'와 '재미있고 즐겁게'이다. 목표를 달성하기 위한 추진력은 일을 하는 과정에서 사람이 정서적으로 느끼고 대응하는 경험에서 나온다. 이러한 정서 체험은 자율을 촉진한다. 일로부터 긍정적인 감정을 경험하게 되면, 더 창의적으로 생각하고 유연해지고 복잡한 문제나 상황에 도전적으로 대응하며 잘 적응한다(Goleman, 1995). 구성원이 체험하는 정서가 성과 수행에 미치는 영향에 대해 관리자는 이율배반적인 생각을 가지고 있다. 구성원이 일을 하면서 재미를 느끼게 하고 일하는 환경도 재미를 느끼도록 만들어야 한다는 생각에 일부 관리자는 부정적이다. 일하는 공간은 재미보다 통제를 필요로 하는 곳이라고 생각한다. 재미를 즐기면서 언제 일하고 언제 성과를 낼 수 있느냐는 것이다. 그러나 일할 때 재미가 없으면, 어떤 결과가 나올 것이냐고 물으면 성과가 높지 않을 것이라고 생각한다. 일상의 50% 이상을 차지하는 일터가 무미건조하고 삭막할 것이라고 생각한다.

비즈니스 정보 분석 분야의 쌔스 인스티튜트(SAS Institute), 검색 비즈니스 분야의 구글 등과 같은 세계적인 기업의 역동성은 일의 재미를 추구하는 즐거운 직장 문화에 있다. 일본 호리바 제작소의 사훈은 '재미있고 즐겁게'이다. 호리바 마사오 고문은 조선일보 위클리 비즈와의 인터뷰에서 "뭔가 재미있는 일을 찾아보면 반드시 재미있는 일이 될 수 있습니다. 지루한 일이라도 다른 사람이 10시간 걸릴 일을 3시간에 해 보자고 하면 재미있을 것입니다. (중략) 기업도 구성원이 재미있고 즐겁게 살아갈 수 있도록 재미있고 즐거운 체질을 갖추지 않으면 안됩니다. 상사가 먼저 재미있고 즐겁게 일하는 분위기를 만들어야 합니다."라고 말했다. 글로벌화를 지향하는 국내 기업들이 주목할 부분이다.

5) 추진력을 제한하는 영향요인

흔히 추진력을 제한하는 영향요인들은 일을 성공적으로 마쳐야 한다는 완벽주의 사고, 목표 달성에 대한 확신 부족으로 인한 비관적인 신념, 반복된 실패 경험에서 비롯된 무력감, 부서나 조직의 미래에 대한 불안감, 성장 비전에 대한 불확실성과 이에 따른 불안 등이다. 조직을 이끄는 리더라면, 이러한 영향요인들을 어떻게 해결할 것인가를 고민해야 한다. 현재 상황으로 볼 때, 직접적인 영향요인은 아니지만 앞으로 어떤 영향을 미칠 수 있는지에 대한 잠재적 측면들을 상상해 보고 대비하는 것 또한 중요하다. 이와 같이 영향요인을 보는 '현실적 측면'과 '잠재적 측면'이 결정적 관점일 수 있다.

따라서 업무를 효과적으로 추진하기 위해서는 현재 업무를 추진하면서 현실적으로 영향을 미치는 요인과 잠재적으로 영향을 미치는 요인을 변별할 필요가 있다. 영향요인의 특성에 따라서 신속히 또는 단계적으로 차단하거나 감소시킬 수 있는 방안을 강구하여 적절한 조치를 취하는 노력이 필요하다.

중요하고 의미 있는 관점에 집중

중요한 문제는 주의를 기울일 가치가 있다. 다른 것들은 하루에 집중하고 최선을 다하는 데 방해가 된다. 관점 변화는 가치가 있는 것을 선별하고 문제를 해결하는 방법을 배우는 것을 의미한다. 대립하거나 부정적인 점을 반추하는 대신 상황을 그냥 놔두면 어떤 결과가 나올지 자기 자신에게 물어본다. 그것이 중요하지 않다면, 이 사소한 혼란에 참여하는 것은 더 생산적이거나 즐거운 일에 집중할 수 있는 에너지만 소비할 가능성이 있다.

1) 새로운 감정과 느낌을 만들기

이런 말이 있다. "네가 헛되이 보낸 오늘은 어제 죽은 사람이 그토록 살고 싶었던 내일이다." 19세기 중반 초월주의를 이끈 시인이며 철학자, 에세이 작가로 존경을 받은 랄프 왈도 에머슨(Ralph Waldo Ermerson)의 말이다. 어찌 생각하면 어둡고 우울함을 느끼게 하는 말이지만, 달리 생각하면 여기 지금 이 순간을 의미 있게 살수 있도록 노력해야 한다는 점을 각성하는 지혜이다.

오늘 하루 어떻게 시작하겠는가? 우울하고 처지고 권태롭고 짜증나고 왠지 화가 나는 하루로 시작할 수도 있다. 그러나 다행인 것은 우리가 어떤 감정을 느끼고 그에 따라 행동할지를 통제할 수 있다는 점이다. 어떤 감정을 경험할지는 선택에 달려있다. 현재 느끼는 감정에 묶이지 말고, 능동적이며 주도적으로 새로운 감정을 만들어 내는 것이다. 어떻게 할 수 있을까?

- 먼저 몸으로 체험한 느낌들이 어떤 것인지에 주목한다.
- 그 느낌은 어떤 생각이나 신념, 사건과 연관이 있는지를 찾는다.
- 기존의 생각과 신념을 바꾸어 새로운 감정을 체험하도록 한다.
- 새로운 감정을 선택하고 상황에 다르게 대응하도록 자신을 가르치고 훈련시킨다.

2) 중요한 것에 집중하기

국내 대기업의 한 임원은 신설된 부서의 책임자로 임명되었다. 미래 전략사업을 연구 개발하는 중책을 맡았다고 축하 인사를 많이 받았지만, 한편으로 큰 짐을 지고 있었다. 아직 자신보다 3살 이상 연장자인 연구 인력들과 어떻게 호흡을 맞추면서 일할 것인지 매우 부담스러웠다. 그중에는 팀장도 있고 팀원인 경우도 있었다. 그들이 알아서 각종 미팅이나 업무 관리, 구성원 관리를 해 주면 좋겠지만 눈에 차지 않는 것이 한둘이 아니다.

"구성원과의 관계에서 가장 힘든 점은 무엇입니까?"

"저보다 연장자를 어떻게 대해야 할지 고민입니다. 생각만 해도 골치가 아픕니다."

"연장자와의 관계에서 어떤 부분이 골치 아프다는 것이지요?"

"상대방이 반대 의견을 내면, 어떻게 대하는 것이 좋을지 막막합니다. 저와 같은 상황을 잘 풀어 낸 사례가 혹시 없습니까? 코칭을 많이 하시니 사례도 많을 것 같은 데요."

"사례는 좀 있다가 말씀 나누시고, 연장자를 어떻게 대해야 한다고 생각하십니까?"

"다른 구성원 앞에서 적어도 체면을 세워 줘야지. 우리 조직이 좀 보수적인 문화도 있어서 말을 함부로 하기도 그렇고, 회의도 별로 하고 싶지 않습니다."

"그 구성원과는 대화를 가능한 피하시는군요."

"그렇습니다."

"상대방이 연장자라는 생각을 가짐으로써 그동안 느낀 감정은 무엇입니까?"

"말씀을 드렸듯이 아주 불편하지요. 골치 아픕니다."

"말씀을 들으니 상대방에게 '연하의 리더'로 보이고 싶지 않으시군요. 이것은 누구의 생각입니까?"

"제가 가지고 있는 것이지요."

그동안 리더십을 발휘하는 데 그들이 장애가 된다고 생각하니 짜증나고 무력감을 느꼈다. 나름대로 그들을 연장자로 대해 줬지만, 상사의 고민을 짐작하고 배려하는 것 같지도 않다고 생각했다. 차라리 그들이 알아서 해 주면 좋지만, 그것도 아니고 갈수록 힘든 상황이었다. 이 불편한 감정을 누가 만들었는가? 바로 나 자신이 만들고 선택한 것이 아닌가?

"연장-연하의 사고를 바꾸지 않으면, 불편한 감정의 고리에서 벗어나기 쉽지 않을 것입니다. 어떻게 생각하십니까?"

"그렇습니다. 저도 그렇게 생각합니다. 저는 상사로서 제 역할을 다하려고 하는데, 연장자 때문에 리더십을 발휘하기 쉽지 않다고 생각했습니다. 그를 탓하기만 하고 나 자신을 바꿔 볼 생각은 미처 못 했습니다."

"신설 조직의 장으로 오시면서 구성원과 어떤 관계를 만들고 싶으셨습니까?"

"서로 경쟁하는 관계가 아닌 협동하는 관계입니다."

"협동하는 관계를 이미지로 표현하면, 어떤 생각이 떠오르십니까?"

"글쎄요. 서로 손을 잡고 웃으면서 어려움을 이겨 내려고 노력하는 그런 모습이지요."

"그런 리더십을 성공적으로 발휘하는 자신을 상상해 보시기 바랍니다. 집중해서 잠시 생각해 보십시오. 기분이 어떠세요?"

"좋은데요."

"지금 느끼시는 좋은 감정을 지속하기 위해 무엇을 해 보시겠습니까? 당신과 다른 의견을 가지고 있는 연장자인 구성원이 있다면, 어떻게 대하겠습니까?"

"멀리하지 않고 제가 먼저 다가가겠습니다. 자주 대화를 하고요. 그에게 불편한 감정을 느끼다 보니 저도 대화를 기피했습니다."

"말씀을 들으면서 연장자에 대한 생각이 달라진 것을 느낍니다."

"상사로서 구성원만 탓하는 것도 사실 답이 아니라고 생각합니다. 이번 코칭을 통해 나의 문제를 찾아 바꾸려는 것이니까요. 남을 탓할 것은 없지요. 제가 더 노력을 하겠다고 생각하니 마음이 편합니다. 잘할 수 있겠다는 생각도 듭니다."

"오늘 연장자 사례에 대해 대화를 하면서 도움이 된 점이 있다면, 무엇입니까?"

"결국 생각하기 나름입니다. 쉽지는 않겠지만, 이번 코칭을 통해 자주 반복하고 개선해 보려고 노력한다면 잘될 것 같습니다."

"어떤 이슈가 있을 때, 그 원인을 주도적으로 찾고 해결하는 실행력이 대단하십니다."

조직에서 자신보다 연장자를 어떻게 대할 것인지에 대해 고민하는 리더를 흔히 본다. 쉽지 않은 문제다. 그러나 코칭을 통해 경험한 것은 리더가 직면하는 문제가 연장자와 일을 한다는 것보다, 일하는 과정에서 경험되는 감정을 효과적으로 관리하지 못하는 데 있다는 점이다. 민감하게 느껴지는 결정적인 순간에 리더 자신이 어떤 감정을 선택할 것이냐가 더 중요한 문제였다.

3) 평소 긍정 마인드를 단련하기

기존 감정에 묶이지 말고, 자신의 영향력을 더 증대하며 더 좋은 결과를 만들어 낼 수 있는 새로운 감정을 만들어 내는 지혜가 필요하다. 상대방에 대한 생각과 관점을 먼저 바꾸어 보고, 원하는 결과를 얻는 데 도움이 되는 행동을 적극적으로 한다. 이를 위해 평소 긍정적인 마음의 상태를 갖는 노력을 한다. 그 방법들을 목록으로 작성하고 실천해 보자.

- 그동안 미워했던 사람이 있다면, 그에 대한 미움을 단계적으로 줄이자. 다른 사람을 미워하면, 그에 대한 미움은 자신의 마음 깊은 곳에 남아 자신의 건강을 해친다. 타인에 대한 미움은 그토록 사랑하는 자신에게 독이 된다는 것을 명심하자.
- 욕심은 덜어 내자. 마음속에 덜어 낸 욕심을 담을 쓰레기통을 마련하자. 깊은 명상을 하자. 나를 묶어 두고, 나에게 상처를 주고, 그로 인해 타인에게 아픔을 준 것들을 찾아내자. 그것들을 하나둘 버리자. 몸무게를 줄이고 정신적 짐을 덜어 내어, 심신의 건강을 갖자.
- 내가 오늘 다른 사람에게 어떤 불편함을 주었는지 생각해 보자.

나의 입장에서 보면, 옳고 맞는 것일지 몰라도 다른 사람의 입장에서 보면 갈등과 고민, 상처인지도 모른다. 나로 인해 타인에게 불편함을 준 것이 있다면, 그것을 찾아내 내일은 반복되지 않도록 하자.

- 오늘 행복한 이유를 찾아보자. 이를 통해 다른 사람이 나에게 긍정적인 영향을 미치고 있음을 깨닫자. 주위의 모든 것이 내 행복의 원천일 수 있음을 자각하자. 그들이 나에게 행복을 주듯이, 나도 그들에게 행복을 주는 사람이 되자.

변화를 이끌고 주도하기

심리학자인 대니엘 카너먼(Daniel Kahneman, 2013)은 그의 저서 『생각에 관한 생각(Thinking, Fast and Slow)』에서 선택과 판단에 대한 두 가지 시스템 접근 방식을 설명했다. 하나는 자발적인 통제 감각이 거의 없이 직관적으로 때로는 무의식적으로 작동하는 빠른 시스템이다. 이 시스템은 당신이 생각할 시간을 갖기 전에 당신의 선택과 판단에 깊은 영향을 미친다. 다른 하나는 생각을 논리적이며 분석적으로 천천히 처리해야 하는 느린 시스템이다.

관점을 바꾸려면 판단하지 않는 방식으로 자신의 생각, 감정, 행동을 관찰하는 노력과 연습이 필요하다. 시간이 지남에 따라 당신은 자신의 관점을 더 잘 알게 될 것이다. 또 이러한 인식을 통해 다른 사람의 관점을 취하는 능력이 생긴다. 이를 통해 관련성이 없어 보이는 사람과 연결이 가능해진다. 관점을 취하는 기술을 정기적으로 사용하면 근육처럼 성장한다.

과거 행동에 대한 반성, 자신의 신념을 검토하는 시간을 가져 보자. 내면 비평가(자기를 판단하고 비판하는 내면의 목소리)는 우리가 무엇을 하고 있는지, 어떻게 하고 있는지에 대해 끊임없이 논평하며 저항한다(Stone & Stone, 1993). 이로 인해 우리는 이 목소리의 볼륨을 낮추거나, 어린 시절부터 삶의 일부였던 사고 패턴에서 마음을 자유롭게 하는 것이 어렵게 느껴질 수 있다. 이러한 감정은 우리가 통제할 수 없다고 느끼는 영역일 수 있다. 명상 수련은 메타인지(사고에 대해 생각하기) 기술을 개발하고 자신의 삶을 목격하는 데 도움이 된다.

1) 선택적 인식을 기르자

이렇게 해 보자. 주먹을 쥐고 그 손을 눈 앞으로 가져가 보자. 그리고 왼쪽의 눈을 감고 오른쪽 눈으로 주먹을 본다. 주먹 뒤에 있는 배경을 살펴보자. 이제 왼쪽 눈을 뜨고, 오른쪽 눈을 감는다. 같은 요령으로 주먹을 본다. 이번엔 주먹 뒤를 본다. 어떤 배경이 있을까? 오른쪽 눈으로 본 것과 어떤 차이가 있을까? 주먹 뒤에 있는 배경은 내가 어느 쪽 눈을 감았는지에 따라서 다르게 보인다. 배경은 전혀 바뀌지 않았는데, 눈에 보이는 것은 다르다. 실체는 달라지지 않았는데, 우리는 다르게 볼 수 있다. 이러한 차이를 가져온 것은 배경이 아니라, 보는 사람의 선택이다. 그가 어떤 '선택적 인식'을 했는지에 따라서 세상은 달라지게 된다.

내가 편견을 갖고 바라보는 저 사람은 어떤 사람인가? 다른 사람이 보기에는 아무 문제가 없지만, 내가 보기에는 문제점이 많다. 그 사람이 문제가 많다고 보는 시각은 누구로부터 비롯된 것일까? 나는 왜 저 인간을 무척이나 싫어하는 것일까? 그 사람이 나에게 무슨 잘못을 하였길래 그리도 미워하는가? 나는 그 미움으로 인해 마음이 편안한가? 오히려 그 미움으로 인해 불편한 것은 저 사람이 아니라 바로 나이다. 미움을 가진 것만큼 나는 더 마음의 상처를 받는다. 누가 나를 묶었을까? 나를 묶은 사람은 바로 나이다.

2) 인재의 코칭 역량을 강화하기

선진 기업에서는 코칭을 통한 인재 육성이 보편화되고 있다. 캐서린 프레드먼과 폴 로저스는 240개의 글로벌 기업을 대상으로 인재 육성 방법으로서 코칭 활용 실태를 조사한 바 있다. 그들의 보고서에 따르면, 인재 육성을 가장 잘하는 상위 20개 기업들의 73%가 코칭을 육성 방법으로 사용하는 데 반해 그 외의 기업들은 41%에 불과했다.

최근 국내에서도 코칭이 임직원의 자기계발과 역량 강화를 위한 효과적인 방법으로 관심을 끌고 있다. 하지만 코칭을 한다고 해서 자동적으로 역량이 강화되고 직무성과가 향상되는 것은 아니다. 중요한 것은 코칭을 효과적으로 활용할 줄 알아야 한다. 경영자 코치인 윈스턴 코너는 코치는 코칭 면담에 답을 가져가지 않는다. 고객이 스스로 문제를 발견하도록 도움을 주는 시스템과 프로세스를 제공할 뿐이라고 말했다. 이 말은 코치와 고객의 역할을 명확히 정의해 준다. 코칭 기술이 부족한 관리자는 조언이나 지원을 통한 육성보다는 지시나 강요에 의한 육성을 시도한다. 흔히 GE의 전 회장 잭 웰치를 최고 경영자이며 훌륭한 코치로 기억하고 있다. 이제 관리자가 코칭 리더십으로 무장할 때이다. 지금도 늦지 않았다.

코칭의 궁극적인 목적은 행동 변화다. 바람직한 행동의 관점에서 현재의 모습을 보고, 그 차이를 최소화하기 위한 의도를 갖고 코칭이 이루어진다. 성과관리의 일환으로 코칭이 이루어지는 경우, 직무성과를 내지 못하는 행동을 찾아내 그 원인을 분석한다. 구성원이 능력을 갖고 있음에도 성과가 높지 않다면, 구성원의 행동을 분석하고 문제점을 찾아 개선한다. 구성원의 문제행동을 체계적으로 분석하고 해결책을 마련할 때, 구성원이 우수한 성과를 보일 가능성이 높아진다. 또 관리자는 구성원 육성에 대한 자신감이 생긴다. 구성원의 문제행동을 분석하는 데는 코칭 방법론에 따라서 매우 다양한 분석 기법이 활용된다. 나는 행동분석기법인 ABC분석기법을 개발해 코칭에서 활용한다(이석재, 2014). 이 기법은 다음의 순서를 따른다.

- 문제행동(Behavior)을 찾는다. 관리자는 평소 구성원의 직무행동을 관찰하고 개선이 필요한 문제행동을 기록한다. 면담에서 무엇이 문제행동인지를 명확히 파악한다.
- 문제행동의 결과(Consequence)가 무엇인지를 객관적, 구체적으로 서술한다. 관리자와 구성원은 결과에 대해 서로 의견이 일치해야 한다.
- 모든 행동에는 원인(Antecedent)이 있다. 구성원의 문제행동과 결과는 객관적으로 관찰할 수 있지만, 원인은 추론해야 한다.
- 위의 분석을 모두 마쳤으면, 문제행동을 구체적으로 어떻게 바꿀 것인지 토의하고, 행동 변화의 방향과 구체적 개발계획을 수립한다.

3) 리더가 챙겨야 할 코칭 포인트

코칭은 구성원이 각자의 잠재된 역량을 발견하고 효과적으로 발휘하도록 돕는 것이다. 뛰어난 리더는 구성원의 직무행동을 주의 깊게 관찰하고, 적절한 육성 포인트를 찾아내 코칭 한다. 구성원을 코칭 할 때, 다음 3가지 방법은 반드시 활용해 보자.

(1) 구성원의 입장에서 경청하라

구성원이 당면하는 상황과 문제점을 명확하게 이해하는 데 면담이 효과적이다. 그러나 상사가 구성원의 이야기를 적극적으로 경청하지 않는 경우, 구성원은 면담을 회피하거나 형식적으로 참여한다. 리더가 길러야 할 대표적인 코칭 기술이 경청이다. 경청은 자신의 관점에서 상대방의 당면 문제를 이해하기보다, 상대방의 언어를 통해 듣고 이해하려고 할 때 효과적이다. 이를 위해 리더는 구성원과 대화를 할 때, 자신의 가치, 주의 주장, 선입견 등을 효과적으로 관리한다.

(2) 현장 코칭을 하라

리더는 현장에서 구성원이 개선해야 할 직무행동의 방향과 개선 내용에 대해 구체적인 방안을 제시해야 한다. 직무와 관련된 행동의 변화를 유도하기 위해 다음 5단계 기술을 사용할 수 있다.

- 단계 1: 구성원의 의견을 경청한 뒤 개선점을 정의하고 공유
- 단계 2: 구성원의 성과 향상을 위해 필요한 지식이나 기술 제공
- 단계 3: 구성원의 실수를 질책하기보다는 학습 기회로 삼도록 지도
- 단계 4: 성과 향상 방법을 알려 주어 직무만족감 제고
- 단계 5: 문제행동보다 좋아진 점을 먼저 피드백한 후 개선행동 모색

(3) 목적에 맞는 피드백을 하라

리더가 구성원의 성과 향상을 위해 피드백을 할 때, 가장 망설이는 때가 부정적인 피드백을 줘야 할 때다. 리더가 피드백을 부적절하게 사용하면 상대방의 저항을 야기해 관계가 나빠지고, 오히려 직무성과를 낮추는 역기능이 나타날 수 있다. 더구나 직무 경험이 별로 없고 성과가 낮은 구성원에게 부정적인 피드백을 주는 것은 특히 주의해야 한다. 따라서 피드백은 사실적인 근거를 바탕으로 하며, 상대방의 인격이 아닌 업무목표와 관련된 행동에 집중한다.

4) 구하면, 답을 얻는다

"저는 코칭을 통해 변할 것이 없습니다."

사장은 소파에 앉으면서 다소 퉁명스러운 어투로 말하는 것이 아닌가. 첫인사로 전혀 예상하지 못한 말이라서 당황스럽고 놀라웠다. 세계적인 정보기술 제조업체의 한국 지사 경영진을 코칭 할 기회가 있었다. 본사에서 전 세계 지사의 신임 사장과 임원을 대상으로 코칭 프로그램을 실시했다. 프로젝트의 기간이 1년 정도되고 글로벌 기업의 경영진을 대상으로 한 코칭이기 때문에 다소 흥분되고 내심 멋진 코칭 사례를 만들겠다는 욕심도 생겼다.

나의 기대와는 달리 총괄사장의 첫 마디는 코칭을 통해 변할 것이 없다는 것이다. 다만, 본사에서 코칭을 추진하니 참여는 하지만,

같이 일하는 임원들을 대상으로 더 노력해 달라는 부탁을 했다. 그는 사장으로 임명되기 전까지 재무이사를 맡으면서 경영 실적과 전략 과제를 전임 사장에게 보고하는 일을 탁월하게 수행했다는 평가를 받았다.

고객사 인사부서의 코칭 기대사항은 사장이 임원의 역할에서 벗어나 사장의 역할을 조속히 인지하고 성공적으로 수행하는 것이다. 리더십 다면 진단과 인터뷰의 결과를 종합해 보면, 그는 분석적이며 꼼꼼하고 수리에 밝은 것이 강점이며, 내성적이고 자기주관이 강하다는 의견이다. 분석적이고 꼼꼼한 것은 재무 업무를 수행할 때 장점으로 작용하지만, 거시적이며 전략적인 사고를 하고 큰 그림을 그릴 수 있는 역량을 발휘하는 데는 방해요인이 될 수 있다.

총괄사장과 면담을 통해 각종 피드백 자료를 공유하고 코칭 목표와 구체적인 행동 변화 내용들을 담은 코칭 목표 설정서에 서명했다. 사장은 코칭 목표를 책임지고 달성하겠다는 다짐이고, 코치는 사장의 활동을 지원하고 돕겠다는 약속이다. 코칭은 계획된 일정에 따라서 순조롭게 진행되었다. 코칭 전과정을 통해 근본적인 사고와 행동의 변화가 관찰되지는 않았지만, 자기 성찰이 뛰어난 경영자로서 겉으로 관찰되지 않는 내면의 변화가 있을 것으로 추론될 뿐이었다. 코치로서 위안은 인사부서가 코칭 결과에 대해 만족한다는 것이다.

사장에 이어 모든 임원들을 대상으로 한 코칭을 전개했다. 인사

부서로부터 주목할 만한 변화가 관찰되었고, 기대 이상의 결과를 얻었다는 긍정적인 피드백을 받았다. 코치로서 아쉬움은 사장으로부터 큰 변화를 끌어내지 못한 것 같다는 점이다. 코칭 프로그램이 종료되고 거의 1년이 지난 어느 날, 인사부서로부터 긴급한 전화가 왔다. 총괄사장이 자신만 코칭을 한번 더 받았으면 한다는 것이다. 코칭을 추가로 받겠다는 배경과 그동안 어떤 변화가 실제로 있었는지 무척이나 궁금했다. 며칠 후 만난 사장의 첫마디에 나는 다시 한번 놀랐다.

"코치님, 저 많이 변했습니다."

"반가운 소식입니다. 좀 더 구체적으로 말씀해 주십시오."

"사장으로 취임하고 회사의 경영 실적을 높이기 위해 필요하다고 생각하는 것들을 월간회의나 임원미팅에서 수차례 말했습니다. 그리고 임직원이 지시한 대로 실천하고 있는지를 점검했습니다. 저는 그동안 구성원과 열심히 대화를 한다고 노력했는데, 내 생각과는 다르다는 것을 느꼈습니다."

"언제 그렇게 느끼셨습니까?"

"임원들 간의 대화가 이전보다 활발하지 않은 것을 알았습니다. 영업과 마케팅, 연구소 임원과 그룹장들이 서로 대화에 덜 참여하는 것을 보았습니다."

"그러한 느낌을 가지신 후, 사장님께서 다르게 행동한 것이 있다면 무엇입니까?"

"이전에 코치님이 역지사지하는 대화를 할수록 대화의 효과성이 높아진다는 말씀이 생각났습니다. 리더 간의 대화, 부서 간의 대화가 활성화되지 않은 이유를 곰곰이 생각했습니다. 생각해 보니 원인이 저에게 있었던 것입니다. 회사 성과를 높이기 위해 사장이 주로 이야기를 했던 것입니다. 임직원에게 회사가 나아갈 방향과 과제를 명확히 말해 주면, 잘 돌아갈 줄 알았는데 그게 아니었습니다. 그래서 임원과 그룹장이 대화할 때는 관찰자가 되려고 빠졌습니다. 멀리서 그들의 대화를 보면서 내가 생각하는 것과 비교해 보고, 방향을 제시하는 형태의 대화를 했습니다."

"그것을 통해 학습한 것이 있다면, 무엇입니까?"

"회사를 경영하는 데 의사소통 방식이 매우 중요하다는 것입니다. 임직원에게 사장의 생각을 관철시키는 것이 아니라, 임직원이 사장의 생각을 이해하고 자발적으로 일하는 의사소통 문화를 만드는 것이 경영이라는 것입니다. 사장이 코치가 되는 것이지요."

"정말 대단하십니다. 자신의 모습을 객관적으로 관찰하고 변화를 시도하는 실행력이 대단하십니다. 제가 없는 동안에도 셀프 코칭을 하셨군요."

"사장되고 지난 1년 동안 배운 것입니다. 코칭이 스스로 문제해결의 답을 찾도록 하는 것인데 정말 그렇다는 것을 느꼈습니다."

사장은 성과의 '생산자'에서 성과를 내는 환경을 조성하는 '조력자'로 자신의 역할에 대한 관점을 전환했다. 그가 선택한 결정적 관점이다. 나 또한 코치로서 더 성장할 수 있는 기회를 가졌다. 코칭의 효과는 고객의 변화를 성공적으로 이끌어 내겠다는 코치의 집착에서 오는 것이 아니라 코칭 과정에서 고객과 춤을 추듯이 교류하고 교감하는 데서 온다. 고객이 변화의 필요성을 자각하면 할수록 그 스스로 해답을 찾는다. 코치의 눈에 쉽게 관찰되지 않는 활동이다.

잠재성을 끌어내어 발휘하기

코치는 타인의 내면에 있는 탁월함을 스스로 자각하게 하고, 일터와 개인생활에서 발휘하도록 도와준다. 다른 사람이 성장하도록 도와주고 싶다면, 코칭 마인드를 가져라. 코치는 타인에 대해 호기심을 갖고, 관찰하고, 질문하는 마인드를 가진 사람이다. 코치는 고객 자신의 삶과 일터에서 전문가인 점을 인정하고 존중하며, 모든 고객은 창의적이며 잠재력이 풍부하고 전인적이라고 믿는다. 그렇다면, 잠재된 탁월성을 어떻게 끌어낼 것인가?

고객과 코치의 창의적인 협력 관계를 토대로 코치는 다음과 같은 4가지 활동을 한다.

- 고객의 잠재성과 원하는 결과를 연계한다.
- 이 과정에서 고객이 자기 발견을 하도록 격려한다.
- 고객이 스스로 답과 전략을 찾도록 이끈다.
- 마지막으로 고객이 실천하기로 약속한 것을 책임지고 헌신하는 자세로 실행하도록 지지한다.

1) 잠재성을 끌어내는 심리전략

관점 전환을 끌어내는 방법은 결정적 관점을 발견하고 선택하게 하는 핵심이다. 코칭 시각에서 개인과 조직이 원하는 성과 변화를 만드는 코칭 원리는 자기주도적 학습과 성장이다(이석재, 2023). 학습과 성장을 이루는 심리전략은 잠재성을 끌어내는 것이다. 효과적으로 끌어내는 주요 심리전략은 다음과 같다.

첫째, 마인드 셋이 유연할 때 학습과 성장의 기회를 갖는다. 이를 통해 당면한 심리적 문제를 해결하고 삶을 개선시킬 수 있다. 심리학자인 캐럴 드웩(Carol Dweck, 2007)은 실패에 대한 사람의 반응을 연구한 결과, 두 유형의 마인드 셋을 밝혔다. 성장형 사고방식(growth mindset)과 고착형 사고방식(fixed mindset)이다. 전자는 성장 가능성을 믿고 실천하지만 후자는 성장 가능성에 부정적이다. 학교생활이나 사회생활에서 원하는 결과를 이루는 사람은 성장 마인드를 가진 사람이다. 드웩은 마인드 셋이 불변이 아니라 성취를 이루는 과정에서 능력에 대한 인식을 바꿔 변화시킬 수 있다는 것을 연구를 통해 확증했다. '당신은 어떤 강점과 약점을 가지고 있다'는 인식은 또 다른 유형의 고착형 사고방식이다. 성장형 사고방식을 가질 때 마음이 유연해지고 새로운 학습과 성장을 이룰 가능성이 높다.

둘째, 학습과 성장을 통해 더 나은 내가 되는 인지 전략은 성찰이다(Kolb, 1984). 약점에 묶이면 학습과 성장의 기회를 놓친다. 국내 전국 대리점을 총괄하는 한 영업 부문 담당 임원은 실적이 목표치를 밑돌면 불같이 화를 냈다. 그는 욱하는 감정표현이 자신의 약점인 것을 알지만 막상 저조한 영업실적으로 보면 카멜레온처럼 돌변했다. 그가 약점에 민감해지는 이유는 성공해야 한다는 마음으로 실패를 보기 때문이다(이석재, 2014). 이러한 생각 스타일로 인해 그는 실패 그 자체를 직면하지 못했다. 그에게 필요한 것은 자기 성찰이다. 실패를 문제로만 보는 고착화된 생각, 욱하는 정서와 자신의 무능으로 쉽게 귀인하는 심리를 알아차리는 것이다. 실패보다 무서운 것은 그 실패에 민감해지고 부적절한 대응 방식을 습관으로 만드는 것이다. 고착형 사고방식이 생기는 심리이다.

셋째, 성공은 성공의 눈으로 실패는 실패의 눈으로 보는 것이다(이석재, 2024a). 성공의 눈으로 실패를 보면 실패의 근본 원인을 찾아내기 어렵다. 시험에서 백 점을 맞지 못하고 더 낮은 점수를 얻었다고 실패한 것은 아니다. 또한 실패 원인을 쉽게 무능력으로 돌리거나 외부요인에 돌리면 자기 자신의 잠재성을 발견하고 끌어내어 원하는 결과를 얻는 성공 논리를 경험하지 못한다. 실패를 객관적으로 보고 직면하는 용기가 필요하다. 실패를 보는 또 다른 결정적 관점은 실패를 결과로 보지 않고 목표를 이루어 가는 과정에서 발생한 하나의 사건으로 보는 것이다. 이를 통해 실패로 인해 잃은 것보다 학습한 것을 알아차리는 것이다.

이상의 방법 외에 다음과 같은 노력을 하면 도움이 될 것이다.

- 현재 상황에 대한 문제점 분석보다 원하는 목표를 먼저 세운다.
- 큰 목표(또는 꿈)를 세우고 작은 것부터 시작한다.
- 시간과 사람, 물리적 공간 등을 효과적으로 관리하는 습관을 기른다.
- 새롭고 다양한 시도를 통해 원하는 결과를 만들어 본다.
- 독서를 통해 필요한 지식과 정보, 경험을 학습한다.

2) 구성원의 잠재성을 재발견한 본부장 이야기

최대한 해외 영업 본부장은 강한 추진력으로 팀을 이끄는 것으로 유명하다. 그가 동기생들보다 2~3년 빠르게 승진하고 사내에서 중요한 직무를 수행할 수 있었던 이유는 강한 추진력과 탁월한 성과에 있다고 자타가 인정한다. 열정이 넘치는 그에게 최근 고민이 생겼다. 일의 성과도 나지 않고 부하 직원들과 회의를 하거나 업무지시를 할 때, 감정이 쉽게 격앙되고 화를 자주 내었다. 일은 재미있지만,

일을 풀어가는 과정은 스트레스의 연속이었다.

그는 사내에서 실시하는 코칭 프로그램에 자원하였다. 코칭을 통해 최근 자신에게 어떤 변화가 있었는지를 다양한 측면에서 살펴보았다. 가장 큰 변화는 이전보다 조직 규모가 3배 정도 커졌다는 것이다. 관리해야 할 팀의 수가 증가하고 구성원 간의 관계가 더 복잡하게 얽혔다. 업무와 관련된 이해관계자가 늘어나면서 업무 방향을 결정하고 이해관계를 조정하는 활동이 빈번해졌다. 기존에 성공적으로 작동하던 리더십이 벽에 부딪쳤다. 그는 자신에게 필요한 리더십이 어떤 것인지 자문했으나 답을 찾지 못했다.

코치는 현재 구성원들의 잠재성을 몇 퍼센트나 끌어내고 있는지를 물었다. 그는 지금까지 조직을 이끄는 데 있어 자신의 직무전문성을 근간으로 명확한 비전과 업무목표를 제시했다. 한마디로 '나를 따르라'라는 리더십을 발휘했다. 이런 상황에서 코치의 질문은 예상하지 못한 것이었다. 그는 리더로서 직원의 능력을 평가하여 유능한 인력과 그렇지 못한 인력으로 구분하고, 유능한 인력을 중심으로 조직을 운영했다. 그런데 유능한 인력을 중심으로 업무를 수행한 것이 문제였다. 나머지 인력의 잠재 능력을 방치했다. 조직 규모가 작을 때는 문제가 되지 않았다. 조직이 커지면서 인력 손실이 리더십과 성과 이슈로 부각되었다. 업무성과가 기대만큼 나타나지 못하는 주된 원인은 직원들의 역량이나 회사의 지원 부족보다, 직원을 바라보는 자신의 관점에 있었다.

본부장은 직원의 잠재성을 끌어내기 위해 각 팀장을 면담했다. 팀장들이 팀을 이끌면서 갖는 고민과 팀원의 성장에 대한 기대를 파악했다. 팀장과 팀원의 생각을 객관적으로 수집하고 현상을 이해하려고 노력했다. 팀장과 팀원에 대한 개인 면담을 통해 그들이 진정으로 원하는 것이 직무에 충분히 반영되지 못하고 있다는 사실을 알았다. 일하는 방법을 쇄신하기 위한 아이디어를 찾고 구성원들의 참여를 이끌어 내기 위해 워크숍을 개최했다.

최 본부장은 이러한 활동을 통해 얻은 해결책을 활용하여 조직을 개편했다. 이때 중요한 원칙은 개인의 잠재성을 직무에 충분히 발휘되도록 하는 것이다. 프로젝트를 성공적으로 이끈 경험이 있고 과감한 사업목표를 제시하고 도전하려는 의지를 보이는 인력은 기존 직급을 고려하지 않고 팀장으로 발탁했다. 이러한 개편은 조직 분위기를 긍정적으로 바꾸었다. 직원은 각자 좋아하는 일을 할 가능성이 높아졌다. 본부장은 간과했던 구성원의 잠재성을 활용하여 사업목표를 달성할 가능성을 높였다. 그는 구성원 각자의 고유한 보석을 찾아내 활용할수록 자신의 주요 관심사인 성과도 향상한다는 점을 확인했다. 실로 보석의 가치는 무한대였다.

3) 임파워먼트를 하는 리더의 관점

임파워먼트(empowerment)는 리더가 원하는 결과를 만드는 자신의 책임과 역할, 더불어 권한을 구성원에게 배분하고 맡기는 것이다. 흔히 권한 부여로 표현한다. 리더는 권한을 부여해 얻고자 하는 것을 상기할 필요가 있다. 구성원이 권한을 활용하는 과정에서 맡은 일과 역할을 성공적으로 수행할 수 있는 자신감을 키우고, 그에 필요한 열정을 갖도록 하는 것이다. 크게 보면, 구성원의 내적 변화를 통해 특정 맥락에서 원하는 결과를 만들기 위한 동기 부여 기법이다.

리더가 구성원에게 어떤 역할과 책무를 맡기고 어느 정도의 권한을 부여할지는 리더의 중요한 의사결정 사항이다. 이를 효과적으로 하기 위해 리더는 구성원의 일하는 능력과 만들어 내는 결과의 가치에 주목한다. 정작 임파워먼트를 했지만 구성원이 제대로 수행한 것에 시선을 두기보다 잘못한 것에 관심과 주의를 기울인다면, 구성원의 잠재성과 동기를 끌어내지 못한다. 임파워먼트를 시도하는 리더의 결정적 관점은 구성원의 실패에 우선적으로 관심과 주의를 기울이지 않는 것이다.

더 나은 내가 되는 삶 추구

세계 경제가 어려워지고 직장에서 근무할 수 있는 연령이 40대로 낮춰지면서 직장인들이 현재의 일자리에 대해 불안감을 느끼고 있다. "어느 정도 버틸 수 있을까?" 회사의 사업 실적이 저조해지거나, 인사부서에서 뭔가 부산한 움직임이 있는 것으로 감지되거나, 상사의 지적이 이전과 달리 날카롭다고 생각할 때, 퇴직에 대한 불안감이 증폭되기 시작한다. 이러한 불안감을 느끼는 사람의 마음은 복잡하다. 그들의 생각은 대개 이렇다.

- 어떻게 하든 지금의 일자리를 붙들자.
- 아니 때려치자. 내 경력을 이어 갈 수 있는 새 일자리를 찾자.
- 이번 기회에 나의 재능을 살리는 일자리를 찾자.
- 내가 정말 하고 싶었던 일을 하는 1인 기업에 도전하자.

1) 자신의 재능을 발견하고 키워 보기

어떤 선택이 정말 도움이 되는 것일까? 알고 보면, 인생은 짧은 시간인데 어떻게 살까? 성공한 사람은 흔히 자신이 하고 싶은 일에 몰두해 열심히 일하다 보면 돈이 따라온다고 한다. 그러니 돈을 보고 일하지 말라고 조언한다. 정말 그럴까? 그럼 지금 하고 있는 일이 자신이 하고 싶어 하는 일인가? 문제는 그렇지 않다는 것이다. 한 조사에 따르면, 기회가 되면 이직을 꿈꾼다는 직장인이 60%에 이른다. 그 이유가 무엇이든, 기회가 되면 현재 일과는 다른 일을 하고 싶다는 생각을 가진 사람이 많다.

다음과 같이 생각해 보자. 나는 어떤 재능을 가지고 있나? 정말 특별한 재능을 가지고 있나? 그 재능이 있다는 것을 알고 있나? 그럼, 지금까지 개인생활과 직장생활에서 그 재능을 얼마나 실천해 보았다고 생각하는가? 실천해 보았다면, 자신의 재능에 대해 어느 정도 확신을 갖나? 확신의 정도를 0% ~ 100%로 평정한다면, 몇 %인가?

"나는 경쟁력 있는 재능이 있다고 _____ % 확신한다."

기업의 임원이나 중간 리더들의 응답을 보면, 50%에 미치지 못한다. 무엇이 문제일까? 타인이나 조직이 요구하는 것을 해결하는 문제해결의 삶은 살아왔다. 그러나 자신이 가지고 있는 재능을 집중적으로 개발하고 그것을 토대로 삶을 주도하지는 않았다. 삶이 이렇다 보니, 자기 자신의 재능이 무엇인지를 모르는 경우가 흔하다.

직장인을 대상으로 한 경력개발 워크숍에서 어떤 직무를 수행하는 것이 자신에게 적합한지를 알아보는 진단 결과 보고서를 해석할 때, 내가 지금 하는 일과 다른 일을 하는 것이 더 적합하다는 진단이 나왔다고 말하는 참가자들을 많이 본다. 일부는 역시 내가 좋아하고 잘할 수 있는 일은 따로 있다고 생각한다. 이와는 달리 진단 결과가 의외라고 생각하기도 한다. 자신이 진단에 응답한 결과를 분석하여 보고서로 작성한 것이니, 자신의 모습이 나온 것이지만 그 결과가 이상하다는 것이다. 왜 그럴까? 그 이유는 대개 이렇다.

- 우리가 가지고 있는 재능을 보거나 느끼거나 경험하기 쉽지 않다.
- 재능이 있어도, 선천적으로 타고난 것이지 내게 특별한 것은 아니라고 생각한다.
- 인생 살기도 바쁜데, 재능 운운하면서 사는 것은 탁상공론이다.
- 지금 가지고 있는 일자리나 잘 챙기자. 괜스레 일자리 놓치지 말자고 생각한다.
- 재능을 개발해 본 적이 없다. 그래서 재능은 선천적인 것에 불과하다고 생각한다.

그러나 분명한 것은 이러한 생각보다 자신의 재능을 개발하고, 그것을 활용해 새로운 일을 하려고 계획하는 사람도 있다는 사실이다. 이런 점에서 '재능을 발휘하는 삶의 선택'은 결정적 관점에 따른 것이다.

2) 바이올린을 배우는 CEO

국내 한 유통 기업 사장의 경력개발에 대해 도움을 주기 위해 리더십을 진단하고 전문적인 해석을 제공한 적이 있다. 나는 진단 결과 보고서를 보고 당황했다. 그의 흥미와 선호도를 볼 때, 가장 높게 나온 것이 스포츠와 음악으로 나타났기 때문이다. 현재 직무와는 너무 달랐다. 진단 결과가 잘못되었나? 고객이 진단 결과를 믿을 수 없다고 말하면, 뭐라고 대답할까? 나는 마음을 단단히 먹고 그가 퇴직 후의 삶을 어떻게 만들고 관리하면 좋은지에 대해 진단 결과를 토대로 설명하고 조언을 했다. 진단 결과를 설명하는 과정에서 그가 이미 테니스 등 다양한 스포츠에 관심을 갖고 도전했으며, 이제는 바이올린에 도전하고 있다는 이야기를 듣고 놀랐다.

"바이올린을 배우시게 된 동기는 무엇입니까?"

"이제 경제적으로도 안정이 되었고 과연 내가 어떤 재능을 가지고 있는지를 알아보고 최대한 발휘해 보려고 합니다. 이번 진단 결과에서 음악도 나의 적성과 맞다니, 내 선택이 잘되었다는 것이라서 기분 좋습니다."

"음악적 재능을 발휘해 보는 것이 중요한 이유는 무엇입니까?"

"회사생활을 하는 사장이 아니라, 한 개인으로서 존재감을 느끼게 합니다. 연습할 때 즐거운 시간을 가지니 에너지도 생기고, 기분 좋게 회사에 나오니 일석이조입니다."

지금하고 있는 일에서 재능을 발휘할 방법이 있다면, 그나마 다행이다. 문제는 재능을 발휘할 일이 아닌 경우이다. 자신의 재능을 진정으로 발휘해 보는 일에 도전하고 싶은 생각을 가지고 있다면, 다음과 같이 노력해 보자.

- 현재의 삶을 재무적으로 튼튼하게 만든다. 준비되지 않은 도전은 굶주린 예술가의 삶과 같다. 기회는 준비된 자에게 온다.
- 자신의 재능이나 경력개발 방향을 파악하는 데 도움이 되는 진단을 받아 본다. 자신의 내면을 과학적으로 이해하려고 하는 노력은 불확실성이 높은 현재나 미래에 적응하고 생존할 수 있는 가능성을 높인다.
- 코치와 같은 전문가의 도움을 받는다. 진단 결과를 참고하여 경력개발 코칭을 받아 본다. 이를 통해 새로운 삶의 방향을 설정한다. 인생은 속도의 문제가 아니라, 방향의 문제이다.
- 재능을 편하게 자신의 모습으로 받아들인다. '특정 재능을 키워서 한탕해야지. 그러기 위해서는 반드시 내 재능을 키워야 해.' 또는 의무적이거나 '반드시 ~해야 한다'고 자기 자신을 강제하지 않는다.
- 재능을 발휘하는 삶을 지지하고 도와줄 같은 부류의 사람을 찾는다. 그와 재능을 즐기고 감사하고 나누면서 삶의 방향을 잡아 간다.

3) 성장 방해요인을 극복하기

국내 한 대기업 연구소의 보고서에 따르면, 우수한 구성원이 직장을 떠나는 주된 이유는 개인의 성장 비전이 없을 때, 업무 과부하로 피로가 누적될 때, 구성원 간 보상의 불공정성을 느낄 때, 감성이 결여된 메마른 문화일 때, 리더와 갈등이 지속될 때 등의 5가지로 나타났다. 리더와의 갈등은 우수 구성원과 일반 구성원의 이직에도 결정적인 원인이다. 우수한 인재를 확보하고, 후배 구성원의 잠재력을 키우며 성과로 나타나도록 코칭 하고, 창의적이며 즐거운 일터로 조직 문화를 만드는 것은 리더의 책무이다.

성공하는 리더와 실패하는 리더의 차이점은 분명하다. 리더십 전문연구기관으로서 세계적인 명성을 가진 창의적 리더십 연구센터의 마이클 맥콜(Michael McCall)과 로버트 롬바르도(Robert Lombardo)는 미국과 유럽의 선진 기업에 근무하는 남녀 리더를 대상으로 성공하는 사례와 실패하는 사례를 조사 분석했다. 이 조사에서 실패하는 리더의 사례를 통해 리더들이 지속적으로 성장하지 못하는 원인을 분석한 결과, 10개의 성장 방해요인(derailment factor)을 찾았다. 이 연구 결과에서 주목할 것은 리더의 성장을 방해하는 요인에도 공통점이 있다. 요인을 종합해 보면, 3가지로 요약할 수 있다.

- 성과관리 실패(지속적으로 성과를 내지 못함, 지나친 야망)
- 대인관계 기술 부족(타인에 대한 배려 부족, 냉담, 무관심, 거만함, 신뢰의 상실, 스타일이 다른 상사에 적응 실패, 멘토 또는 후원자에 지나치게 의존)
- 전략적 관리 역량 부족(전략적 사고 부족, 효과적인 인력 구성에 실패, 과잉 관리)

가장 많은 실패요인은 대인관계 기술의 부족이다. 리더가 지속적으로 성장하려면 성과관리와 사업관리, 조직 운영도 중요하지만 원만한 대인관계를 형성하고 유지하는 기술이 필요함을 인지해야 한다. 실패하는 리더의 특성은 시드니 핑켈스타인(Sydney Finkelstein, 2003)의 연구 결과에서도 잘 나타났다. 그는 51개 글로벌 기업을 대상으로 실패 사례를 연구했다. 자료 수집은 리더를 대상으로 인터뷰를 하였고, 6년간 수집한 자료를 분석하여 기업의 실패 유형과 그 원인을 분석했다. 그의 연구에 따르면, 기업의 실패는 신사업 전개의 실패, 혁신 및 조직 변화의 실패, 기업 인수 및 합병의 실패, 전략의 실패로 분류되었다. 이러한 실패의 원인은 리더의 전략 마인드 부족, 자의적인 현실 인식, 의사소통 시스템의 장애, 리더의 리더십 특성으로 분석되었다. 여기서 실패 원인으로서의 리더십 특성은 변화관리 실패(자신과 기업이 환경을 지배한다고 봄, 중요한 장애물을 저평가, 과거에 통했던 방식에 집착), 자신의 능력에 대한 과신(자신과 회사를 동일시, 자신이 모든 해답을 가지고 있다고 믿음, 자신이 회사의 이미지를 대변한다고 생각), 인적자원을 효과적으로 활용하지 못하는 것으로 요약된다.

자신의 지위가 상승할수록 타인에 미치는 영향력은 저절로 커진다고 생각하기 쉽다. 이전보다 더 높은 지위에 오르게 되면, 타인들이 자신에게 더 추종할 것으로 생각한다. 그러나 현실은 그렇지 않다. 자신의 지위에 맞는 리더십을 효과적으로 발휘하지 못하는 리더는 보상과 처벌로 영향력을 행사한다. 자신의 요구에 따르는 사람에게는 보상을 주고, 그렇지 않은 사람에게는 처벌을 하는 방식이다.

이러한 리더십 형태는 자신의 지위가 확보되어 있는 기간에는 유효한 것처럼 보인다.

그러나 이러한 방식에 익숙해지면, 리더십을 효과적으로 발휘하는 방법에 대해 고민할 기회를 갖지 못한다. 보상과 처벌을 사용하는 리더는 보상과 처벌을 사용할 수 없는 새로운 지위로 자리 이동을 했을 때, 타인에 대한 영향력을 모두 잃는다. 지금 가지고 있는 권한과 힘에 의존하여 조직을 관리하는 리더는 그 권한과 힘에 종속되지 않도록 경계해야 한다.

게리 유클(Gary Yukl)과 리차드 렙싱거(Richard Lepsinger)는 그들의 저서 『유연한 리더십(Flexible Leadership)』에서 리더에게 유연성을 키우라고 제안했다(Yukl & Lepsinger, 2004). 리더는 영향력의 원천이 조직이 부여한 지위와 역할인지 자신의 성품과 역량인지를 확인해야 한다. 지위와 역할에 의한 영향력은 그것이 달라질 때, 한 순간 사라진다. 이점을 인지하지 못하면, 리더는 자신의 특성을 가장 잘 살릴 수 있는 리더십 스타일을 만들어 내는 기회를 잃게 된다.

4) 새로운 기술을 학습하기

초고속망과 정보통신기술, 인터넷 기술은 정보 유통을 통해 기존 산업과 현대인의 삶에 큰 영향을 미쳤다. 정보의 생산자와 소비자의 경계가 사라지고 물리적인 거리에 따른 영향이 소멸했다. 소위 정보화시대, 지식정보시대가 출현했다. 정보 활용 능력은 개인과 조직의 생존에 필수 조건이 되었다. 최근에는 인공지능(AI)의 기술이 급격히 발전하면서 기존의 정보 인프라를 넘어 지능 인프라가 구축되고 있다. 이를 통한 산업과 개인 삶의 환경이 급격히 변화하고 있다.

이러한 환경 변화에 적응하지 못하고 있다는 자기 인식은 삶의 전반을 대하는 부정적 관점의 근원일 수 있다. 인생에서 막히고 정체된 느낌은 당신을 비관적인 사고의 소용돌이에 빠뜨리고 당신의 기여를 평가절하할 수 있다. 따라서 지속적인 생애 학습을 통해 더 나은 나를 만드는 데 필요한 역량을 강화한다. 단지 재미를 위해서라도 수업을 듣고, 자격증을 취득하고, AI 기술과 응용, Chat GPT 활용 능력 등 새로운 기술을 배운다. 강좌를 들을 시간이 없다면 교육용 팟캐스트를 듣고 개인 성장 관련 서적을 읽어 보자. 당신은 자신이 얼마나 능력이 있는지 상기하고 다양한 관점에 공감하게 될 것이다. 이러한 상황에서 원하는 결과를 얻을 가능성을 높이는 결정적 관점을 찾는 것이 중요하다.

CHAPTER

06

선택한 관점을 삶에 적용한다

"당신은 상황을 통제할 수 없다,
당신이 통제할 수 있는 유일한 것은 관점이다."

- 크리스 파인(Chris Pine), 배우

관점 전환의 최종 단계는 선택한 관점을 삶에 적용하는 것이다. 앞장에서 탐구한 관점 전환의 내용을 수용하고, 상황(일회적 상황과 다양한 상황)과 일관성을 통합한 접근으로 결정적 관점을 최종 선택했다. 선택은 실행의 효과성을 높인다. 수용이라는 인지 변화는 실행에 의해 완성된다. 이와 같이 선택은 수용과 실행을 매개한다. 이로써 기존의 인식 틀이 바뀐 틀로 전환되고 삶의 현장에 적용된다.

이번 장에서는 관점 전환을 통해 원하는 결과를 얻을 가능성을 높이는 실행과 기술을 학습한다. 다짐을 공개적으로 선언하고 결정적 행동을 실행하는 것, 실행 의도를 강화하고 실행의 과정과 결과를 점검하는 방법을 살펴본다. 이와 같은 일련의 실행을 주도적으로 전개할 때 변혁적인 삶을 완성할 수 있다.

다짐을 공개적으로 선언하기

다짐을 공개적으로 선언하는 데는 자기 검증이 기본적으로 작동한다. 다짐과 그에 따른 영향을 자율적으로 통제할 수 있다는 확신을 갖는다. 자기결정의 심리와 영향을 탐구한 심리학자들은 자율적으로 공개 선언을 결정한 경우 선언에 대한 책임감과 성취감이 커지고 내적 동기 부여가 된다고 밝혔다(Deci & Ryan, 1985). 또 다짐을 타인과 공유하면 선언을 지켜본 타인과의 사회적 연대감을 자극하고 외적 동기 부여가 된다. 두 경우 모두 도파민이 뇌에서 분비된다. 따라서 선언의 주인공과 이를 지켜본 타인의 사회적 지지, 칭찬과 격려를 통해 선언을 실행하는 행동과 그에 따른 성취감이 커진다.

1) 의사결정을 선언하는 방법

관점을 전환하는 과정에서 체험한 생각과 느낌을 구체적인 행동 변화로 요약하여 정리해 본다. 가장 간략한 방법은 실행할 것과 실행하지 않을 것을 작성하는 것이다.

- **실행할 것:** 관점을 바꾼 내용을 실행을 통해 보임으로써 관점 전환을 완성하고 이를 통해 원하는 결과를 얻을 가능성을 높이는 행동이다.
- **실행하지 않을 것:** 관점을 바꾼 내용의 실행을 방해하거나 억제하

는 것으로 관점 전환을 통해 원하는 결과를 얻을 가능성을 낮추는 행동이다.

이 방법의 효과성을 높이기 위해 다음과 같은 공개 선언 환경을 만들고 실행을 완성하겠다는 태도를 가져 본다.

- 공개 선언에 참가할 사람을 모집하고 증인이 되도록 요청한다. 더 나아가 지지자로서 실행의 진행을 관찰하면서 객관적인 피드백을 해 줄 것을 요청한다.
- 동그라미 원을 그리고 그 중심에 굳건히 선다. 선언 요약문을 읽고 본인이 원 밖으로 나가면서 이전의 관점에서 새로운 관점으로 이동했다는 것을 신체 감각적으로 체험한다. 동심원은 그동안 기존의 관점이 머물던 안전지대를 상징한다.
- 증인들이 있다면 주인공이 원 밖으로 나갈 때 환호하는 박수를 쳐 준다.
- 선언 요약문을 개인생활이나 일터에서 쉽게 볼 수 있는 위치에 고정시켜 둔다. 실행의 진전에 대해 피드백을 해 줄 수 있는 사람은 해당 요약문을 보고 객관적인 피드백을 공유하는 대화를 나눈다.

2) 다짐의 실행력을 높이는 방법

효과성 코칭은 조직과 개인이 원하는 결과를 얻을 가능성을 높이도록 다짐과 행동의 연결을 돕는 목표지향적인 협력 활동이다. 다짐은 결연했으나 행동으로 이어지지 못하는 주된 이유는 삶에서 3가지 요소를 명확하게 정의하지 못했기 때문이다. 삶에서 다음 세 가지 요소를 연결하는 힘이 실행력이다(이석재, 2024a).

- **원하는 결과:** 꼭 이루고 싶은 것을 생각해 보십시오. 가장 이루고 싶은 한 가지는 무엇입니까? “내가 원하는 결과는 ( )입니다.”와 같이 작성한다.
- **변화 요구:** 그것을 이루고자 하는 까닭은 무엇입니까? 당신의 요구(예: 변화 요구, 소망, 바람 등)를 작성한다.
- **결정적 행동:** 원하는 결과를 얻기 위해 지금까지 어떤 노력을 했습니까? 무엇을 달리하면 그 결과를 얻을 수 있다고 생각합니까? 당신이 그 결과를 얻기 위해 꼭 실천해야 할 행동을 3가지 선정하여 작성한다.

3) 자기 내면과 대화하기

원하는 결과를 얻기 위해 어떻게 느끼고 생각하고 행동할 것인가에 대해 내면의 자기와 대화를 할 수 있다. 자기 인식을 통해 변화의 방향과 실천 행동이 마련되면, 내면의 자기와 대화를 통해 관점 전환에 따른 행동 변화에 지침과 암시를 준다. 때로는 명령한다. 변화 의지와 실천 약속이 지켜지도록 감시도 한다. 원하는 행동 변화가 이루어지는 방향으로 인식과 행동이 옮겨 가도록 특정 느낌과 생각을 뇌에 반복적으로 주입하여 행동 변화에 필요한 느낌, 생각과 행동에 집중하도록 한다. 다음과 같은 방법을 사용한다.

- 부정적 자기대화보다 긍정적 자기대화를 한다.
- 내면의 강점을 강조하고 원하는 결과와 연결한다.
- 나 대신 제삼자의 시선과 지지를 활용한다.
- 점진적인 진전을 확언한다.

운동선수들은 주문을 외우듯 "지금 너무 서두르고 있다. 천천히, 차분하게 하자."와 같이 자기 자신에게 속삭이듯 말을 하기도 한다. 이러한 내면적 대화와 달리 의례적 언행으로 "가자!", "파이팅!", "난 할 수 있다."라고 두 손을 번쩍 들며 소리치기도 한다. 이러한 대화는 다른 사람이 들으라고 외치는 것이 아니라, 자신을 독려하고 자기최면을 거는 것이다. 다만 대화가 겉으로 드러날 뿐이다. 스포츠 심리학 연구에 따르면, 자기대화는 경기 성과를 향상시키는 데 도움을 준다(Latinjak et al., 2020). 이와 같이 자기대화는 결정적 행동의 실행을 촉진하며, 그에 따라 원하는 결과를 얻는다.

결정적 행동을 완성하는 5단계 방법

최종 선택한 관점에 따라서 일상에서 실천할 결정적 행동은 다르다. 여기서는 결정적 행동을 원하는 결과로 연결하는 관점 코칭 예시를 통해 당신의 이해를 돕고자 한다. 자신의 입장을 강하게 주장하는 팀원 때문에 힘들어 하는 팀장이 있다. 그 팀원을 이해하려고 노력하지만 쉽지 않다. 상황이 이렇다 보니, 팀장은 자신도 모르게 언성을 높이곤 했다. 감정관리에 실패한 것이다. 그 대화를 나눈 이후, 팀장은 자기주장이 강한 사람을 만나면 가슴이 답답해진다고 하소연한다. 그런 경험을 되풀이하지 않기 위해, 팀장은 자기주장이 강한 팀원의 입장을 먼저 수용했다. 당면한 상황을 해결하기보다 그 상황을 피해가는 방법을 선택한 것이다.

어떻게 팀장을 도울 수 있을까? 먼저 안전한 대화 공간을 조성한다. 가장 기본은 서로에 대한 신뢰이다. 열린 대화를 하려면 먼저 신뢰관계가 형성되어야 한다. 신뢰관계가 돈독해야 자신의 마음을 열고 깊이 있는 대화를 할 수 있다. 대화는 서로 신뢰하는 만큼 이루어진다. '신뢰를 바탕으로 대화'를 할 때, 팀장은 자신의 문제에 직면하고 해결하는 데 이전보다 도전적이며 주도적인 모습을 보였다.

코칭은 체계적으로 구조화된 목표지향적 대화이다. 코칭 대화가 구조화될 때 효과도 커진다. 코칭은 상대방으로 하여금 당면한 자신의 문제를 스스로 해결할 수 있도록 도와주는 활동이다. 이러한 활동의 기본은 경청과 질문이다. 코칭의 효과성을 높이기 위한 기본 틀로서 5단계 대화 방법은 다음과 같다.

단계 1: 변화 목표 설정

코칭이 효과적이기 위해서는 먼저 코칭 목표를 명확하게 설정해야 한다. 목표가 명확하면, 대화의 방향이 잡히고 대화의 범위도 명료하다. 코치는 다면 진단과 다면 인터뷰 등의 결과를 코칭 고객에게 피드백하고, 그의 변화 요구를 파악한다. 코치는 일련의 구조화된 질문을 통해 관점 전환 관련 행동에서 변화가 필요한 점을 찾기도 한다. 다음과 같이 대화를 시작한다.

- 코칭을 통해 가장 해결하고 싶은 것은 무엇입니까?
- 그 이슈가 해결될 때 얻게 되는 것은 무엇입니까?
- 오늘 나누고 싶은 이야기를 구체적으로 말씀해 주시겠습니까?
- 이 대화를 통해 원하는 결과는 무엇입니까?
- 원하는 결과를 얻었다는 것을 어떻게 알 수 있겠습니까?

단계 2: 변화의 기회와 가능성 발견

코칭 고객이 자신의 사고나 행동에 있어 변화가 필요하다고 생각할 때, 코칭은 효과적이다. 타인과 대화를 보는 관점과 대화 방식,

자신의 감정표현과 관리 등을 바꾸겠다고 구체적으로 생각할 때 코칭은 새로운 기회와 가능성을 찾는 데 도움이 된다. 코치는 현재 구체적으로 보이지는 않지만, 앞으로 어떤 일이 펼쳐질지를 탐색한다.

- 팀원과 대화하는 방법을 바꾸었을 때, 달라지는 것은 무엇입니까?
- 당신은 달라진 모습으로 인해 어떤 기회를 가질 것으로 생각합니까?
- 달라진 모습을 보임으로써 가능한 것은 무엇입니까?
- 기대하는 변화가 성공적으로 이루어졌다는 것을 어떻게 알겠습니까?
- 목표가 달성되었을 때 기대되는 구체적인 모습은 무엇입니까?

이 질문은 행동 변화의 결과를 구체적으로 생각하게 하는 질문이다. 자신의 기존 관점에 묶이지 않고 새로운 관점을 갖도록 자극한다. 이제 또 다른 질문을 통해 코칭 고객이 새로운 관점에서 현재 자신의 대화법을 살펴보고 개선 내용을 찾을 수 있게 한다.

- 그 팀원과 다시 대화를 한다면, 무엇을 바꾸어 보겠습니까?
- (팀장이 바꾸어 보려는 행동을 말하면) 또 다른 방법은 없을까요?
- 다르게 해 봄으로써 기대하는 것은 무엇입니까?
- 팀원과의 관계에서 새롭게 가능한 것은 무엇입니까?
- 원하는 결과를 얻기 위해 정말 달라져야 하는 것은 무엇입니까?

단계 3: 결정적 행동 중심의 실행계획 수립

이 단계에서 팀장은 계획서를 작성한다. 변화 행동을 구체화할 때 결정적 행동을 찾는다. 결정적 행동은 목표 달성 가능성을 높이는 행동이다. 팀장은 자기주장이 강한 팀원과 대화할 때 '쉽게 포기하지 않고 당당하게 주도적으로 대화한다'는 결정적 행동을 확정했다. 구체적인 실천 행동을 개발하기 위해 다음 질문을 한다.

- 쉽게 포기하지 않는다는 것은 어떤 의미입니까?
- 쉽게 포기하지 않기 위해 할 수 있는 것은 무엇입니까?
- 당당하고 주도적인 대화는 구체적으로 어떤 행동입니까?
- 지금까지 작성한 것에서 빠진 것이 있다면, 무엇입니까?
- 언제까지 그러한 노력을 해 보겠습니까?

이런 질문을 통해 실천 행동 목록을 작성한다. 이 단계에서 작성한 목록을 모두 실행에 옮길 수는 없다. 목표를 달성하려면 이 가운데 꼭 실행해야 할 행동을 선별한다. 각각의 행동에 대해 순차적으로 결정적 행동을 구성하는 3가지 속성을 5점 만점의 리커트(Likert) 척도로 평가한다. 매우 높다(5점), 보통이다(3점), 매우 낮다(1점)와 같이 점수 간격이 같은 척도를 사용한다.

- **맥락성:** 현재 처한 상황에서 이 행동이 '변화요구-결정적 행동-원하는 결과'의 틀과 어느 정도 연계성을 갖습니까?
- **예측성:** 이 행동을 하면 어느 정도 원하는 결과를 얻을 수 있다고 예측하십니까?
- **가치성:** 이 행동을 하면 원하는 결과의 가치를 어느 정도 높인다고 생각하십니까? (원하는 결과가 갖는 기본 가치는 1점)

결정적 행동은 3가지 속성의 평가 점수 합이 가장 큰 것으로 정한다. 변화 노력의 기간에 따라 다르지만 보통 3개 이내로 한다. 이어서 결정적 행동의 세부 실천 내용과 행동이 완료되었을 때 기대되는 변화를 확정한다. 기대하는 모습이 구체적이고 현실적일 때 실행력은 더 증진된다. 기대되는 모습은 성공적인 변화를 확인하는 지표와 같다.

단계 4: 실행의 지속을 위한 장애 극복

실행계획이 결과로 나타나려면, 차질 없이 계획대로 진행되어야 한다. 계획을 수립하는 것에 중점을 두면, 계획대로 실천을 하는 과정에서 전혀 예상치 못한 장애물을 만날 수 있다. 실행계획이 성공하려면, 잠재적인 장애요인까지도 충분히 파악하여 관리하는 치밀함이 요구된다. 다음과 같은 질문을 한다.

- 당당하고 주도적인 대화를 할 때, 가장 염려하는 것은 무엇입니까?
- 어떤 문제를 해결하면, 계획대로 추진할 수 있다고 생각합니까?
- 당신이 할 수 없는 부분은 무엇입니까?
- 무엇 때문에 주저하십니까? 지금 가장 힘든 점은 무엇입니까?
- 당신이 통제할 수 있는 것과 통제할 수 없는 것은 무엇입니까?

단계 5: 학습과 성찰

코칭의 근본적인 목적은 고객의 성장을 돕고, 지속적으로 전진할 수 있도록 지원하고 격려하는 것이다. 코칭의 말미에 코칭 고객에게 코칭에 참여하면서 알게 된 것은 무엇이고, 다음 번 코칭 미팅을 위해 준비해야 할 것은 무엇인지 묻는다. 그리고 실행계획을 책임지고 추진하겠다는 다짐을 받는다. 코치는 코칭 고객이 코칭 목표의 달성에 대한 다짐과 책임감을 잃지 않고 유지할 수 있도록 해야 한다. 다음과 같은 질문을 한다.

- 오늘 배운 것이 있다면, 무엇입니까?
- 실천하기로 한 것은 무엇입니까? 그것은 누구의 선택입니까?
- 자신을 돌아볼 때, 달라지고 있는 것은 무엇입니까?
- 코치의 도움이 필요하다면, 어떤 것이 있습니까?
- 당신이 책임지고 계획대로 한다는 것을 어떻게 알 수 있습니까?

실행의도를 효과적으로 강화하기

새로운 관점을 실행한다는 것은 원하는 결과를 얻을 가능성을 높이는 생각과 감정, 행동 등에서 계획한 변화를 완성하는 과정이다. 따라서 관점 전환에 따른 실행을 지속한다. 이를 위해서는 실행의도를 강화하는 심리와 방해하는 심리를 학습할 필요가 있다.

1) 실행의도를 강화하는 방법

실행의도는 원하는 결과를 얻을 가능성을 높이는 결정적 행동을 실천하려는 경향성이다. 여기서 의도(intention)는 무엇을 하고자 하는 생각이나 계획, 또는 구체적인 행동을 하려는 몰입과 결의를 뜻한다. 관점 전환을 다짐하고 행동으로 실천할 때 기존의 행동은 결정적 행동으로 바뀐다. 이러한 행동 변화가 만들어지고 지속하도록 환경을 조성해야 한다. 여기서는 먼저 실행의도를 강화하는 심리를 학습한다.

(1) 변화의 부가가치를 생각한다

관점 전환을 인식에서 행동으로 연결하는 것이 중요하다. 그래야 새로운 목표와 꿈을 향해 나아갈 수 있다. 일단 원하는 관점 전환을 수용했다면, 최종 도착점이 아니라 더 전진하기 위한 시작점에 있다고 생각한다. 현재 변화를 통해 얻을 수 있는 가치보다 더 큰 미래 가치를 상상하고, 변화와 연결시켜 본다. 만일 체중을 5kg 줄였다면, 이 결과가 주는 건강이라는 가치에 의미를 부여하고 건강의 가치를 더 높게 설정하고 도전해 보는 것이다. 꿈을 꾼다면, 더 크고 멋진 꿈을 꾼다.

(2) 새로운 관점을 자극한다

배우자가 상대방에 대해 부정적인 면을 이야기하면서도, '그러나(but)' 그 부정적인 면에 대해 다른 해석을 갖고 있을 때, 부부는 갈등을 극복하고 원만한 관계를 유지했다(Murray et al., 1996). "우리 남편은 꼼꼼해서 힘들어요. 그러나 그것 때문에 우리가 실수를 적게 하지요."와 같이 꼼꼼함이 갖는 부정적인 면과 긍정적인 면을 모두 보는 것이다. 이러한 상황 지각이 갈등을 통제할 가능성을 높인다. 또 갈등을 극복하는 실행의도를 강화한다.

(3) 긍정적 보상을 한다

실행이 일관성 있게 지속되는 정도를 정기적으로 확인한다. 이전 상태로 돌아가려는 경향을 통제하지 못하면 실행에 실패한다. 실행이 지속된다면, 긍정적인 보상을 한다. 한 예로 서울 성곽 길을 산책하는 경우, 일정한 구간별로 그곳에 도착했다는 도장을 찍어 준다. 이 의식은 단순히 그곳에 있었다는 확인도 있지만, 성취를 확인하고 인정해 주는 것이다. 만일 한 달 간격으로 첫 번째 토요일에 변화가 지속되는지 확인하는 경우를 생각해 보자. 그때 변화가 지속되는 것을 확인했다면, 자신에게 선물을 하자. 그 날짜에 이벤트를 하기로 메모를 해 두었다면, 그 행사를 멋지게 즐긴다.

(4) 과감하게 '안 돼'라고 외친다

실행을 유지하면서 더 나은 내가 되기에 집중한다. 실행을 지속하는 노력을 방해하는 유혹이 있다면, '멈추지 말자'고 자신에게 외친다. 실행을 거부하는 내면의 목소리를 무력화시키는 자기대화를 한다. 강한 거절은 단호한 심리 상태이며 자기 통제의 표현이다. '안 돼'라는 외침에 울림이 있다. 그 울림으로 실행을 방해하는 요인을 억제하는 것이다.

(5) 변화의 목적을 상기한다

타인과 대화 중에 욱하는 감정을 다스리고자 노력 중이다. 자신의 기대에 부응하지 못하는 타인의 모습을 보고 실망해서 욱하려 할 때, 이성적으로 감정을 통제하는 노력을 한다. 대화 목적을 상기하고, 스스로 어떤 행동을 보여야 하는지를 되새긴다. 감정을 효과적으로 관리하는 방법은 감정이 일어나는 징후를 느낄 때, 자신에게 강력한 메시지를 보내는 것이다. 자신의 삶을 구상하고 만들어 가려는 동기를 가진 사람은 목적 있는 삶을 상기하면서, 목적과 일치된 일상을 보내려고 노력한다.

(6) 자신의 한계점을 돌파한다

사람은 안전지대에 머무르려고 한다. 변화를 거부하는 심리이다. 자기제한적 신념에 따라 미리 변화를 거부하는 자기방어적인 심리가 작동한다. 자기 성찰을 통해 변화를 거부하는 심리를 읽고 변화에 대응하는 경향을 관찰하고 감시해야 한다. 작은 변화라도 자신의 한계점을 넘어서는 진전이 보이면, 스스로 인정한다. 가족이나 친구, 가까운 사람에게 자신의 성공적인 변화를 알리고 그들의 인정과 응원을 조건 없이 있는 그대로 수용한다. 변화는 주어지는 것이 아니라 전략적으로 만드는 것임을 명심한다. 일회적인 변화가 아니라 지속적인 변화를 지향한다. 그래야 실행의도가 커진다.

2) 실행의도를 방해하는 심리

요즘처럼 변화와 혁신이 화두인 때도 드물다. 공공부문이나 민간부문 모두 조직 운영 전반에서 변화와 혁신의 주제를 찾고 있다. 이는 개인에게 있어서도 예외는 아니다. 개인 차원에서 변화는 자기 자신을 아는 것에서 시작된다. 사람은 흔히 자기 자신을 가장 잘 안다고 생각하지만, 실상 자신에 대해 잘 모르고 있는 경우가 많다. 다른 사람이 볼 때는 분명히 강점인데도 불구하고 이를 잘 인지하지 못한다. 또한, 약점으로 분명하게 드러나 보이지만 제대로 인지하지 못하는 경우가 있다. 왜 그럴까? 이 물음에는 대한 답은 실행의도를 방해하는 요인이기도 하다. 실행의도를 방해하는 심리는 다음과 같다.

(1) 인지적인 측면에서 자기방어

우리는 타인으로부터 인정을 받고 있는 자신의 모습을 유지하기 위해 타인으로부터 오는 정보를 선택적으로 받아들임으로써 자신의 긍정적인 이미지를 방어한다. 이러한 방어 전략으로서 긍정적인 자기 이미지를 손상시키거나 위협하는 정보를 무시하거나, 자기 자신과는 무관한 것으로 분류한다. 또한 자기 자신에게 유익한 것으로 왜곡하여 해석한다. 이러한 인지적 활동을 심리학에서는 자기본위적 편향(self-serving bias)이라고 한다. 이러한 왜곡의 대표적인 예가 성공은 내 탓, 실패는 조상 탓으로 돌리는 것이다. 결과가 긍정적이고 바람직하게 나타난 원인을 자신의 능력이나 노력에 의해서 이루어진 것으로 돌림으로써 자존감을 보호한다. 반면 결과가 부정적이고 바람직하지 않게 나온 것에 대해서는 그 원인이 우연이나 타인, 또는 환경에 있는 것으로 돌림으로써 자존감이 손상을 당하는 것을 막는다.

(2) 타인의 의견을 받아들이는 능력 부족

타인의 의견을 경청하지 않고 자신의 입장에서만 대화하는 경우, 타인이 자신을 어떻게 지각하고 있는지를 파악할 수 있는 많은 정보를 놓친다. 다른 사람으로부터 칭찬, 조언, 비평, 충고를 들었지만 그들의 피드백에 귀를 기울이지 않기 때문에 타인의 눈에 비친 자신의 모습을 볼 기회를 놓친다. 타인의 피드백을 경청하고 활용하는 기술은 사회인으로서 자기 자신의 모습을 형성하는 데 중요하다.

(3) 사회적 얼굴을 더 강조

사회가 요구하는 모습에 맞게 자신을 꾸미다 보면 본래의 자기 모습을 잃어버리기 쉽다. 자기 자신의 긍정적인 모습을 드러내지 않거나 자기 자신을 낮추는 것이 사회적으로 인정을 받는 행위이기 때문에, 이러한 문화적 가치에 길들여질 수 있다. 관리자를 대상으로 성격을 진단해 보면, 겸손이 두드러진 공통적 특성으로 나타난다. 특히, 관리자의 지위가 높아질수록 이러한 경향은 더욱 뚜렷해진다. 겸손은 타인에게 자신을 드러내는 행동 양식에 영향을 미치고, 갈등 상황에서 양보와 이해, 수용으로 나타난다.

사회적 얼굴에 치중하다 보면 자기 모습을 잃어버릴 수 있다. 사회성은 뛰어나지만 순수성은 없는 관리자가 될 수 있다. 사회가 바람직한 모습으로 요구하는 모습에 맞추어진 사회적 자기와 자신의 내면적인 모습인 개인적 자기 간의 균형을 잘 유지하고 관리하는 것이 중요하다. 이렇게 노력해 보자.

- 다른 사람과 대화를 할 때, 열린 마음으로 경청하면서 타인에 비친 나의 모습을 객관적으로 확인해 보자.
- 자기 성찰을 한다. 스스로 내면의 벽을 쌓고 있는 것을 파악한다. '일을 하려면 완벽하게 해야 한다'와 같이 자신의 생각을 묶어 두

는 자기제한적 신념(self-limiting beliefs)을 찾고 바꾸어 보자.

- 매일 아침 거울을 보면서 자신의 부족한 점과 개선하기 위한 방법에 대해 자신과 솔직한 대화를 해 보자.
- 마지막으로 자신을 이해하는 데 적합한 심리검사를 받아 보자. 검사를 통해 드러난 객관적인 모습과 주관적으로 이해하고 있던 모습과의 차이를 확인하고 해소해 보자. 또 진단 전문가로부터 검사의 결과와 해석을 포함한 디브리핑(debriefing)을 받아 본다.

3) 그릇된 가정을 바로잡는 질문

우리는 여러 가정을 토대로 생각하고 느끼고, 의사결정을 한다. 그 가정이 참(true)일 때는 좋은 생각과 감정을 경험하게 되지만, 그릇(false)된 것일 때는 생각과 감정 경험을 제한하는 요인이 된다. 가정이 참이 아닌 경우, 그에 따라 생각하고 느끼고 행동하는 것은 근본적인 변화를 이끌어 내지 못한다. 그렇다면, 그릇된 가정을 변화시킬 방법은 없을까?

낸시 클라인(Nancy Kline)은 20여 년의 코칭 경험을 토대로 다음 5가지 질문을 순차적으로 사용함으로써 그릇된 가정을 바로잡을 수 있다고 제안했다.

- 질문 1: 어떤 가정을 하고 있는가?
- 질문 2: 지금 생각을 가장 제한하는 가정은 무엇인가?

- 질문 3: 그 가정이 참인가?
- 질문 4: 참이 아니라면, 사고를 제한하는 가정에 대한 대안은 무엇인가? 이때 대안은 참이어야 한다.
- 질문 5: 대안을 알고 있다면, 어떻게 생각하고, 느끼고, 행동할 것인가?

코칭에 참여한 한 대기업의 임원은 시간관리를 효과적으로 할 필요성을 느꼈다. 매월 시간계획을 세우고 있지만, 시간계획을 한다는 것을 포기해야 하나 고민 중이다. 최근에는 시간계획을 하기 보다 발생하는 일들을 가능한 범위 내에서 서로 조정하는 것에 더 많은 에너지를 소비하고 있다. 시간 얘기만 나오면, 일단 불편하다. 코칭을 통해 행동 변화를 이끌어 내는 과정에서 파악된 문제는 마음속으로 '시간관리가 불가능하다'고 생각하는 것이다.

"시간관리를 하는 데 있어 사실이든 아니든 당신이 가정하는 것이 있다면, 무엇입니까?(질문 1)"

"시간이 절대적으로 부족합니다. 이 많은 일들을 보십시오. 매일 시간 압박을 받고 있습니다."

"시간이 절대적으로 부족하다는 것 이외에 당신이 가정하는 것은 무엇입니까?(질문 2)"

"다른 것이 있겠어요? 시간만 있으면, 다 해결되지요. 계획을 세워 봐야 현실적으로 지키기 힘들고. 지키지도 못하는 시간계획을 짜

느라 시간을 낭비할 필요가 없다고 생각합니다. 요즘 같아서는 비서가 있으면 좋겠는데, 저희 회사 규모로는 비서를 둘 형편은 못됩니다. 멀티플레이어가 되어야 합니다."

"시간관리로 스트레스를 많이 받으시는군요. 힘들어 하시는 것이 느껴집니다. 시간이 절대적으로 부족하다는 가정이 참인가요?(질문 3)"

"무슨 말씀이시죠? 좀 다르게 말씀해 주겠습니까?"

"정말 시간이 절대적으로 부족한가요?"

"꼭 그런 것은 아니지요. 그러나 시간적으로 압박을 받고 있습니다. 시간이 있어야 다른 것도 생각할 수 있으니까요. 어찌 보면, 시간의 포로입니다."

"시간이 부족하지만, 절대적으로 부족한 것은 아니라고 생각하시는군요. 그럼 원하는 목표를 얻으려면, 가능한 방법은 무엇입니까?(질문 4)"

"내 시간을 어떻게 사용할지 내가 선택할 수 있다고 생각하는 것입니다. 시간의 유무보다 어떻게 사용하느냐가 더 중요하니까."

"말씀을 들으니 시간관리에 대한 책임감을 느끼시는군요. 시간 압박의 포로에서 시간을 관리하는 적극적인 행위자가 되겠다고 생각하시는군요. 그렇습니까?"

"사실, 일을 상전처럼 모시고 있다 보니 주객이 전도되었네요."

"어떤 느낌이 드세요?(질문 5)"

"시간관리에 대해 생각만 해도 짜증이 났는데, 이젠 좀 여유가 생기는데요."

"만일 시간 사용에 대해 선택할 수 있다면, 어떻게 시간계획을 다시 세우겠습니까?"

강력한 질문은 사고와 행동의 변화를 이끌어 낸다. 임원은 5가지 예리한 질문에 답을 찾는 과정에서 시간관리에 대한 관점 전환을 경험했다. 관점 전환은 행동의 변화를 이끌어 내는 데 필요하다. 그는 시간관리의 범위를 한달 단위에서 통제할 수 있는 주 단위로 관리하고, 주 내에서도 예측이 가능한 2~3일 단위로 시간을 관리하는 방법을 적용했다. 중요하지 않은 일을 찾아 낭비 시간을 줄였다. 시간의 압박에 대해서도 덜 민감하게 대응하는 심리적 변화를 스스로 이끌어 냈다. 고객의 행동 변화를 이끌어 내기 위해서는 고객의 관점 전환을 이끌어 낼 수 있는 강력한 질문을 구조화된 형태로 사용하는 기술을 키워야 한다. 낸시가 제안한 예리한 질문은 고객이 그릇된 가정에 묶여 있을 때, 사용하면 효과적이다.

4) 셀프 코칭으로 자기 확신 높이기

우리의 삶을 보다 편안하게 느끼고 도전적으로 생각하고 시도할 수 있기 위해 필요한 것은 무엇일까? 우리는 모든 것은 마음을 먹기에 달렸다고 흔히 생각한다. 이러한 마음은 자기 스스로 생각하고 행동하려는 확신도에 따라서 다르다. 사회심리학자들은 자기 확신이 높은 사람일수록 현재와 미래의 일에 대해 긍정적인 시각을 갖고, 가능성에 대한 믿음이 높아진다는 연구 결과를 보고했다. 그렇다면, 어떻게 자기 확신을 높일 것인가? 자기 확신을 높이는 것도 전략적이며 기술을 필요로 한다. 이렇게 해 보자.

- 아침에 샤워 후 밝은 모습을 하고, 거울에 비친 자신에게 말을 걸어 보자. "길동아, 야 너 멋있는 놈이네. 오늘 고객과 중요한 계약을 상담하는 미팅이 있지. 너 잘할 수 있다."라고 말해 보자. 자신을 격려하고 지지하는 말을 하는 것이다.
- 다른 사람과 대화할 때, 낙관적인 시각을 가지고 말하자. "저는 이번 일이 기대 이상으로 잘될 것이라고 믿습니다."
- 다른 사람의 말을 경청한다. 상대방의 말을 잘 들을 때, 좋은 질문을 할 수 있다. 경청과 질문은 대화를 활기 있게 하고 생산적으로 만드는 핵심이다. 상대방이 말을 할 때, 다른 생각을 하지 않는다. "왜, 저리 말이 많아... 끝나기만 해봐라.", "이젠 내가 말할 차례인데..." 등과 같이 머릿속으로 딴 생각을 하는 것은 경청을 방해하는 주된 요인이다.
- 타인에게 열정적인 모습을 보이도록 한다. "같이 도전해 봅시다." 이런 말을 자주하자.
- 신뢰로운 사람이라는 모습을 보이자. 미팅 약속과 같이 자신이 말한 약속을 지키자.
- 타인과 논쟁을 하기보다 같이 문제를 해결하는 토의 습관을 기른다.
- 타인을 인정하고, 칭찬하고, 지지한다. 긍정적이고 열린 마음을

가지며 자기 확신이 높은 사람일수록 타인의 긍정적인 모습을 인정하고 이끌어 내는 말을 할 수 있다.

- 당면한 문제의 장애요인을 지적하고 강조하기보다, 어떻게 하면 해당 요인들을 극복하고 문제를 해결할 수 있는지 해법에 중점을 두고 대화하자.
- 자신과 타인을 비교하지 말고, 자신의 강점을 존중하고 이끌어 내려고 노력하자. 자기 자신을 능력이 부족한 사람이라고 부정적으로 이름을 붙이면(labeling), 그 덫에 걸린다. 부정적 사고의 노예가 되기 쉽다.
- 자신의 모습을 있는 그대로 드러내려고 노력하자. 스스로 부족한 부분(약점)이라고 생각하는 것도 타인은 강점으로 볼 수 있음을 명심하자. 자신의 약점이라고 생각하는 것을 목록으로 만들어 보자. 가능한 생각나는 대로 모두 적는다. 그리고 주위 사람에게 자신의 강점이 무엇이라고 생각하는지 물어보자. 약점이라고 생각한 것을 타인은 강점으로 볼 수 있는지 확인해 보자.

실행의 과정과 결과를 점검하기

1) 타인과의 비교를 멈추기

사회적 비교는 자신의 성취와 능력을 다른 사람과 비교하여 순위를 매기게 하며, 이는 자존감을 낮출 수 있다. 자신이 만든 결과와 성취, 자신의 독특한 재능에 감사하는 데 집중한다. 아주 작은 변화라고 해도 잘한 일을 축하한다. 다른 사람이 어떤 모습으로 어떻게 지내는지, 그것이 당신보다 더 나은지 나쁜지 궁금해 하는 것을 멈춘다. 오로지 당신이 성공적으로 한 일을 대화의 소재로 삼는다. 지금 이 순간 당신의 장점을 있는 그대로 소중히 여긴다.

2) 실행과 존재의 균형 관점 갖기

리더는 자신의 역할을 수행하면서 많은 경우 시선을 밖에 두고, 실행에 관심과 주의를 집중한다. 리더의 관심은 원하는 결과와 그 결과를 만드는 실행과 평가이다. 이와 달리 구성원은 시선을 안에 두고, 존재에 관심과 주의를 집중한다. 구성원의 관심은 결과를 만드는 과정, 그 과정을 담당하고 수행한 존재와 인정이다.

코칭에서 만난 팀장은 책임감이 강한 리더이다. 자신이 맡은 일을 완성하기 위해 가용한 자원을 동원하고, 일을 완수할 수 있도록 상황을 조성하는 능력이 탁월하다. 그는 자신의 능력을 발휘하는 과정에서 자기 자신과 상황을 통제하는 경향을 보였다. 해결하기 어려운 곤란한 상황에 놓이게 되면 어떻게 하든 상황을 돌파하는 모범답안을 마련하려고 애를 썼다.

팀원들은 이러한 팀장을 어떤 리더라고 보았을까? 팀원들은 팀장이 상황을 통제하고 지배하려는 경향이 강하고, 자신의 생각을 다른 사람에게 주입하려는 리더로 보았다. 다른 사람의 입장을 고려하지 못하고 그들의 의견을 존중하지 않는다고 피드백을 했다.

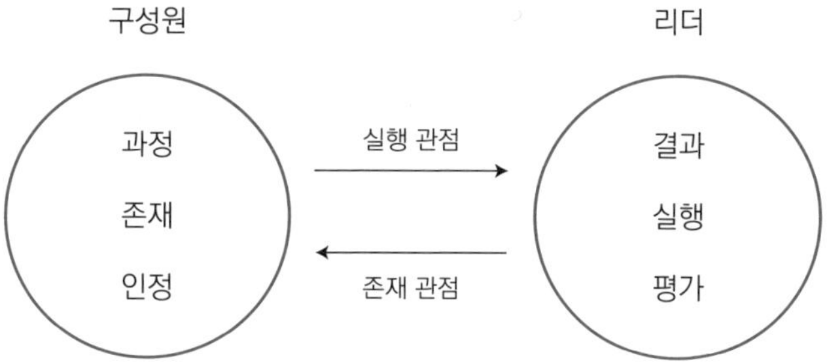

[그림 6-1] **리더와 구성원의 관점과 관심 차이(이석재, 2020b)**

사실 팀장은 상반기에 실시된 리더십 다면 진단에서 팀원들의 피드백을 주의 깊게 읽고 팀원들의 생각을 존중하려고 노력하는 중이었다. 팀장으로서 팀원들의 업무 태도와 업무 수행, 그리고 결과물은 여전히 자신의 기대 수준에 미치지 못했다. 예전 같으면 이러한 차이를 직설적으로 표현했을 것이다.

그 차이가 나타난 원인과 차이를 해소하는 효과적인 방법, 시급한 노력 등에 대해 할 말이 많다. 팀장은 이러한 차이에 주의를 기울이면 마음이 예민해지고 쉽게 떠돈다는 것을 알고 있다. 이러한 이유로 팀장은 팀원들의 피드백을 반영하여 자제하고 있다. 팀장으로서 할 말은 많지만 마음속에 눌러 두고 있다. 아쉽게도 이러한 팀장의 노력에 대해 알고 있는 팀원은 아무도 없다. 팀장이 자신의 속마음과 변화 의도를 팀원들과 공유한 적이 없기 때문이다. 드러내지 않은 속마음을 알아채고 읽어 내는 것은 쉬운 일이 아니다.

팀장은 자신의 기대 사항과 팀원이 보이는 모습 간의 차이를 점진적으로 해소하기 위해 업무를 수행하는 과정에서 발생하는 문제를 직접 해결하기보다 문제해결과 의사결정에 팀원들을 참여시켰다. 이전에는 팀장이 주도했다면 이제는 팀원들이 주도하도록 한 것이다. 팀장은 팀원들이 원하는 방식으로 일을 진행시키고 있기 때문에 큰 문제는 없다고 보았다.

어느 날 그는 팀원과의 대화에서 뜻밖의 사실을 알았다. 팀원들 간에 회자되는 이야기로 팀장이 업무에 무관심해졌다는 것이다. 주된 이유를 알 수는 없지만 팀원들이 지난번 리더십 다면 진단에서 직설적으로 피드백을 한 것에 대해 실망했기 때문이라는 것이다. 예상하지 못한 사실을 접하면서 팀장은 문제의 근원이 무엇인지에 대해 고민했다.

그는 주도성을 발휘하는 주체를 팀장에서 팀원으로 바꾸는 것만으로도 중요한 역할 변화를 보인 것이라고 판단했다. 이제 팀원들이 결과로 응답할 차례라고 생각했다. 그러나 이러한 생각에 매몰되면서, 팀원들이 주도적으로 업무를 수행해 더 나은 결과를 만드는 과정을 모니터링하고 팔로업을 하지 않았다. 팀장은 이 점이 실수일지도 모르겠다고 생각했다.

(1) 수행 과정을 누구의 관점에서 볼 것인가

'더 나은 결과를 만드는 과정'을 생각하는 팀장은 자신의 관점을 전환할 수 있는 최적의 심리 상태를 갖고 있다. 과정에 대한 관점을 바꾸는 것 하나만으로도 팀장과 팀원 간의 관계를 새롭게 재정립할 수 있다.

"방금 말씀하신 더 나은 결과를 만드는 과정을 팀원의 관점에서 생각한다면, 팀장의 관점에서 생각하는 것과 어떤 차이가 있다고 생각하십니까?"

"글쎄요. 생각해 보지는 않았습니다. 그런데 팀장이 챙겨야 할 것으로 생각했던 과정을 팀원의 관점에서 생각한다는 것은 새롭고 흥미롭습니다. 팀장의 관점에서 보는 것이 더 구체적이라고 생각했는데, 지금 보니 제가 놓치는 것을 더 볼 수 있겠는데요."

"놓치는 것을 더 볼 수 있다는 것은 어떤 의미입니까?"

"팀장의 역할을 수행하면서 사실 과정보다 결과를 더 챙겼습니다. 과정을 본다는 것은 곧 팀원의 입장을 취하는 것과 같다고 생각합니다."

그의 관점 전환은 놀라웠다. 그는 그동안 팀장이라는 역할자의 관점에 묶여 있었다. 팀원의 관점에서 과정을 보려면, 업무의 시작과 종료까지 살피는 시각과 관점이 필요했다. 관점을 바꾸니 마음이 이전보다 유연하다. 또 마음도 편안하다. 성공적인 팀장의 역할을 하기 위해 주의를 집중하는 과정에서 체험한 답답한 마음이 눈 녹듯이 풀리고 있다고 느꼈다.

(2) 내면에 주의를 둘 때 알게 되는 것

코칭 프로그램에서 만난 한 대기업의 사업부장은 주말이 되면 조용한 공간을 찾아 커피를 마시며 자신을 되돌아보았다. 일주일 동안 어떤 생각을 하고 행동하였는지를 원하는 결과의 관점에서 돌아보는 것이다. 이와 같은 자기 성찰은 자신의 생각과 행동이 원하는 목표와 연결된 정도를 살피는 것으로 분석적이며 평가적인 활동이다. 이러한 자기분석과 평가를 통해 원하는 결과를 얻는 데 어느 정도 가까워지고 있는지를 확인할 수 있다.

또한 이 과정을 통해 사업부장은 목표를 이루려는 자신의 의지와 자신의 강점, 또 개발이 필요한 점을 알게 된다. 자기 성찰이 주는 이점이다. 때로는 이전에는 몰랐던 자신의 새로운 모습을 알게 된다. 예를 들면, 그는 자신을 단호한 사람으로 자각했다. 그는 매일 세 가지 긍정문을 작성하면서 '더 이상 흔들리지 않는 내가 되겠다'고 다짐했다. 그리고 일터에서 이러한 다짐을 실천하고 무관한 일들을 과감하게 무시하는 자신의 모습을 보았다. 원래 자신의 성향이 목표지향적이라고 생각했지만 목표를 이루는 과정에서 단호한 의사결정을 하는 자신의 모습을 새롭게 체험했다. 새로운 자기 모습을 알게 되면서 자기 평가도 긍정적으로 하게 되고 자기중심을 잡을 수 있겠다는 확신도 높아졌다.

사업부장과의 코칭이 중반을 지났을 무렵, 그는 자신의 생각과 행동을 점검하고 평가하는 과정에 익숙해지면서 일상이 다르게 느껴졌다고 말했다. 나는 그의 말에 호기심을 갖고 질문했다. "이전과는 다르게 느끼셨군요. 그 다른 것이란 무엇일지 궁금합니다."

사업부장의 응답은 깊은 자기 성찰의 결과였다. 그는 마음의 중심을 잡고 생활한다는 다짐을 실천하면서, 이와 관련된 활동을 과제라고 생각했다. 그런데 시간이 지나면서 단순히 과제가 아니라 삶의 요구이며 주제라는 것을 알았다. 이러한 알아차림은 자신의 생각과 행동에 생기를 불어넣었다. 자신감과 자기 확신도 커졌다. 그는 이번 경험을 통해 삶의 방향을 잡았다고 말했다. 이전에는 영업 목표를 이루는 데 초점을 둔 삶을 살았다면, 지금은 자기 자신이 주인공인 주도적인 삶을 산다고 말했다. 그는 일터나 개인생활에서 새로운 의미를 찾았다.

3) 나를 되돌아보는 일기 쓰기

실행의 과정과 결과를 지속적으로 점검하는 도구로서 나를 되돌아보는 일기를 쓴다. 성찰의 시간을 갖는 노력은 변화의 대상인 사고와 행동을 체계적이며 지속적으로 이끌어 가는 데 효과적이다. 관점 코칭을 시작해서 종료될 때까지 작성하기를 권한다. 사용 방법은 다음과 같다.

〈작성 요령〉

- 하루를 마감하기 전에 새로운 관점을 삶의 현장에서 실천하며 원하는 결과를 만드는 과정을 떠올린다. 의미 있는 활동이나 사건은 무엇인가? 일기를 작성하는 일시와 등장인물, 활동이나 사건의 핵심을 작성한다.
- 작성된 내용에 대해 순서대로 5가지 질문을 하고 나의 생각을 적는다.
- 이 일지는 하루에 여러 번 작성할 수도 있다.
- 매주 한번 그 주에 작성한 일기를 읽고 성찰하는 시간을 갖는다.

〈5가지 질문〉

- 어떻게 내 관점을 적용해야 했을까?
- 조금이라도 개선이 필요한 점은 무엇인가?
- 나로 인해 다른 사람에게 부정적인 영향을 미친 것은 무엇인가?
- 같은 이슈가 반복되는 경우, 내가 이전과 다르게 할 것은 무엇인가?
- 이 사례를 통해 내가 느끼고 학습한 것은 무엇인가?

관점 전환의 성공 사례 분석

관점 전환은 원하는 결과를 얻을 가능성을 높이는 새로운 관점의 수용과 선택이 확정되고 삶에 적용되는 것을 뜻한다. 관점 전환은 '변화 요구-결정적 행동-원하는 결과'의 내용에 따라서 다르다. 이에 대한 당신의 이해를 돕기 위해서 여기서는 일과 삶의 불균형으로 고민하던 고객이 답을 찾는 과정을 담은 코칭 사례를 선정해서 심도 있게 살펴본다(이석재, 2023). 특히 당신은 이 책에서 소개하는 6단계 관점 전환이 관점 코칭에서 어떻게 활용되는지를 확인할 수 있다.

조직 내에서 리더로 성장하면서 흔히 갖는 고민은 일과 삶의 균형, 성과와 존재의 균형을 잡는 것이다. 코칭 고객인 여성 팀장은 육아 문제는 거의 벗어났지만 여성이라는 존재감과 성과를 내야 하는 리더로서 역할 수행이 늘 갈등이었다. 특히 팀장 경력과 연차가 쌓이면서 임원으로 승진할 수 있는 기회를 가질 수 있고, 내심 더 성장하고 싶기 때문이다.

여성 팀장은 여성 리더로서 역할을 잘 해낼 수 있을지에 대해 진지하게 고민했다. 마침 외부 전문코치가 진행하는 코칭 프로그램에 참여했다. 회사는 매년 소수의 인원을 대상으로 자기계발을 위한 코칭 프로그램을 개설한다. 참가자는 부서장의 추천을 받거나 심사를 통해 최종 선정된 리더이다. 어느 화창한 날 팀장과의 첫 미팅이 이루어졌다.

단계 1: 현재 관점을 파악한다

이 단계를 본격적으로 시작하기 전에 코치는 먼저 고객과 안전한 대화 공간을 만들고 그 공간에 고객을 초대하는 대화를 나눈다. 고객이 해결하고 싶은 주제(이슈 또는 문제)를 갖게 된 배경을 알기 위한 목적도 있다.

"이번 코칭 프로그램이 어떻게 운영되면, 팀장님에게 도움이 될 수 있겠습니까?"

"여성 리더로서 계속 성장하고 싶은데 어떻게 하면 좋을지, 지금 고민하고 있는 것에 대한 답을 찾을 수 있으면 좋겠습니다."

"말씀에서 여성 리더로 성장하고 싶은 바람과 고민의 정도가 함께 느껴집니다. 저와의 코칭 시간을 통해 원하시는 답을 찾으면 좋겠습니다. 두 가지가 궁금한데요. 되고 싶은 여성 리더는 어떤 모습일까? 또 지금 고민은 어떤 내용일까? 이 두 가지 이외에 또 말씀 나누고 싶은 것이 있으십니까?"

"아니요. 현재 두 가지가 전부입니다. 앞으로 고민되는 것이 있으면, 말씀드리겠습니다."

"잘 알겠습니다. 그럼 먼저 되고 싶은 여성 리더는 어떤 모습을 생각하십니까?"

"사실 제가 생각하는 것은 선한 영향력을 가진 리더입니다. 성별의 구분이 없이, 여성은 저의 정체성이기 때문에 붙인 것입니다."

"여성은 나중에 관련성이 있으면 다루기로 하고, 선한 영향력을 가진 리더는 어떤 사람이죠?"

"팀장의 역할을 수행하면서 성과를 만드는 방법을 고민했습니다. 어떻게 성과를 만들 것인가? 성과를 앞에 내세우니, 나머지는 모두 방법이나 도구가 되더군요. 여성도 그중 하나입니다. 그때 육아 문제가 컸었는데, 성과를 내는 데 큰 장애가 되었습니다. 엄마가 자식을 장애라고 하면 벌받겠지요? 당시에는 경제적으로 일을 해야 했고 경력을 놓고 싶지 않았습니다. 솔직히 말씀드리면, 일 욕심도 컸습니다. 성과를 내기 위해 나머지를 관리할 때 그 비용이 너무 큰 거죠. 감당하기 어려웠습니다. 저와 팀원들도 마음의 상처를 많이 받았습니다. 그때 알았죠. 팀장이 성과를 주도해서는 안 되겠다. 선한 영향력은 모두가 성과 만들기를 주도하도록 참여시키는 리더십입니다."

"깊은 뜻이 있군요. 선한 영향력에 팀장님의 가치관과 신념이 담겨 있다고 생각했습니다. 지금은 어떠세요? 팀장님의 고민이 점점 궁금해집니다."

"그런데 모두를 참여시킨다는 것이 쉽지 않았습니다. 어떤 때는 제가 주도하는 것보다 더 힘든 것 같습니다. 어떻게 하면 모두를 참여시킬 수 있을까?"

"말씀을 들으면서 지금까지 많은 시도를 하셨을 것으로 생각합니다. 좀 전에 쉽지 않다고 하셨는데, 가장 어렵게 느낀 것은 무엇입니까?"

"처음에는 팀원들의 문제점을 찾았습니다. 팀원에서 찾다 보니 팀원을 대하는 호불호가 생겼습니다. 팀원이 문제가 아니라 호불호를 갖는 제가 더 문제죠. 가장 어려운 것은 팀원의 문제라고 보지 않고 저의 문제라고 생각을 바꾸는 것이었습니다. 내 문제라고 생각하면 쉬울 줄 알았는데, 자꾸 원인을 밖으로 돌리더군요. 그래서 저의 내면이 정리되지 않고는 달라질 것이 없다고 결론을 내렸습니다."

"자신의 내면을 정리하고 달라진다는 것은 무슨 의미일까요?"

"팀장 역할을 하는 나는 누구인가? 나는 어떤 사람이어야 하는가에 대해 답을 찾겠다고 생각했습니다. 코치님은 이런 질문을 가진 리더들을 많이 만나셨을 것 같은데요. 이럴 때는 어떻게 하세요?"

"저는 답을 제시하지 않고 찾도록 도와드리죠. 지금 팀장님과 관점 코칭 대화를 나눠 보면 좋다고 생각했습니다. 관점 코칭 대화는 답을 찾고 싶은 주제를 정하고 그 주제를 여러 관점에서 바라보는 것입니다. 그 과정을 거치다 보면, 해당 주제에 대한 답을 찾거나 답을 찾는 길이 더 명료하게 보이죠. 같이 해 볼까요?"

"지금까지 코치님과 대화한 것과는 다른 것인가 보죠? 좋습니다. 알려 주시면 따라가겠습니다."

"지금까지의 대화를 정리해 보면, 팀장으로서 나는 어떤 사람이면 좋겠는가? 이것에 대한 답을 찾고 싶으신 것이죠?"

"맞습니다."

"그럼, 이 주제에 대해 이름을 붙여 보는 것입니다. 이름을 정해 보시죠."

"글쎄요. 정체성 발견, 자기 발견… 쉽지 않은데요. '나는 누구인가' 이렇게 해도 되지요?"

"그럼요. 주제 이름은 '나는 누구인가' 좋습니다. 다음 단계는 이 주제에 대해 어떤 관점을 가지고 있는지를 알아보는 것입니다. 주제를 바라보고 어떤 생각을 하십니까?"

"가장 중요하면서도 답하기 어려운 것, 본질적인 것, 중심을 잡아 주는 것, 잘 모르니까, 답하기 어려우니까 … 안개 이런 생각도 듭니다. 중요한 질문, 죽기 전에는 꼭 답을 알아야 할 것."

단계 2: 관점을 자기 내면과 연결한다

이 단계에서는 이름을 붙인 관점을 내면과 연결한다. 여기서 내면이란 세상을 바라보고 대응하는 인식 틀인 정신 모형과 소유자인 자기를 뜻한다. 이전보다 명확하고 명료하고 정의된 관점은 정신 모형과 일치하여 자연스럽게 그 일부가 되기도 하고, 때로는 정신 모형을 수정하거나 보완하는 경우도 있다. 이러한 변화가 누적되면 자기를 인식하는 체계가 달라진다.

"지금 어떤 느낌인가요?"

"생각하면서 무척 진지함을 느꼈습니다. 주제를 바라보지만 내면과 대화하는 느낌이었습니다. 저에게 정말 소중한 것이라는 생각이 듭니다."

"이 주제가 팀장님의 내면과 깊이 연결되어 있군요. 그 연결을 느껴 보십시오. 이제 그 연결에 이름을 붙여 보십시오."

"내면의 자기와 만남을 연결시켜 주는 것, 자기가 누구인지를 알아 가게 해주는 길… 만남의 길로 이름을 붙이겠습니다."

"팀장님은 작명도 잘하십니다. 멋진데요. 좋습니다. 만남의 길, 관점 이름은 만남의 길입니다. 만남의 길 관점 이렇게 불러도 됩니다. 이번에는 이 관점을 떠나 다른 관점으로 가 보려고 합니다. 이 관점을 떠나기 전에 느낌이나 생각을 더 나누고 싶은 것이 있습니까?"

"아니요. 없습니다."

단계 3: 시스템적 관점으로 확대한다

나는 팀장에게 7개의 관점에서 필요한 관점을 선택한 후 주제를 바라보고, 떠오르는 생각과 의미들을 찾아보도록 했다([표 2-1] 참고). 자신이 선택한 관점에 포함된 생각과 느낌을 깊이 살펴보면서 주제에 대해 깊게 들어가 보는 것이다. 주제를 다양하게 바라보면, 주제에 대한 자신의 사고 체계(정신 모형)를 이해할 수 있고 그 과정에서 원하는 답을 찾을 수 있게 된다.

"자, 주제를 바라봅니다. 이번에는 어떤 생각이 떠오릅니까? 천천히 생각하셔도 됩니다."

"여러 생각들이 많이 떠오르는데 그 생각 중에 어떤 것을 꺼낸다는 것이 쉽지 않습니다. 생각을 빨리 정리하는 방법도 있을까요? 혹시 코치님께 결례가 아닌지 죄송합니다."

"그렇지 않습니다. 여러 접근 방법이 있기 때문에 잘못이나 결례는 없습니다. 처음 어떻게 하는지 아셨으니, 이번에는 주제를 보는데 도움이 되는 여러 관점을 제시하겠습니다. 그 관점들을 보고 선택해 보시기 바랍니다."

"네, 좋습니다."

"코칭에서 만난 리더들의 변화 요구를 분석한 것입니다. 모두 7개의 변화 요구가 있는데 저는 이를 삶의 주제라고 이름을 붙였습니다. 요구를 간단한 명사로 표현했는데요. 구성, 시선, 인식, 협업, 희망, 동기, 탐구입니다."

관점 코칭에 참여하는 고객들은 처음에 자신의 생각을 끌어내고 관점으로 정리하고 이름 붙이는 것에 흥미를 갖고 참여했다. 그러나 대개 다음 단계로 진행되면서 코치의 도움을 받고 싶어 했다. 제한된 코칭 시간에 진행할 때 효과적이다. 2주 후 고객을 다시 만났다.

단계 4. 탐구한 관점을 수용한다

나는 고객과 삶의 목적을 정하는 대화를 나눴다. 삶의 목적은 방향성을 알려 준다. 따라서 삶의 환경이 다변하고 예측하기 어려워도 삶의 방향타와 같은 역할을 한다. 이러한 기능으로 인해 삶의 목적은 고객의 관점에 등대와 같은 빛의 생명을 불어넣는다.

"지난 미팅에서 나는 누구인 가에 대한 주제를 여러 관점에서 살펴보는 코칭 대화를 나눴습니다. 그리고 추가 활동은 코칭 과제로 정하였는데요. 지난 미팅 이후 더 알게 된 것은 무엇입니까?"

"주말에 저만의 시간을 내어 7가지 관점을 모두 해 보았습니다. 상당히 흥미로웠고, 저를 많이 살펴볼 수 있었습니다. 7가지 관점이 큰 도움이 되었습니다. 주제를 서로 다르게 깊이 살필 수 있었습니다. 생각들을 모두 정리해 보니, 삶의 목적이 중요하다는 생각을 했습니다. 추상적일 것이라고 생각했는데, 오히려 구체적으로 설정할 필요가 있었습니다. 오늘은 삶의 목적을 어떻게 정할 수 있는지를 알고 싶은데, 가능한 것인가요?"

"그럼요. 주말에 귀한 시간을 만들고 생각을 잘 정리하셨습니다. 우선 다음 단계로 진행될 수 있도록 코칭 과제를 해 주셔서 감사합니다."

"당연히 해야 할 저의 일인데요. 감사합니다."

첫 코칭 미팅에서 그는 이미 선한 영향력을 가진 리더가 되고 싶어 했다. 이 생각은 순간적으로 떠오른 것이 아니라 그가 팀장의 역할을 하는 동안 겪었던 시행착오 체험에서 나온 삶의 이야기이다. 그 이야기 속에 고객의 자기 발견, 성찰과 통찰의 결과가 녹여져 있다. 삶의 목적 찾기는 오히려 쉽게 진행될 수 있었다. 나는 그에게 삶에서 추구하고자 하는 가치, 그 가치를 일상에서 실천했을 때의 결과물, 그 결과물이 가치와 일치하는지에 대해 이야기 나눴다. 그리고 그 가치 실현을 자기의 것만이 아닌, 가정과 타인, 사회에 어떤 영향을 미칠 수 있는지에 대해서도 대화를 나눴다. 그는 삶의 가치를 봉사와 기여로 정했다. 삶의 목적은 자신의 삶을 통해 타인에게 봉사하고 기여하는 것이다.

단계 5. 결정적 관점을 선택한다

이 단계에서는 효과성 프레임워크(이석재, 2019; 2023)를 토대로 팀장이 원하는 결과를 얻을 가능성을 높이는 관점을 최종 선택한다. 선택은 수용과 적용을 매개하는 의사결정이다. 이때 모든 의사결정이 완벽한 답을 주는 것이 아니라는 점을 인정한다. 따라서 어리석은 선택을 하는 실수를 최소화하고 당신의 판단과 직관을 존중하고 신뢰한다. 선택의 방향은 당신의 삶을 개선하는 것이다.

"삶의 목적을 세우면서 알게 된 것이 있다면, 무엇입니까?"

"삶의 목적에 맞는 삶을 산다는 것이 어떤 의미일지, 그 점을 다시 생각해 보았습니다. 생활하는 언행이 삶의 목적과 일치해야 한다고 생각했습니다."

"그렇습니다. 언행의 일치성이 삶의 목적에 따른 삶을 살고 있는지를 보여 주는 것이죠. 그럼, 그러한 삶을 살고 있다는 것을 어떻게 알 수 있을까요?"

"어떻게 알 수 있을까요? 저도 질문해 보고 싶습니다. 회사에서는 매년 상반기와 하반기에 성과 피드백도 하고, 일 년에 한 번은 리더십 피드백도 합니다. 특히 리더십 피드백의 내용을 보면, 직장에서의 생활은 어떤지 알 수 있겠는데요. 그럼 가정생활에서는 어떻게 하죠?"

"직장생활과 가정생활은 어떤 차이가 있다고 생각하십니까? 두 생활을 구분해서 말씀하시니, 두 생활의 차이를 분명히 정의하면 좋겠습니다."

"다르지 않을까요? 환경 자체가 다른데…"

"환경은 다르네요. 그럼 그 생활의 주체인 주인공은 어떨까요?"

"당연히 같은 사람이지요. 그러나 생각해 보니, 같은 사람인데 다르다고 생각하는군요. 가정에서는 아내이며 애들의 엄마로, 직장에서는 팀장으로, 역할은 다르지만 같은 사람이죠. 나는 누구인가를 생각할 때, 그동안 저는 역할을 가지고 나를 생각했군요. 정작 주인공인 자기 자신은 빠져 있었습니다. 역할이 주인공이다 보니, 다중 역할을 하느라 힘들었군요. 코치님의 질문이 핵심이군요. 생활의 주인공은 누구인가?"

"역시 팀장님은 자기 인식이 훌륭하십니다. 그럼 그 생활의 주인공의 눈으로 지금의 삶을 바라볼 때, 달라지는 것은 무엇입니까?"

"이제 답을 찾은 것 같습니다. 저는 같은 사람이어야 합니다. 가정과 직장은 다른 환경일 뿐입니다. 그 환경을 중심에 놓고 보니, 일과 삶, 존재와 성과의 균형을 맞추는 것이 풀어야 할 숙제였습니다. 나를 주인공으로 놓고 보면, 직장과 가정 그 이외에도 많은 삶의 환경이 있고 그 모든 것의 균형과 조화를 이루는 데 집중한다는 것은 맞는 말 같지만 맞는 사고방식은 아니라고 생각합니다."

단계 6: 선택한 관점을 삶에 적용한다

관점 전환의 마지막 단계는, 수용하고 선택한 관점을 삶에서 주도적이고 도전적으로 활용하는 것을 다짐하며 실천하는 내용을 다룬다. 여기서 '수용-선택-적용'은 관점 전환의 핵심 프로세스이다. 따라서 세 가지 요소를 연계하고 지속하도록 관리하는 것이 중요하다. 이러한 관리가 한 방향 정렬(aligned)을 확보할수록 깊은 수준의 관점 전환이 이루어진다.

"그럼 생활환경이 다른 문제를 어떻게 풀면 좋을까요? 다양한 삶의 환경에서 삶의 목적과 일상의 모습을 일치시키려면, 필요한 것은 무엇이겠습니까?"

"코치님이 갈수록 어려운 질문을 하시는데, 답을 생각할수록 정리가 되어 좋습니다. 나는 누구인가의 주제에 대해 관점으로 사용한 7가지 변화 요구가 그래서 나온 것일까요? 지금 생각해 보니, 삶의 목적에 맞는 생활을 하려면 그 변화 요구들이 채워져야 하는군요. 삶의 목적이 없다면, 그 요구들을 어떻게 채울지 모르겠지만 목적이 분명히 서 있다면 답을 찾는 방향이 있으니 그 방향으로 가면 되겠는데요."

"삶의 목적 방향으로 간다면, 그 삶의 모습이 시사하는 바는 무엇일까요? 봉사와 기여의 삶을 사는 팀장님의 모습을 떠올려 보십시오."

"삶은 결과가 아니라 과정이라고 생각했습니다. 현재의 삶은 결과를 원하지만, 목적 있는 삶은 과정을 바라보라고 말하는 것 같습니다. 팀장 역할을 하면서 성과를 내야 하는 결과를 생각하다가 저를 잃어버렸습니다. 팀원들도 저와 같은 삶을 사는 사람인데, 그렇게 보지 못했습니다. 결과도 챙겨야 하지만, 이제 과정을 중시하는 삶을 선택하고 싶습니다. 선한 영향력을 가진 리더라는 것은 결과도 챙기지만, 과정을 중시하는 리더이군요. 저의 리더십에서 달라져야 하는 점은 바로 과정을 놓치지 않는 것입니다."

"결과도 챙기지만, 과정을 놓치지 않는 리더십 행동은 구체적으로 무엇일까요? 달라져야 하는 리더십 행동은 무엇입니까?"

"달라져야 하는 것은 리더십에서도 봉사와 기여를 실천하는 것입니다. 팀원들이 자신의 삶을 주도적으로 살도록 저의 성찰과 경험을 공유하고, 그들이 일터에서 성과를 내도록 업무 환경을 만들어 주고 그들의 일하는 과정에 대해 대화를 하겠습니다."

"팀장님, 지금까지 말씀 나눈 것을 잠깐 정리해 볼까요? 봉사와 기여하는 삶의 목적을 정하였고, 가정과 직장을 포함한 다양한 삶의 환경에서 목적에 일치하고 일관성 있는 생활을 하는 주인공으로 사는 것이 중요했습니다. 결과도 챙기면서 과정을 중시하는 삶의 태도와 리더십 행동도 살펴보았습니다. 지금까지의 대화에서 팀장님에게 가장 울림 있는 내용은 무엇이었습니까?"

"저는 가정생활과 직장생활을 구분했는데 결국 일과 삶의 균형이라는 사고가 중요하지 않다는 것, 더 중요한 것은 결과도 챙기지만 과정이 삶의 가치와 부합되는 의미를 가져야 한다는 것입니다. 나는 누구인가? 어떤 삶을 살아야 하는가에 대한 답을 얻었습니다."

"지금 느낌은 어떠세요?"

"마음이 무척 홀가분합니다. 저의 삶이 눈앞에 있습니다. 삶의 목적도 분명하게 인식했고, 팀장으로서 달라져야 하는 리더십 행동도 살펴보았습니다. 이제 저는 삶의 목적과 일치하는 삶을 어떻게 살 수 있을지, 삶과 씨름하는 저의 진짜 모습에 대해 말씀을 나누고 싶습니다. 그런데 코치님, 제가 철학자가 된 것 같습니다."

관점을 확장하면 생각이 깊어진다. 하나의 관점을 가지면, 그 관점에 대해 세밀한 느낌과 생각을 가질 수 있다. 그러나 다른 관점을 만나면, 부딪히고 깨어지기 쉽다. 관점을 확장하면, 그만큼 생각할 수 있는 다양성을 갖게 된다. 다양성은 생각이 풍부하고 유연해지도록 돕는다. 관점 확대는 인식 능력을 향상시킨다. 팀장과 코칭 주제인 '나는 누구인가'에 대해 다양한 관점에서 탐구하면서, 자기 인식 능력이 향상되는 것을 알아차렸다.

고객은 자기의 관점에서 코칭 대화를 재빨리 정리하고 시사점을 찾아 요약하고 다음 대화를 준비하는 스킬도 키웠다. 그는 대화의 말미에 목적 있는 삶을 살기 위해서는 자기 수련과 관리가 꼭 필요하다고 생각했다. 고객의 사례에서 보듯이 평소 자기 인식을 하는 사람은 관점이 확대될 때, 순간의 통찰을 경험한다. 통찰은 학습과 성장의 씨앗이다.

나가는 글
장님과 코끼리 이야기

"사실은 없고 해석만 있을 뿐이다."

- 프리드리히 니체(Friedrich Nietzsche), 철학자

자기중심적인 사고방식은 관점 전환을 가로막는 장애 요인입니다. 자기중심의 사고방식을 벗어나는 방법은 타인의 의견에 귀를 기울이는 것입니다. 타인이 나와 다른 생각을 할 수 있다는 점을 수용하는 것입니다. 장님과 코끼리 이야기는 이에 대한 교훈을 줍니다. 5명의 장님이 코끼리의 각기 다른 부위를 만져 보고 나서 어떤 동물인지에 대해 다른 장님에게 묘사했습니다. 귀를 만져 본 장님은 "배의 돛과 같다." 코를 만져본 장님은 "긴 양말 같다."와 같이 장님들은 각각 다르게 말했습니다.

장님들이 동일한 코끼리를 만졌으면서도 왜 서로 다른 이야기를 할까요? 당신은 그 이유가 무엇이라고 생각합니까? 저는 대학원에서 강의할 때, 이러한 질문을 학생들에게 했습니다. 학생들이 흔히 응답하는 내용을 간추리면 다음과 같습니다.

- 부분만 만져 보고 전체를 만져 보지 못했다.
- 자기가 알고 있는 것에 대해 확신한다.
- 부분만 가지고 전체를 일반화하여 설명하려고 한다.
- 자기가 알고 있는 것만으로 이야기를 한다.
- 만져 본 것이 가장 정확하다고 생각한다.
- 처음 만져 보는 동물이라서 잘 모른다.

저는 자기 자신이 장님이라는 사실을 인지하지 못하기 때문이라고 말합니다. 자신이 장님이라는 점을 인식했다면, 이렇게 말했을 것입니다. "내가 만져 본 바로는 딱딱한 막대기 같이 생겼네, 여러분은 어떻게 생각하나요? 우리 이야기를 종합하니 코끼리는 이러 저러하게 생긴 것 같군요."

장님들이 코끼리를 묘사한 내용은 부분에 대한 묘사라는 관점에서 보면 모두 맞습니다. 그러나 코끼리 전체의 모습을 기준으로 보면, 장님들의 묘사는 틀린 것입니다. 그러면 장님들의 묘사는 맞는 것인가요, 아니면 틀린 것인가요. 어느 것이 맞고 어느 것은 틀린 것이라는 판단은 장님과 코끼리의 이야기에서 상대적입니다. 부분에 대해서는 맞지만, 코끼리 전체의 관점에서는 틀렸습니다. 장님들은 전체 모습을 놓치고 있습니다. 그들이 자신의 시각적 한계를 고려했다면, 코끼리의 전체 모습을 알 수 있는 방법을 찾았을 것입니다.

우리는 부분과 전체를 볼 수 있어야 합니다. 답은 이제 분명합니다. 각자가 자신의 한계를 올바르게 아는 것입니다. 자신의 한계를 인지하는 사람이 전체를 볼 수 있습니다. 자기와 다른 의견을 가진 사람을 만나는 순간이 바로 자기 한계를 인식하고 관점 전환을 시도할 수 있는 절호의 기회입니다. 관점 전환을 하면 모든 순간이 기회가 됩니다.

참고문헌

윤정구(2015). 진성리더십. 서울: 라온북스.

이석재(1996). 자기제시 책략척도의 타당도 검증. 한국심리학회지: 사회, 10(1), 115-136.

이석재(2014). 경영심리학자의 효과성 코칭. 서울: 김앤김북스.

이석재(2015). 효과성 코칭 워크숍: 워크북. 서울: 코치올.

이석재, 최상진(2001). 체면지향행동의 이원모델 검증: 구성적 체면과 방어적 체면. 한국심리학회지: 사회 및 성격, 15(2), 65-83.

이석재(2020a). 코칭방법론. 서울: 한국코칭수퍼비전아카데미.

이석재(2020b). 떠도는 마음 사용법. 서울: 플랜비디자인.

이석재(2023). 현장중심 코칭심리학. 서울: 학지사.

이석재(2024a). 실행력을 높이는 코칭심리학 수업. 서울: 학지사.

이석재(2024b). 씽킹 파트너. 경기: 모아북스.

Bailey, T. C., Eng, W., Frisch, M. B., & Snyder, C. R. (2007). Hope and optimism as related to life satisfaction. *The Journal of Positive Psychology*, *2*(3), 168-175.

Barsade, S. (2002). The Ripple Effect: Emotional Contagion and

Its Influence on Group Behavior. *Administrative Science Quarterly*, *47*(4), 644-675.

Bennis, W., & Nanus, B. (2003). *Leaders*. 김원석 역(2005). 리더와 리더십. 서울: 황금부엉이.

Boersma, R., Poortvliet, P. M., & Gremmen, B. (2019). Naming is framing: the effects of a technological name on the interpretation of a technology. *Journal of Science Communication*, *18*(6), 1-17.

Boyatzis, R. E. (2006). An overview of intentional change from a complexity perspective. *Journal of Management Development*, *25*(7), 607-623.

Britton, J. (2010). *Effective Group Coaching*. NY: Wiley.

Day, D., Fleenor, J. W., Atwater, L. E., Sturm, R. E., & Mckee, R. A. (2014). Advances in leader and leadership development: A review of 25 years of research and theory. *Leadership Quarterly*, *25*(1), 63-82.

Deci, E. L., & Ryan, R. M. (1985). *Intrinsic motivation and self-determination in human behavior*. NY: Plenum Press.

Deweck, C. S. (2007). *Mindset: The New Psychology of Success*. NY: Ballantine Books.

Diamond, S. (2008). Essential Secrets of Psychotherapy: The Inner Child. *Psychology Today*, June 7.

Ellis, A. (1994). *Reason and emotion in psychotherapy: Comprehensive method of treating human disturbances*. NY: Citadel Press.

Emmons, R. A. (1986). Personal strivings: An approach to personality and subjective well-being. *Journal of Personality and Social Psychology*, *51*(5), 1058- 1068.

Epley, N., Keysar, B., Van Boven, L., & Gilovich, T. (2004). Perspective taking as egocentric anchoring and adjustment. *Journal of Personality and Social Psychology*, *87*, 327-339.

Finkelstein, S. (2003). *Why smart executives fail*. NY: Portfolio.

Gable S. L., Hopper E. A., & Schooler, J. W. (2019). When the Muses Strike: Creative Ideas of Physicists and Writers Routinely Occur During Mind Wandering. *Psychological Science*, *30*(3), 396-404.

George, B. (2007). *True north: Discover your authentic leadership*. SA: Jossey-Bass.

Glasser, W. (1998). *Choice theory*. NY: Harper Perennial.

Goleman, D. (1995). *Emotional intelligence*. NY: Bantam Books.

Goleman, D. (1998). *What makes a leader?* MA: Harvard Business Review.

Hardy, B. (2023). *Be Your Future Self Now: The Science of International Transformation*. 최은아 역(2024). 퓨처 셀프. 경기: 상상스퀘어.

Humphyres, T. (2006). *The mature manager.* Dublin: Gill & MacMillan, Limited. 윤영삼 역(2008). 심리학으로 경영하라. 서울: 다산라이프.

Jacobi-Vessels, J. L. (2013). Discovering nature: The benefits of teaching outside of the classroom. *Dimensions of Early Childhood*, *41*(3), 4-10.

James, W. (1890). *The principles of psychology*. Dover Publications.

Kahneman, D. (2013). *Thinking, Fast and Slow*. 이창신 역(2018). 생각에 관한 생각. 서울: 김영사.

Kolb, D. A. (1984). *Experiential learning: Experience as the source of learning and development*. NJ: Prentice Hall.

Latinjak, A. T., Figal-Gomez, L., Solomon-Turay, P., and Magrinyà-Vinyes, R. (2020). The reflexive self-talk intervention: detailed procedures. In A. T. Latinjak and A. Hatzigeorgiadis (Eds.), *Self-Talk in Sport* (pp. 91-108). London: Routledge.

Lee, Suk-Jae, Quigley, B, Nesler, M., Corbett, A. B., & Tedeschi, J. T. (1999). Development of a self-presentation tactics scale. *Personality and Individual Differences, 26,* 701-722.

Lombardo, M. M., & Eichinger, R. W. (2002). *The leadership machine*. MN: Lominger Limited, Inc.

Markus, H., & Nurius, P. (1986). Possible selves. *American Psychologist*, *41(9)*, 954-969.

McVay, J. C., & Kane, M. J. (2010). Does mind wandering reflect executive function or executive failure? Comment on Smallwood and Schooler (2006) and Watkins (2008). *Psychological Bulletin, 136*, 188-197.

Mezirow, J. (1978) Perspective Transformation. *Adult Education Quarterly*, *28*, 100-110.

Mock, A., & Morris, M. W. (2012). Managing two cultural identities the malleability of bicultural identity integration as a function of induced global or local processing. *Personality and Social Psychological Bulletin*, *38*(2), 233-246.

Murray, S. L., Holmes, J. G., & Griffin, D. W. (1996). The benefits of positive illusions: Idealization and the construction of satisfaction in close relationships. *Journal of Personality and Social Psychology*, *70*, 79-9

Niedenthal, P. M., Setterlund, M. B., & Wherry, M. B. (1992). Possible self-complexity and affective reactions to goal-relevant evaluation, *Journal of Personality and Social Psychology*, *63*, 5-16.

Niemiec, R. M. (2013). What is your best possible self? *Psychology Today*, *3*, www.psychologytoday.com

Ricci, R., & Wiese, C. (2011). *The Collaboration Imperative: Executive Strategies for Unlocking Your Organization's True Potential*. CA: Cisco Systems.

Ruby, F. J. M., Smallwood, J., Sackur, J., & Singer, T. (2013). Is self-generated thought a means of social problem solving? *Frontiers in Psychology*. 4(962), 1-10.

Seligman, M. E. P. (2000). Positive psychology: An introduction.

American Psychologist, *1*, 5-14.

Sio, U. N., & Ormerod, T. C. (2009). Does incubation enhance problem solving? A meta-analytic review. *Psychological Bulletin, 135*, 94-120.

Sio, U. N., Kotovsky, K., & Cagan, J. (2017). Interrupted: The roles of distributed effort and incubation in preventing fixation and generating problem solutions. *Memory & Cognition, 45*, 553-565.

Smallwood, J., Schooler, J. W., Turk, D. J., Cunningham, S. J., Burns, p., & Macrae, C. N. (2011). Self-reflection and the temporal focus of the wandering mind. Consciousness and Cognition, doi: 10.1016/j.concog.2010.12.017.

Smallwood, J., & Andrews-Hanna, J. (2013). Not all minds that wander are lost: The importance of a balanced perspective on the mind-wandering state. *Frontiers in Psychology, 9*(4), 1-6.

Snyder, C. R. (1989). Reality Negotiation: From Excuses to Hope and Beyond. *Journal of Social and Clinical Psychology*, *8*(2), 130-157.

Snyder, C. R., Rand, K., King, E., Feldman, D., & Woodward, J. T. (2002). False hope. *Journal of Clinical Psychology*, *58*(9), 1003-1022.

Spence, J. (2007). *Becoming Jane Austen*. NY: Continuum.

Stawarczyk D, Majerus S., Maj M., Van der Linden M., & D'Argembeau A. (2011). Mind-wandering: Phenomenology and function as assessed with a novel experience sampling method. *Acta Psychologica, 136*, 370-381.

Stone, H., & Stone, S. (1993) *Embracing your Inner Critic: Turning Self-criticism into a Creative Asset*, SF: Harper Collins Publishers.

Tamlyn, R. (2013). *Play your bigger game: 9 Minutes to learn, a lifetime to live*. CA: Hay House LLC.

Yukl, G. A., & Lepsinger, R. (2004). *Flexible leadership*. NJ: John Wiley & Sons, Inc.

관점 전환

초판발행 2025년 9월 30일

지은이 이석재·이종서
펴낸이 노 현

편 집 김용순
기획/마케팅 허승훈
표지디자인 BEN STORY
제 작 고철민·김원표

펴낸곳 ㈜피와이메이트
서울특별시 금천구 가산디지털2로 53, 210호(가산동, 한라시그마밸리)
등록 2014. 2. 12. 제2018-000080호
전 화 02)733-6771
f a x 02)736-4818
e-mail pys@pybook.co.kr
homepage www.pybook.co.kr
ISBN 979-11-7279-159-9 93180

정 가 21,000원

박영스토리는 박영사와 함께하는 브랜드입니다.